JIAZHANG TUWEI　JIAZHANG TUWEI

董博士®

家长突围®

董进宇博士二十余年理论探索与实践结晶

董进宇◎著

现代教育出版社

图书在版编目（CIP）数据

家长突围 / 董进宇著 . —北京：现代教育出版社，2015.7

ISBN 978 - 7 - 5106 - 3165 - 8

Ⅰ . ①家…　Ⅱ . ①董…　Ⅲ . ①家庭教育　Ⅳ . ①G78

中国版本图书馆 CIP 数据核字（2015）第 161255 号

家长突围

作　　者：董进宇

责任编辑：王春霞

插　　图：魏　克

出版发行：现代教育出版社

地　　址：北京市朝阳区安华里 504 号 E 座

邮政编码：100011

电　　话：（010）64244927

传　　真：（010）64251256

印　　刷：廊坊市圣轩印刷有限公司

经　　销：全国各地新华书店

开　　本：710mm × 1000mm 1/16

印　　张：16

字　　数：240 千字

版　　次：2015 年 8 月 第 1 版

印　　次：2015 年 8 月 第一次印刷

书　　号：ISBN 978 - 7 - 5106 - 3165 - 8

定　　价：48.00 元

序　言
CONTENTS

我们传统上把父母称做孩子的家长，它的基本寓意是父母是孩子的领导，既然是领导，那父母就有权命令孩子做任何事，而孩子必须无条件服从父母的命令。

传统中国家长，把孩子当自己的私有财产，当作自己的下属，按自己的意愿，对孩子任意管教。对于教育孩子只停留在经验的层面上。而在今天的时代，教育孩子出问题就是不可避免的了。

作为今天的家长，要想把孩子教育好，就必须学习新理念，新方法。

我们把本书叫做《家长突围》，又可以说是一场现代的"家长革命"，是要对父母在孩子的生命扮演的"角色"进行"革命"，主要是强调要改掉传统中国人对孩子的"家长制"作风。在今天，父母在孩子生命中应该扮演五大角色：

一、孩子的精神营养供应者

二、孩子的生活教练

三、孩子的知心朋友

四、孩子的啦啦队长

五、孩子的人生导师

今天的父母只有改掉传统的"家长制"作风，在孩子的生命中成功地扮演好新的五大角色，才能教育好孩子，为国家培养出优秀人才。

目 录
CONTENTS

第一章　家庭教育的秘密——亲子关系模型 ……………………… 1

　第一节　什么是最重要的 …………………………………………… 1

　第二节　家长的角色 ………………………………………………… 9

　第三节　神奇的亲子关系模型 …………………………………… 17

　第四节　有效的家庭教育工具 …………………………………… 29

　第五节　家庭教育的真正目的 …………………………………… 48

　第六节　家庭教育的总思路 ……………………………………… 49

　第七节　家庭教育的"高压线" …………………………………… 51

　第八节　家庭教育的"陷阱" ……………………………………… 52

　第九节　保住孩子的自我价值 …………………………………… 53

　第十节　如果你能记住 …………………………………………… 57

第二章　怎样与孩子有效沟通 ……………………………………… 60

　第一节　为什么要沟通 …………………………………………… 60

　第二节　理解的前提 ……………………………………………… 66

　第三节　打开沟通的大门 ………………………………………… 70

　第四节　怎样与孩子沟通 ………………………………………… 82

　第五节　与孩子沟通的正确原则 ………………………………… 87

第三章　家长测试与成年人学习的特点 …………………………… 91

　第一节　家长测试及意义 ………………………………………… 91

　第二节　家长职业的特点 ……………………………………… 102

　第三节　亲子沟通的平台 ……………………………………… 105

　第四节　成年人学习的误区 …………………………………… 111

第四章　学习的五大智慧与教育的天条 ………………………… 122

　第一节　学习的观点 …………………………………………… 122

　第二节　学习的智慧 …………………………………………… 128

第三节　教育的天条 ·················· 135

第五章　孩子学习不好的原因 142

第一节　观念的局限 ·················· 142

第二节　方法不得当 ·················· 146

第三节　基础知识不牢 ················ 147

第四节　没有学习兴趣 ················ 148

第五节　缺乏激励因素 ················ 150

第六节　情绪问题的困扰 ·············· 152

第七节　用功程度不够 ················ 154

第六章　掌握学习十二大规律 156

第一节　人的潜能是无限的 ············ 156

第二节　学习是人的本能行为 ·········· 159

第三节　学习兴趣是培养出来的 ········ 161

第四节　学习是简单的,只模仿就够了 ·· 163

第五节　主动学习 ···················· 165

第六节　学习必须找到学习方法,才能事半功倍 ·· 166

第七节　学习的动机必须要纯正 ········ 170

第八节　学习者必须有持续的情感激励 ·· 171

第九节　消除学习者情绪问题的困扰 ···· 173

第十节　教会孩子正确使用身体 ········ 174

第十一节　健全的人格 ················ 177

第十二节　正面的信念是开启学习大门的钥匙 ·· 177

第七章　培养孩子的学习能力 180

第一节　培养孩子学习能力的前提 ······ 180

第二节　实践操作好六件事 ············ 183

第三节　教育孩子学习的基本工具 ······ 207

第四节　教孩子学习的目的 ············ 215

第五节　教育孩子学习的总原则 ········ 216

第六节　教育孩子学习的高压线 ········ 218

第七节　教育孩子学习的陷阱 ·········· 219

第八章　"学习"多因一果图 223

第一节　学习的充分条件与必要条件 ···· 225

第二节　保障因素与激励因素 ·········· 227

第三节　不同年龄段孩子培养学习的重点 ················ 228

第九章　育人真经与我的一首诗 ················ 234

第一节　育人三字真经 ················ 234

第二节　我的一首诗 ················ 236

附录　董博士谈家庭教育系统解决方案 ················ 242

第一章

家庭教育的秘密

第一节　什么是最重要的

1. 难道是我错了

对于我们中国家长，最难接受的观点，莫过于说他错了。

作为世界上最肯为孩子牺牲的中国家长，一心一意想把自己的孩子培养成才。为了达到这个目的，他可以忍受任何的痛苦甚至牺牲自己的爱情和幸福。在我们周围，二十几岁的单亲母亲，为了不让孩子受委屈，从此不再嫁人是平平常常的事情；三十几岁的单亲父亲，怕后妈给孩子气受，从此不再婚娶的事屡见不鲜。这对于西方人来说真是太不可思议了。在这种情况下，当孩子教育出问题的时候，如果你说是他的问题，是他的错误导致的，他会断然否定你的说法。就像一位参加我的家长研习营的家长所说的："听你这么说，难道是我错了？这怎么可能呢？"

在我们家长眼中所看到的都是孩子的行为偏差。当你指出孩子的问题，家长可能会激烈地与你争辩："怎么是我的错呢？咱就说我那孩子，我让他好好学习，可他不学呀；我不让他上网，可是他上呀；我让他上课好好听讲，可是他不听呀；我让他好好做作业，可是他看电视没完呀；我让他收拾房间，可是他偏不做呀；我让他多多看书，可是他却没完没了地给同学打电话；——哎，真是气死人了！而现在你却又说我错了，请问我错在哪里了？难道是我让他干那些坏事了吗？"

中国的家长，在教育孩子的问题上，其潜在的思维模式是单向的，即"家长是正确的，孩子是错误的。我们家长的天职就是用自己正确的道理来教育孩子"。所以家长不知不觉就把自己放在了叫做"正确"的那把椅子上了，而对于孩子来说那自然就是被放在了叫做"错误"的椅子上了。对于家长来

说，看到孩子身上有缺点毛病进行批评教育是天经地义的，这还有什么说的。这就是为什么我们的家长那么理直气壮地批评孩子的心理原因。

由于思维模式的单向，即"家长是正确的，孩子是错误的"，所以很多家长不知不觉把自己放在叫做"正确"的椅子上，把孩子放在叫做"错误"的椅子上，无端地指责孩子。

根据我的实际调查，很少有家长能够有智慧认识到家长行为与孩子行为之间存在着互为因果关系，并且双方行为都受彼此之间关系的制约。人们没有能力看到，孩子身上的缺点毛病只是结果，而这个结果的原因在我们家长身上，是我们的某些行为导致了孩子的"错误"行为。

2. 了解神奇的"关系"

我们人类既是自然生物又是社会生物。作为自然生物的人，我们看到的是一个个个体的人，他们彼此独立不同；而作为社会生物的人，我们应该看到相互影响相互依存的人，在这里，人与人之间不是完全独立的，他们之间有着千丝万缕的联系。正是基于此，马克思才说了那句著名的话："人是一切社会关系的总和。"

我们从人的行为角度来看，我们每个人的行为都受到人际关系的制约。常识和经验让我们每个人了解，在陌生人面前，我们的行为比较拘谨有礼貌，在熟悉的人面前我们比较自由和放得开；在我们尊敬的人面前，我们的行为比较谦恭，而在尊敬我们的人面前，我们就表现得比较庄严；同样在爱我们、

欣赏我们的人面前，我们会表现得轻松自如，说话妙语连珠；而在不接纳我们、挑剔批评我们的人面前，我们会浑身不自在，语言笨拙，行动迟缓。为什么同样的我们在不同人面前，会有不同的表现呢？

当深入了解人类行为背后的动机时，我们就会明白，作为社会生物，我们的行为受到与周遭的人关系的制约，一方面我们要寻求别人的认同，另一方面我们又要对别人的行为做出反应。那些与我们生活在一起的人，只要超过一定的时间，他们对我们的看法就固定了，而我们对他们的看法也固定了，至此我们与他们的"关系"就固定了。双方都会按着对对方的"成见"来决定自己的行为，因此双方的行为方式也就固定了。这就是同一个孩子，在爸爸面前表现得像绵羊一样温顺，而一转身在妈妈面前却表现得很不听话的原因。这个孩子跟爸爸的"关系"，使得他表现得温顺，而他与妈妈的"关系"使得他表现得桀骜不驯。

人与人之间的关系，就像一只看不见的手，在控制着人们的行为。当我们与周围的人的关系固定了，我们的行为方式也就固定了。我们下意识地对环境做出反应，以至于我们自己都没有意识到，是我们与别人的关系决定了我们的行为方式。当我们在考察彼此近距离生活在一起的人们的行为时，比如考察丈夫的行为或妻子的行为，再比如考察孩子的行为，我们必须首先研究他们与周围人的"关系"状况，才有可能找到他们行为背后的真相。否则我们只是一厢情愿地主观武断地把某些行为归结为我们想象出来的原因。

3. 透视孩子的无形生存空间

家长与孩子之间的关系，构成了孩子的无形生存空间。由于这个空间是看不见摸不着的，所以要有足够的智慧才能看得见它的存在。

当家长们与孩子在一起生活一段时间后，彼此双方就会形成对对方固定的印象和看法。在他们之间，当一件事情发生时，彼此都会根据以往的经验，按自己对对方的印象和看法来预测对方的行为反应，然后再根据这个预测来决定自己的行为。

比如，孩子在学校惹了祸，与同学打架或与老师吵架了，不论他是否有理，他只要根据自己以往的经验认为，回家我如果跟我爸妈透露实情，他们根本就不会听我解释，而只会对我一顿臭骂或一顿打。这样他回家后，就绝对不会把学校的事情告诉家长，他会千方百计地隐瞒实情。而在我们家长看来，这个孩子撒谎。

同样的事情，如果这个孩子，根据他以往的经验得出结论，回家只要跟

爸妈解释清楚了，他们一定会理解并且会帮助我分析解决问题。那他回家后会急不可耐地找爸爸或妈妈来说明学校里发生的事情。

我们的文化和习惯使我们单纯地从一个方向看待孩子的行为，几乎没有人想到，这个孩子所谓的"撒谎"行为或"诚实"行为是由家长的原因引起的。

在这里，左右孩子行为的关键因素是以往的生活经验在孩子头脑中形成的对家长的印象，同样家长对孩子的固定看法，也决定了家长对待孩子的方式。家长与孩子双方都会根据这些预先存留在其头脑中的"东西"来决定自己的行为，我们把这种现象表述为家长与孩子之间的"关系"即"亲子关系"。

家长与孩子之间形成的亲子关系，对孩子的行为起着核心的制约作用。它就像一条看不见的绳索，规范或束缚着孩子的行为。

如果家长与孩子之间的关系是正常的，即家长与孩子相互信任、相互理解、相互关爱、相互支持，那么孩子的行为表现正常，他的外在表现为对人有礼貌，听家长老师的话，学习自觉、好学上进、体贴关爱他人等等。

如果家长与孩子相互猜忌、缺乏信任、相互敌视、关系冷漠、彼此误解、相互奴役，那么孩子的行为就一定扭曲，外在表现可能是不听话、看电视没完没了、上课说话、对家长的批评指正有逆反心理、与老师顶撞、上网吧或经常与同学打架等等。

通过上面的叙述，我们可以得出结论，家长与孩子之间形成的亲子关系是孩子生长的无形生存空间，如果这个空间是宽松正常的，那么孩子会健康成长；如果这个空间狭窄扭曲，那么孩子的成长就一定会受到阻碍。

我们知道，孩子之所以是孩子，首先，在心理上他们是成长中的人，使他们能够判断是非、分辨好坏的价值观还没有完全形成，所以他们会不断地犯错误；其次，在生理上他们是正在发育的人，他们控制使用自己身体的能力尚在生长成熟之中，所以他们会常常受到伤害而把事情做错；再次，他们是学习中的人，让他们把事情做对的技能还没有完全训练出来，所以不论他们主观上怎样努力，他们还是经常把事情做错。基于这三点，我们对孩子的行为应该有明确的预期：他们会不断地做错事。

通过对语言哲学的研究发现，一个陈述句，在没有确定的语言环境下，可以任意解释。这就告诉我们，当听人讲话时，如果我们不合作，不愿意听对方的话，那么我们会对对方的话做出自己的解释，这个解释可能与讲话人的初衷完全相悖。也就是说，如果我们对讲话人没有好感，即使讲话人的本

意是好话，我们也会听成是坏话。

如果家长与孩子的关系出现问题，孩子不信任家长，不相信家长的所作所为的出发点是为自己好，那么孩子就无法正确理解家长话中的正面意义，此时家长说的尽管都是真理，可是孩子根本就不会按家长说的去理解。这样的结果，虽然家长与孩子表面上生活在一个屋檐下，可是在孩子的心灵上，他已经成了一个流浪儿；他得不到成年人正确的指导，他会按他自己的判断和欲望来驱使自己的行为；由于他还是一个孩子，他的价值观、身体和技能都处在成长之中，还没有完善，无法按人类正确的法则来指导自己的行为，在这种情况下，他基本上是按动物的法则来行为，所以学坏就不可避免了。

通过以上的分析，我们已经知道，如果家长与孩子的关系出了问题，那么孩子的教育就一定会出问题。

可能有些家长还想争辩说，家长与孩子的关系出现问题，孩子也应当承担责任。在这里我们只想强调指出，家长是成年人，在逻辑上，你知道所有的对错规则，你的身体发育成熟，你受过技能的训练，同时家长手中握有物质的支配力量，所以在与孩子的关系上，家长处于绝对优势地位。在这种情况下，家长在他与孩子之间的关系中起着决定性的支配作用。如果这个关系出现问题，家长应该负全部责任。

4. 孩子有问题百分之百是家长有问题

在许多家长的观念中，仿佛孩子有问题，都是孩子的错，与家长没有什么关系。所以很多家长会不厌其烦甚至理直气壮地跟人讲他的孩子如何如何不听话，自己如何如何的辛苦可孩子还是不懂事。其实这是无知导致的误解。

孩子刚来到这个世界，他什么都不懂，他对待生活中一切问题的方式都是从身边的人身上学习的。正像卢梭说的："我们对待别人的态度，最初是由别人对待我们的态度决定的。"孩子是从他的生活环境之中学到的如何应对生活中各种事情的方式方法（奥地利心理学家阿德勒将此称为"生活样式"）的。如果一个孩子对人没有礼貌，那我们基本可以肯定：第一，这个孩子曾经被"没礼貌"地对待过；第二，没有人教会他如何礼貌待人。同样，一个孩子不愿意学习，那我们基本可以断定，在这个孩子的生活经验里，第一，没有体会到学习的快乐；第二，没有人教会他如何学习。

由于人的学习能力太强大了，孩子在他生活的环境中，轻易就学会了很多东西。这给我们一个错觉，以为所有的生活道理和正确行为，孩子不用教就应该自动会。其实，孩子的任何正确行为，都是要教的，要反复训练才能

最后定型。在这个过程中，如果我们家长没有耐心细致地给孩子以指导，那么孩子就不可避免地会出现行为偏差。当孩子在他的生存环境中，没有得到正确的指导，他实际上是随机地从环境中选取学习样板，这样他是选到什么就模仿什么。什么东西进入他的大脑全凭当时他的注意力焦点集中到什么上，如果好的东西进入他的视野，他可能学习到好的东西；如果坏的东西进入他的视野，他可能学习到坏的东西。而在这个过程中，还要看他当时所处的角度和状态，也就是说如果他的角度和状态不同，他很可能把好的东西当成坏的东西学习，反之把坏的东西当成好的东西学习。应该说孩子没有经过耐心指导，自动学好的可能性实在是太小了。我们要相信那些被人称赞的好孩子，都是经过精心培养教育出来的，只是有些父母是无意识地把事情做对了，就像我的父母在我们兄妹六人身上所做的事情一样。

如果孩子的教育出了问题，那百分之百是家长有问题。我们都知道没有家长刻意要把自己的孩子教坏，我们之所以说孩子有问题是家长有问题，是因为在教育孩子的事情上，家长负完全的责任。我们要永远记住，孩子没有带着任何错误的观念和缺点来到这个世界上，他们出生时就像一张白纸，后来涂抹上的一道道缺点毛病的印痕都是我们家长所为：有些是我们家长因为无知所为，例如我们不懂教育学和心理学所犯的无心之过；有些是我们的错误观念驱使我们所为，例如我们认为孩子必须听我们的话，因而强迫孩子服从由此所犯的过错；还有些是我们因为自己无法控制自己所犯的错误所为，例如我们自己情绪失控把怨气撒在孩子身上所犯的过错，等等。

5. 调整亲子关系是教子成功的真正奥秘

如果我们去做一次社会调查，首先去调查那些教子有方，孩子非常优秀的家长，你去问他们："你是怎样教育孩子的？"我相信他们十之八九会回答说："其实也没怎么教育。"然后你再去访问那些孩子的教育出了问题的家长："你是怎么教育孩子的？"我相信他们大部分会拉着你的手跟你讲上两小时，历数孩子的缺点和自己教育孩子如何辛苦。在此我们发现一个有趣的现象：在教育孩子的事情上，仿佛家长越努力，孩子的问题越多，而那些似乎没怎么教育的孩子却很优秀。

揭开教育孩子神秘面纱，我们发现那些优秀孩子的背后都有一个宽松的成长空间，也就是他们与父母的关系正常，这样他们可以得到父母的正确指导而在人生道路上少走弯路；而那些有问题的孩子的背后一定有着糟糕的家庭关系，父母之间、父母与孩子之间的关系紧张而扭曲，使得孩子没有可以

健康成长的空间。在这里我们看到决定孩子行为好与坏的关键性因素是父母与孩子的关系好与坏。

而现实中绝大多数的家长，看到孩子身上有缺点毛病，看在眼里，急在心里，马上就劈头盖脸把孩子批评一顿，如果不管用他们会变本加厉把孩子打一顿。这种简单粗暴的方法，绝对无法改掉孩子的缺点毛病，不但于事无补，还会使事情更糟。

通过以上内容的研讨，我们知道，如果孩子有问题，那么就一定是家长有问题，是我们家长对待孩子的观念有问题、家长对待孩子的情感有问题、家长对待孩子的行为方式有问题，从而导致家长与孩子的关系有问题。如果家长与孩子的关系是扭曲的，变形的和凝固的，那么我们不改变这个关系就想改变孩子的行为，是断然做不到的。家长与孩子的关系是孩子行为的土壤，什么土壤生长什么苗，要想让孩子改掉他身上的缺点毛病，我们就必须给他提供改变的土壤和空间——也就是必须首先改变他与父母的关系。

因此，要改变孩子的缺点毛病，我们必须先改变家长的观念、情感和行为，通过家长的改变，孩子逐渐体会到爸爸妈妈变了，然后孩子有了新的情感感受，由此产生了改变缺点毛病的动力。透过家长的改变，孩子的头脑中对自己和家长的观念改变了，这样家长与孩子的关系改变了，从而使孩子的行为发生改变有了可能性。

作为家长我们必须明白，我们与孩子的关系构成了孩子的无形的生存空间。要想把孩子培养成为杰出的人，我们首先应该考虑的是建立与孩子之间良性的亲子关系。当我们与孩子之间的关系正常，我们才有可能对他们进行指导，而他们才有可能培育出健全的人格。

6. 什么是真正重要的

在中国家长的心中，养育孩子就是给孩子吃好、穿好、住好，让孩子身体发育良好；教育孩子就是教会孩子学习数理化史地生等自然知识和语文、外语等学校开设的社会科学知识。几乎所有的家长都把注意力集中在孩子的"学习"上，仿佛孩子只要学习好了，就一定能成才。

这是我们在教育孩子观念上普遍存在的灾难性误区。假如我们把孩子比做一棵树的话，树冠是孩子的智力，树干是孩子的身体，而树根是孩子的心灵，是孩子的生命之根。树冠代表着孩子头脑中所学习到的知识和学会的技能，它是孩子在有一个健康的身体和健全的人格基础上才能完成的任务。树干代表着孩子的身体，它的发育成长所遵循的是自然规律，是由上帝决定的，

生命之根

假如我们把孩子比做树的话，树冠就是孩子的智力，树干是孩子的身体，而心灵则是孩子的生命之根。

只要我们家长按正常的生活方式供给孩子物质营养，孩子就会按人的形状慢慢长大。树根代表着孩子心灵的发育成长，就一棵树而言，树根决定着树干和树冠的成长，如果树根出了问题，那么树干也无法长成参天大树，而树冠更无法枝繁叶茂。因此，我们家长必须把我们的目光放在孩子心灵的培养上——塑造孩子的生命之根。

孩子在出生时，犹如一粒种子，他有成为人的可能性，也有成为狼或猪的可能性，就看我们给他提供什么样的养分。如果把孩子放在狼群里，对他的大脑进行"狼化"，几年后这个长着"人"的模样的动物，行为举止是狼的特点；同样如果把这个孩子放在野猪群里对其进行"猪化"，几年后我们得到的是类似人的形状的猪。我们只有给孩子提供正确的人的环境，并对其进行"人化"，才能把他培养成人。

遗憾的是我们的家长们，不能明晰地清楚该给孩子提供哪些"人"的养分，才能把孩子人化成一个人，更不知道一个人应该具备哪些"人格特征"才能发展成一个杰出的人。我们绝大多数的家长都是在没有明确的理论指导下根据自己的经验和感觉下意识地管教孩子的。所以有时我们在不自觉之中

做对了一些事情，也做错了一些事情，但是我们从没有清晰地知道我们所做的事情，在孩子身上会起什么作用。

第二节　家长的角色

1. 精神供氧者

父母在孩子的生命里，首先扮演的角色是物质的供养者，孩子作为一个有机体，需要吃、喝、呼吸、保暖等物质条件的供应才能活下来，并逐渐发育成一个成年人。就像有机体需要物质供应一样，孩子的精神人格同样需要适当的养分才能发育成长。

亚里士多德曾说："人在出生的状态，不是完整意义的人，经过二十几年的人化过程，才使他变成了人。"这句话提醒我们，把孩子变成人需要教化，需要按人的方式对其进行初始化。意大利教育家蒙特梭利博士说："人作为一个精神的存在，要借由肉体把自己表达出来。"而印度狼孩的发现，更使我们明确了，人在出生的状态下，作为"精神的人"还是一粒种子，如果给它"人"的养分，它就可能发育成人，而给其"狼"的习性的熏陶，就可能使它发育成狼。

常识和经验都告诉我们，任何人其实都是两个人：即"肉体的人"和"精神的人"。决定一个人行为的原因是"精神的人"。一个孩子好学上进、学习自觉、体谅大人、帮助同学、协助老师等良好行为表现取决于他的"精神的人"状况，而与他的"肉体的人"几乎没有关系。同样一个孩子好吃懒做、无心学习、桀骜不驯、与人冲突、自私自利等行为表现，也是他的"精神的人"的状况决定的。一个人是好是坏，是高尚还是卑下，是伟大杰出还是平庸无为，是才华横溢还是愚笨迟钝，主要取决于他的"精神的人"的发育状况而与他的"肉体的人"基本无关。因此作为家长，要想使自己的孩子成长为杰出的人，我们教育孩子的重点就是按正确的方式培育"精神的人"。

通过多年的研究，我们发现，要把一个孩子培养成一个杰出的人，就必须给他的"精神的人"提供丰富的养分，使孩子的"精神的人"健康发育。为了区别物质供养，我们把精神的养分供应写成"精神供氧"，意思是指给"精神的人"提供氧气。要使孩子的"精神的人"健康发育成长，在孩子生命之初，至少需要一个精神供氧者。

　　这个精神供氧者（绝大多数情况下是妈妈，少数情况下是爸爸，极特殊情况下是其他人），在孩子刚刚来到这个世界的时候，站在他的背后，持续地给他精神供氧，他的"精神的人"才能发芽、发育并健康成长。也就是在一个孩子的最初生命里，至少有一个成年人，无条件地接纳他，无条件地爱他，用欣赏的目光关注他，不断地鼓励他，经常地表扬他，及时地确认他的优点，花大量的时间陪伴他等等。这样做的结果，相当于给孩子输入精神的养分。由于有人陪伴，因而消除了孩子与生俱来的恐惧。他感到自己是安全的，由于被爱和接纳，使他找到了"自我价值"，他的生命才打破原来的封闭状态开始向外扩张，就像小鸡冲破了蛋壳，种子冲破坚硬的外壳一样，他开始探究周遭的世界——学习与了解物质世界的知识；由于被鼓励和表扬，他不再害怕"人"——他开始产生与人交往的欲望。如果在孩子的生命初期，没有精神供氧者或供氧不足或供给有害成分（打骂或恐吓），那孩子的"精神的人"的发育成长就一定受到影响，致使孩子的外在行为出现偏差。

　　美国心理学家们在对孤儿院进行的调研中，发现那些没有父母爱的孩子，尽管物质生活一点也不差，甚至要好于那些家庭生活困难的有父母的孩子，可是他们明显存在行为的偏差：注意力不集中，无法正常与人互动，无法学习知识，情绪低落，与人冲突，不守规则等等。当心理学家招募女大学生志愿者，每周定期到孤儿院去给这些没有人爱的孩子洗脸、梳头、拥抱和亲吻等爱抚了一段时间后，这些孩子的行为偏差得到明显的纠正。

　　孩子在学校表现出多动的倾向，他不停地动，频繁地转换注意力在不同的事情上，上课不能集中注意力听讲，不停地和同学讲话和做各种各样的小动作；正规场合让他回答问题时，他唯唯诺诺不敢讲话，而私下里却胡作非为，表现出调皮捣蛋；对自己和别人缺乏尊重，没有自律精神来适应学校有组织的生活等行为表现。并不是他的神经系统出了什么毛病，这实际上是他内心世界的外化。这些行为背后的真实原因是他没有被接纳、没有被关爱、没有被关注、没有被承认、没有被欣赏、没有被赞美、没有被鼓励以及没有被表扬。他的内心世界里由于缺乏接纳、爱、关注、承认、欣赏、赞美、鼓励和表扬等"精神营养"而导致他的"精神的人"营养不良。这种精神营养不良的直接后果是孩子的"自我价值"严重缺乏，导致孩子外表虽然长的与人一样，但是他的精神世界里的人，没有发育或发育畸形，他没有按"人"的方式来行为，他是一种"类人生物"——类似于人的生物。

　　要把孩子培养成为杰出的人，我认为家长最重要的角色是孩子的精神供氧者。在与孩子一起生活的过程中，通过接纳、爱、关注、欣赏、赞美、鼓

励和表扬等方式给孩子输入精神的养分，才能使孩子的"精神的人"健康成长。

2. 生命教练

孩子刚出生到这个世界上的时候，所有人类行为，从简单的肉体上的肢体动作到复杂的精神上的活动，他全都不会。他与生俱来的最重要的本能就是学习的能力，凭借孩子的这种本能，家长可以训练孩子学会任何人类动作。事实上，孩子后来一切行为动作都是有意无意学习的。

可是我们传统的教育理念中，好像孩子不被教导和训练，就理所当然地应该会很多的东西。甚至我们中国的圣哲孔子也认为人是"生而知之"（见《论语·季氏》），这其实是一种重大的误解。由于人学习能力太强大了，在与成年人一起生活的过程中，孩子会自动模仿我们成年人的言谈举止，同时孩子还会在他周遭的环境中，自动随机地摄取信息，然后他在不经意中表露出来了。我们成年人对此惊讶不已，我们所观察的现象仿佛孩子不用学就会。

其实，孩子的这种自动的学习是不完整的，不规范的和不系统的。有些东西他学会了，有些东西他没有学会，而我们成年人无法知道他哪些东西学会了哪些东西没学会。基于此，我们认为那种留存在人们大脑中的"很多人类行为，孩子不经过教育训练就应该会"的假设是不对的，并且是绝对有害的。我们应该建立起新的教育理念："任何正确的人类行为，都是要经过系统教育训练才能在孩子身上固定下来。"由此我们就可以推论出：如果孩子事先没有被教导过，他做错事是完全正常的，是预料中的事情，所以不应该被批评和惩罚。

我们要把孩子培养成真正杰出的人，就要对孩子进行系统的训练，才能使他逐渐学会不但按"人"的方式来行为，而且是按杰出的人的方式来行为。

我们人类行为，按其表现形式可分为三大类：

（1）我们的肢体动作

从站立、坐姿、走路、跑步、穿衣、吃饭、睡觉、刷牙、洗脸到各种体育运动等。这类动作的特点是它们都是有正确标准的，任何动作都需要进行长时间的训练，孩子才能把动作做标准。如果没有经过耐心地教导和训练，孩子可能根据自己所见所闻而"自学成才"，这就使他很多东西都学歪了，学走样了，甚至不会做。因此家长在孩子刚开始学爬行，就应该耐心训练孩子的各种动作，这样孩子才能干净利落敏捷迅速地做各种动作而不是拖泥带水行动迟缓。

（2）我们接人待物的方式

我们人类是社会生物，每个单个的人，如果没有他人的合作是无法生存的。所以我们必须从小训练孩子怎样与人交往。卢梭说："我们对待别人的态度，最初是由别人对待我们的态度决定的。"孩子刚来到这个陌生的世界，该怎样对待别人，完全是后天习得的经验。奥地利心理学家阿得勒把我们从小学到现在各种情境下该如何反应的经验称作"生活样式"。如果我们从小受到良好的教育和训练，存留在孩子潜意识里的各种"生活样式"品质优秀，那么他就会在纵横交错的人际关系网中游刃有余应付自如。相反，如果一个孩子从小没有受到良好的教育和培养，他不知道怎样正确地与别人打交道，等到他到了必须与别人交往的时候，他会按他习惯的模式与人相处。如果这种交往给别人带来困扰和痛苦，别人就会以相同的方式来对待他，而使他痛苦不堪。由此引发一系列的心理问题。因此我们家长必须在孩子生命之初，就对孩子如何与人相处进行训练培养，我们必须通过身教和言教等方式，把怎样对待父母、怎样对待兄弟姐妹、怎样对待叔叔阿姨、怎样对待同学朋友、怎样对待老师、怎样对待陌生人、怎样对待自己等正确的方法教给孩子，并帮助他彻底掌握。这样他才能适应人类社会的生活方式，并且通过与人互动来获得别人的认同，从而建立起正确的自我观念。

（3）我们的精神活动

人类是有理性的动物，我们每天要用自己的大脑对我们外界的世界进行思考加工，并且用我们根据思考加工的结果来指导我们的行动。如果我们的思考方法是正确的，那我们就能得出正确的结论，从而指导我们正确的行动。如果我们思考的方法是错误的，那么我们很难得出正确的结论，在错误的结论指导下来行动，必然使我们遇到挫折和失败。因此如果一个孩子从小没有人教会他正确地思考，那几乎是灾难性的。比如，人应该怎样看待自己？应该怎样看待别人？怎样看待物质的世界？怎样看待精神的世界？怎样看待学习？怎样看待友谊？怎样看待爱情？怎样看待金钱？怎样看待家庭？怎样看待男人？怎样看待女人？怎样看待国家民族等等，家长在与孩子一起生活的过程中必须把关于这一系列问题的正确的观念传达给孩子，并且教会孩子正确的思维方法。这样孩子才能开始真正的精神活动。而杰出的人就是从小在这方面训练得比较充分，他们的大脑被开发出来了，能够正确地思考他们所遇到的人、事和物，从而使得他们根据自己的思考来决定的行为符合客观规律和社会规范，因此使他们得到了他们想要达到的结果。

综上所述，我们清楚地知道，家长要想使自己的孩子优秀杰出，那我们

就必须耐心地给孩子进行训练和指导。

3. 人生导师

在人的一生中，如果没有导师的指引，要想成为杰出的人，几率是非常小的。人生犹如复杂的迷宫，从哪条道路能够走到成功的顶峰，光靠自己盲目闯荡几乎不可能到达。根据我的研究发现，普通人之所以普通平庸，是因为在他们的生命中没有人给他们正确的指导。由于缺乏导师的指引，他们根本就不知道杰出的人怎么思考、怎么感受、怎么行为。也就是说他们根本就不知道成功是怎么达成的。

要想把孩子培养成为杰出的人，家长必须扮演孩子的生命导师的角色。给孩子演示各种人生模型，让孩子看到，当科学家是怎样的人生，当政治家是怎样的人生，当企业家是怎样的人生，当法官是什么样感受，当文学家会有什么作为，当文娱体育明星会是什么样的生活，当律师或医生会是什么样的人生。家长可以给孩子讲解各种名人的故事，观察孩子的反应，看什么样的人生能够吸引他的注意力，能引起他的兴奋，借此在孩子心中描画他生活的远景镜头。如果家长自己的文化水平比较低，家长可以给孩子买各种世界名人传记，鼓励引导孩子读世界名人传记。当孩子为某一位名人的事迹而感动时，很可能在他的价值观中，就是将来成为这样的人才会快乐。当孩子心中有了偶像要效仿时，他就会被偶像的一举一动所吸引，会不由自主地学习模仿。问题是，如果孩子没有经过有意识地引导而出自自发和随机地选择他心中崇拜的对象，那么十之八九会选择时髦的文体明星。还有就是选择孩子身边那些比他大一些，学习不务正业表现很"酷"的高年级的孩子做他学习的榜样。这样的结果是孩子变得顽劣平庸，盲目追求时髦而耽误了大好年华。

我们现在的中学生，在报考大学时，百分之九十的人不知道自己要报考什么大学什么专业。这说明我们的教育，不论是学校教育还是家庭教育，都存在大的问题，是培养庸人的教育。我们没有在孩子小的时候，帮助孩子树立起理想，没有激发起他奋斗的雄心，没有唤起他为理想而读书的热情，那么孩子表现平庸无为就是不可避免的了。理想是把孩子拉向未来的牵引绳，当我们的孩子有了理想，为他理想着迷时，这个孩子就摆脱了原地打转的泥潭，人生开始定向，他开始了奋斗的历程。

生命导师

人生犹如复杂的迷宫，如果让孩子自己盲目闯荡，成功的概率是很小的。因此在孩子成长的过程中，家长必须扮演孩子生命导师的角色。

4. 知心朋友

在孩子的世界里，他们与生俱来的不是欢乐而是孤独与恐惧。不论面对物质的世界还是面对人的世界，他们都是茫然的无知者。

这个世界对他们来说是陌生的让人害怕的地方。他们随时都会受到伤害，他们不知道如何通过自己的行为与物质世界打交道，他们经常会磕破头、碰坏手、摔伤身体、划破皮肤等等。也就是说他们肉体上面临摔伤、烫伤、烧伤、刮伤等一系列危险。

而在他们与人打交道的时候，就更难以把握了。首先，人是他们首要防范的对象，因为恶人会对他们造成巨大的伤害甚至会杀死他们。其次，他们又必须与人交往，借此他们才能学会按人的方式生活。而人类的社会关系复杂到我们成年人都无法完全搞明白，对于一个对此一无所知的孩子来说，简

直和在一个危机四伏的迷宫里乱闯没有什么两样。他会不断地受到挫折失败。大人告诉他为人要诚实，他把同学犯的错误报告给老师，结果不但没有得到老师的表扬还被讥笑为告密者引来巨大的痛苦；这让他很苦恼，因为家长告诉他绝对不许撒谎，而一转身家长就当着他面撒谎而没有任何内疚感，而孩子自己撒谎却遭到严厉的惩罚；老师家长告诉他要好好学习才能有出息，人要终生学习，可是家长和老师们却没有学习新的东西，并且厌恶学习；成年人以骂人的方式告诉他不许骂人；以没有礼貌的方式告诉他对人要有礼貌；以不尊重他人的方式告诉他要尊重别人；成年人自己看着电视而告诉他不许看电视；爸爸妈妈兴高采烈地打着麻将却告诉他打麻将不好；爸爸贪婪地抽着烟却谆谆教导他抽烟有害健康；妈妈没有一件事能够坚持到底却要求他有钢铁般的意志做让他痛苦的事；爸爸妈妈自己平庸无为却要求他杰出得要超过比尔·盖茨；爸爸妈妈以打骂的方式把他的尊严彻底消灭却要求他表现出有尊严像个绅士。这一切的一切，都让这个没有涉世经验的孩子迷惑不解，苦不堪言。如果没有一个明智的人给他指引的话，要走出这个迷宫而不伤痕累累几乎是不可能的。

孩子每天都会遇到让他不解让他烦恼的事情，这些事情使他生气、痛苦、紧张、焦虑、情绪低落。如果没有一个有爱心的人倾听他心声，他就会把这些消极的情绪压抑在心里，时间一长，这股负面的能量，由于得不到及时的释放，会越积越多。等到他承受不了的时候就会以歇斯底里的形式爆发出来，使得孩子的精神世界崩溃。孩子成长的过程中，必须被倾听，他才能把他的错误想法表述出来，把他的消极情绪转化掉。

如果孩子进入青春期，没有在学校找到朋友来互相倾吐内心的秘密，而家长又不能倾听孩子的心声的话，那么孩子就一定会出现心理疾病从而导致他们成长受阻。

家长在孩子的生命里最重要的角色之一是做孩子的知心朋友。当孩子把家长当做自己最要好的朋友时，他才能向家长敞开心扉，把他的心里话跟家长说，家长才有机会了解孩子的内心想法和他外在行为的内在原因，从而使给孩子提供正确的指导成为可能。通过分享孩子内心的感受和痛苦，消除了孩子的孤独、无助、恐惧、焦虑等情绪问题，使孩子产生正面的情绪从而产生成长的动力。

孩子每天都会遇到让他不解让他烦恼的事情，这些事情使他生气、痛苦、紧张、焦虑、情绪低落。如果没有一个有爱心的人倾听他的心声，消极情绪得不到释放，孩子的精神世界就会崩溃。

5. 啦啦队长

孩子最初的生命动力来自父母的欣赏、鼓励和表扬。他之所以要做各种各样的事情，最深层的原因是渴望获得父母的认可和关爱。我们生命最深层的渴望是得到我们尊重的人的认可和表扬，那会让我们的自我价值极大地增大，从而产生成长的动力。

孩子的成长离不开父母的关注，受到父母关注和欣赏的孩子会因精神营养充分而茁壮成长，就像大树只有得到充沛的阳光雨露才会枝繁叶茂一样。当孩子在他的生命当中，始终感觉到有一双眼睛在注视着他，他意识到他的任何微小的进步都会被父母看在眼里，记在心上，他会涌起把事情做好的冲动。当父母为孩子的每个微小进步而欢欣鼓舞时，对孩子是一种巨大的鼓舞。

在孩子的世界里，他们最害怕的是他们的所作所为无人在意。当他在做事情时，如果没有人为他高兴为他喝彩，他就会兴味索然，失去继续做下去的热情和兴趣。

孩子的成长动力来自"自我价值"。自我价值是一个人内心找到的"我很好""我是有价值的"那种感觉。当孩子有"自我价值"后，他内心的生命之火被点燃了。他的生命开始向外扩张，他开始学习知识锻炼技能。孩子最初的自我价值来自家长的爱，后来在成长的过程中，他的自我价值来自家长的关注表扬。当他学习和做事时，如果家长用爱的目光在关注他并为他的微小进步加油喝彩，这样孩子找到了继续做下去的动力——自我价值。

在这里，我们要强调的是，家长关注孩子的成长，是心理上的，是精神上的，而不是每天实际用眼睛盯着孩子，像警察一样每天看着孩子，孩子的一举一动都在家长的监视之中。现在我们部分家长，把孩子视为自己私有财产，孩子的所有事情他都想知道，他们每天像监狱里的管教一样监视着孩子，刨根问底地问孩子给谁打电话，对方说了什么，偷看孩子的日记，检查孩子的书包，每天坐在孩子身边监督着孩子做作业，给孩子的同学和老师打电话暗中调查孩子的行为，在上学或放学的路上跟踪孩子，扒着门缝偷窥孩子的一举一动，等等。我们很多家长把孩子变成了一个玻璃人，挤占了孩子的所有心灵空间，使得孩子喘不过气来。这种缺乏起码尊重地对待孩子的方式粗暴地践踏了孩子心灵的田野，无情地打击了孩子的自尊心，折断了孩子起飞的翅膀。是我们家长，用自己的行为践踏了孩子的尊严，打击了孩子的自信，拆散了孩子的责任心，然后我们又愤怒地指责孩子的行为顽劣，不懂事！正像卢梭所说："家长们辛辛苦苦把孩子教坏之后，他们又抱怨说：'他怎么变成了这个样子？'"

因此，我们家长关注孩子的成长，是精神上的，是远距离的，就像啦啦队队长一样，站在远离运动场的看台上，为孩子的进步而欢呼，为孩子加油助威！

第三节　神奇的亲子关系模型

通过亲子关系模型，我们可以清晰地看出，要把一个孩子培养成一个杰出的人，家长要在孩子身上完成的任务是塑造孩子的六大生命之根，而不能碰的是三条高压线和两个陷阱。

亲子关系模型

1、教育的目的：培养真正的人。　　2、教育的思路：引发孩子的成长动力。

1. 爱	1. 自尊心
2. 表扬	2. 自信心
3. 鼓励	3. 责任心
4. 确认	4. 进取心
5. 理解	5. 同情心
6. 陪伴	6. 良好习惯
7. 制定规则	
8. 批评	

高压线：1、忽略孩子的存在；2、强迫；3、破坏性的批评　　陷阱：1、有条件的爱；2、输不起的心态

董进宇博士　创立 专利号：200330105755.0

1. 自尊心——精神人的脊梁骨

每个人一生必须处理好三种基本关系：第一，就是你与你自己的关系；第二，是你与别人的关系；第三，是你与上帝的关系。你与你自己的关系，是指你在内心里对你自己的认同程度和接纳程度。它涉及你的基本价值观和你对自己的总体评价。你与自己的关系既是你人生的基础，同时也是你与其他人关系的基础。而你与别人的关系，是指你作为一个主体，围绕着你这个主体而形成的你与其他主体所形成的关系，这些关系的好坏，直接影响你的物质生活与精神生活的质量，你能否成功、快乐、幸福地度过一生，很大程度上取决于你与别人的"关系"的好坏程度。至于你与上帝的关系，是指你的人生意义，你是否在你的生活中找到了意义，对你人生质量有决定的影响。

一个孩子要想成为一个杰出的人，他生命之初就必须先在内心里认为自己是有价值的，他必须先接纳他自己，喜欢自己，尊重自己。当他在自己内心里认为他很好，他值得人爱和喜欢，他的内心就产生了自我价值。有了自我价值，一个人的生命之火被点燃了，他的精神生命开始向外扩张，他开始学习自然知识和人类社会的基本知识。自我价值是人活下去的理由，也是人奋斗的原因。自尊心是自我价值的核心。

自尊心的下面有两条深层的根：羞耻心和上进心。

羞耻心，可以使人在做了坏事时产生羞耻感而痛苦因而远离这些坏事。要知道是羞耻心促使我们大小便要避开其他人而到厕所里进行。人如果没有

羞耻心，那么他就会按动物的生存方式来行为而不会按人的方式来行为。对于一个没有羞耻心的人来说，他的行为在别人眼中是什么样子，根本就无关紧要。这样对他的行为就失去了社会制约，那么动物的本性使他怎么舒服怎么方便就怎么干。

上进心，使人不甘心在人群中居于落后的地位而奋起努力。人作为一种社会生物，他最重要的心理需求，就是获得他的同类的认同和羡慕，因而在他的同类中找到优越感。当一个人有了上进心，他就会去追求社会的承认和人的羡慕的眼神。这样他就会研究人类社会的法则，并自觉按社会法则所设定正面方向去规范自己的行为，因为只有这样他才能获得社会的承认。与此同时，他必须努力去获得别人也想要的东西，比如地位、权力、金钱、学问、美感以及健康等。因为只有得到了别人也想要却没有得到的东西，那别人才羡慕他。

我们的文化中缺乏对于人的自尊心的重视，很多人甚至不知道自尊心是一个精神人的最主要构成部分。当我们用打骂和恶意批评把孩子的自尊心消灭殆尽时，我们又希望孩子好学上进力争上游，这本身就是南辕北辙的笑话。

一个人的自尊心，是他的精神人的脊梁骨，有了自尊心，他才像人一样站立起来。自尊心是一个孩子由"动物"变成"人"的关键，是自尊心的作用才使孩子按"人"的方式来行为。如果我们希望通过语言的方式（鼓励、表扬与批评）矫正孩子的行为偏差，那么孩子拥有自尊心是前提条件。如果孩子没有自尊心，那我们就无法通过语言的方式来纠正他行为的偏差，而只能用对待动物的方法（打骂、威胁）来强制他按我们的意愿来行为。当孩子的自尊心没有了，那就是中国土话中所说的"没皮没脸"了，一个人一旦没皮没脸了，别人的目光和话语对他就失效了。

我们中国的家长们，由于受中国传统文化的影响，认为居高临下地批评孩子，甚至打骂孩子是理所当然的事情。中国有句俗语说："人前教子，人后教妻"就突出反映出这种文化内涵。今天看来这都是错误的：在人前教子，是严重伤害孩子自尊心的行为，根本起不到应有的作用；而人后也不能教妻，今天的男人不被妻教就万幸了，你还敢教妻？夫妻之间是天然的平等关系，抱着"教妻"的思想和妻子一起生活那是不幸生活的开始。我们文化中，缺乏对于人的自尊心重视，很多人甚至不知道自尊心是一个人的精神的最主要的构成部分。当我们用打骂和恶意的批评把孩子的自尊心消灭殆尽时，我们又希望孩子好学上进力争上游，这本身就是南辕北辙的笑话。

2. 自信心——进入大脑的主程序

几乎所有的教人成功的书籍，无一不提到自信心对人取得成功的作用。但是人们强调自信心的作用，主要是从把事情做成功的角度来说的。通常我们理解自信的重要性，都是从自己的经验中认识到自信对人把事情做成功有非常大的作用。而自信心起作用的原理，却很少为人所知，更少有人从教育孩子的角度来理解自信心的重要性。

我们要理解自信心对人的作用，只有了解人的大脑的运作原理，才能真正理解它的含义。我们的大脑，是一部神奇的学习思考机器，它受控于我们的信念。当我们正在做某种事情时，如果我们认为这件事我们一定能做好，那我们的大脑就会发挥它的能力，想出办法把事情做好；相反，如果我们认为这件事情我们一定无法做好，我们的大脑就会停止寻找能够做好该事情的办法，转而去寻找解释我们为什么做不好的理由。

由此我们看到，当一个人有自信心时，他的大脑就解除了限制，而进入了工作状态；当他没有自信心时，他的大脑主工作程序就被上了锁，因而进

入了解释程序。

当我们遇到一件以前没有做过的事情，我们有三种态度：一是"我能够"；二是"我不能"；三是"我不知道"。这三种态度中，只有第三种态度——"我不知道"说的是事实，而前两种态度都是主观的。因为你没有做过，所以不论你认为你能做还是你认为不能做，你都是凭以往的经验和你头脑中的信念而推断出的结论，不代表你真的能做还是不能做。可是，这三种态度，对一个人大脑的作用，却是截然不同的。

当我们对待要做的事情持"我不能"的态度时，我们的大脑就停止去寻找能够做成该事情的方法，转而去寻找"为什么我不能做成此事"的理由，此时就相当我们的大脑关闭了主运作程序而进入"解释"程序。

当我们对待要做的事情持"我不知道我能不能做"的态度时，我们是在事先给自己找理由："如果我失败了，你不要埋怨我，我已经告诉过你了。"这时我们的大脑处于探路者的状态，它走走停停，当它搜集到的反馈信息是有助于成功的时候，它会继续它的工作；当它搜集到的反馈信息是无法完成任务时，它就会停止正面工作，转而去解释"我为什么不能完成工作"，由此使工作陷入瘫痪。

当我们对待要做的事情持"我能够"的态度时，我们的大脑会不遗余力地寻找办法把事情做对。当事情在表面上看来几乎无望时，是我们内心里认为"我能够"的信念克服了绝望而使工作继续做下去。

当孩子在学习当中，他每天都要遇到学习新课，那就意味他要做他以前没有做过的事情。他如果没有信心，认为"我不能"，那他在学校的生活简直是灾难。因为面对每天的新课他会陷入极端的困境：一方面，由于他认为自己学不会而产生极大的挫败感；另一方面，他还受到同学的嘲笑和老师的批评。最主要的是他还没有别的选择，在环境的压力下，他还得继续学习，继续面对这种尴尬的局面。最后他被迫失学。

当孩子在学习时，对于新课业他的态度是"我不知道我能不能"时，他是在试探着学习，能学习进去就学，学不进去就撤退。这样他可能在某些他有兴趣并培养出相应的学习能力的学科上成绩非常好，而在那些他没有兴趣的学科上吃败仗，出现严重的"偏科现象"。在总的学业上表现出平庸的轨迹。

只有当孩子在内心建立起"我能够"的信念的时候，他学习才能走上坦途。面对新的课业，当孩子抱定"我完全能够学会原来不懂的东西"的坚定

信念时，他的大脑因为有此信念而排除了对失败的恐惧的干扰，直接进入了"专注状态"，从而发挥出他的潜能找到方法把事情做对。那些学习好的学生，有的是有意识培养了自信心，有的是无意识地建立起了自信心，所以他们才在学业上突飞猛进。

比如，甲乙两个孩子，都是11岁，他们的知识基础基本相同，他们的聪明程度相同，可是他们的自信心不同，甲有自信心，而乙没有自信心。

老师在课堂上出了一道数学题："A车车速为80公里/小时，先走半小时；B车车速为100公里/小时，开始追A车。问：1、B车多长时间能够追上A车？2、三小时后，哪辆车在先？两车之间的距离多少？"

我们现在来分析一下，看看两个孩子的大脑的运作过程。

甲孩子，他拿到题之后，首先在脑海里想到："我是聪明的，数学非常简单，这题我会做。"于是他进入了"专注状态"，他的注意力焦点直接集中到题目本身当中，去分析题中给定的条件，以及条件与结论之间的关系。具体程序是："A车车速80公里/小时，先走半小时，那么A车先走的距离是80×0.5＝40（公里）；而B车车速100公里/小时，那么两车的速度差是100－80＝20（公里）。也就是说，B车每小时比A车多走20公里，那么B车追上A车的时间是40公里除以20公里/小时等于2小时；而三小时后，B车走的总距离是100×3＝300（公里），A车走的总距离是40＋80×3＝280（公里），于是明显可以看出，B车在先，两车之间的距离是20公里。"

乙孩子，他拿到题之后，首先在脑海里想到的是："我是愚笨的，数学非常难学，这题我肯定不会做。"然后他开始读题："A车车速80公里/小时，先走半小时，"读到这里他的思维开始走神："A车你凭啥先走，你有什么事吗？你先走半小时干吗？为什么不等等别人呢？真是太自私了——"当他回过神来继续读下去："B车车速100公里/小时，开始追A车，"读到这里，他又开始走神了："哇！时速100公里耶，太快了吧，你为什么追A车呀，难道是警察追小偷吗？"接下来他又开始读下去："问：1、什么时间B车可以追上A车？2、三个小时后，两车距离多少？哪辆车在先？"读到这里，他已经很愤怒了："我怎么知道B车什么时间追上A车？我又没有实际追过！谁知道三个小时后他们跑到哪里去了？我才不管它哪辆车在先呢。这老师简直就虐待狂，是成心和我过不去，用这种倒霉的题目来难为我，哎，真是太倒霉了！"

当老师问谁做出来了？甲孩子立即举手并说出答案，而问到乙孩子他说："我不会！"我们从外在的角度观察，可以得出一个表面的结论："甲孩子聪

明，乙孩子愚笨。"其实这个结论是错误的。

这两个孩子的在智力上表现的差异，不是遗传基因造成的，而是由于不同的教育导致的自信心不同造成的。乙孩子之所以算不出来题目，不是他不会，事实真相是他的大脑因为不相信自己有能力计算该题，所以他的思维一片混乱，开始无目的地联想，他根本就没有实际进行计算。那他怎么会算出来呢？

从上述例子，我们非常清晰地看到自信心在人大脑运作上的作用。自信心是我们的大脑进行高效率工作的前提。因此，如果家长们想要自己的孩子学习好，首先必须培养孩子对自己的自信心。

3. 责任心——管住自己的心锁

有责任才有成长。

我们中国人总以为责任心是领导人的事情或是成年男人的事情。我们通常说一个人有责任心，好像指的是他对别人做了些有助益的事，或对他自己的工作尽心尽力地完成。通常人们说一个领导人有责任心，好像是指他为员工谋福利，帮助员工解决困难；说一个男人有责任心，好像是指这个男人比较顾家，对他的妻子孩子比较好，肯为他们花钱和肯为他们牺牲。这实际上是责任心的外在表征。

其实，责任心的心理学定义应该是：一个人驱使自己去兑现自己所做承诺的心理状态。当一个人建立起责任心后，在他的价值观中，认为承诺一旦做出，就必须兑现，否则就不该做这个承诺。在他看来，不兑现自己的承诺是骗子的行为，好人是绝对不应该做这种事情的。这样，当一个人向别人或组织做出承诺后，是责任心驱使他信守自己的诺言，尽管这样可能痛苦，但是他仍然迫使自己完成诺言所设定的行为，不论这个行为是主动做些什么事情还是被动地管住自己遵守纪律。这是因为如果他不兑现自己的承诺，他会看不起自己，会使他更痛苦。

当我们意识到我们人类是社会生物，是群居的动物，就会发现我们的一言一行都会对周围的人产生影响。如果我们看到了自己对别人的生活所产生的影响，我们又在意这种影响，并希望自己能够对他人产生正面的积极影响，那我们就会产生对自己行为的自律性。

一次海难事件中，幸存者8人挤在一只救生艇上。在海上飘荡了8天，仅有的淡水是半瓶矿泉水。每个人都恶狠狠地盯着那小半瓶矿泉水，都想立

即把它喝下去。船长不得不拿一杆长枪看着这半瓶矿泉水。坐在船长对面的是一名50岁的秃顶男人，他死死盯着那半瓶矿泉水，随时准备扑上去喝掉那仅剩的救命水。当船长打盹儿的一瞬间，秃顶男人猛然扑上去，拿起水就要喝，被惊醒的船长拿起长枪，用枪管抵着秃顶的脑门命令道："放下，否则我开枪了！"他只好把水放下。船长把枪管搭在矿泉水的瓶盖上，盯着坐在对面的他，而他仍然眼睛不离那决定众人命运的半瓶水。双方就这样对峙着。后来船长实在顶不住了，昏了过去。可是就在他昏过去的一瞬间，他把枪扔到了秃顶男人的手里，并且说了一句："你——看着吧！"

原来一心想要自己喝掉那半瓶水的秃顶男人，枪一到他手里，他突然感到自己变得伟大了。接下来的4天，他尽心尽力地看着那剩下的半瓶水，每隔两小时，往每人嘴里滴两滴水，而自己决不多滴一滴水。到第四天他们获救时，那瓶救命的水还剩下瓶底部分一点水。他们8人把这剩下的水起名为"圣水"。

以上的故事告诉我们，人一旦被赋予责任，就马上开始注意到自己的行为对别人的影响，开始产生自律，开始变得伟大起来。

我们中国的很多家长，为了让孩子能够在学业上取得好成绩，他们什么都不让孩子做，要求孩子只学习就行了。这种做法对孩子的成长是极端有害的，这无非是培养没有用的废才的最有效方法。当我们的孩子从小什么都不做，他的大事小事都由父母包办，时间久了他就什么都不会做了，他会越来越自卑。他的所有责任都由其父母来承担，他没有学会对自己负责，更没有学会对别人负责，他在生活中觉得自己是一个无用的废物，他没有任何的价值感。

我们人类在自我生命的深处，必须感觉到他与这个世界存在某种联系，他才找到了"意义"的纤绳。当一个人对某种事物负责时，他就感到自己的生命与该事物联系到一起了，因此产生意义感。当他感觉自己在某事物中起了作用，他觉得自己是有用的，他因此找到了价值感。

责任心是我们人类作为社会生物的本质属性。人作为一种群居的生物，我们必须与我们的同类发生人际关系。而要与别人发生人际关系，一个基本的要求就是人必须兑现自己的承诺。否则人们就没有办法建立起稳定的人际关系。建立不起来稳定的人际关系，那么社会合作就无法真正展开，那我们人类社会也就无法正常运行了。就个人而言，一个人如果没有责任心，他无法与人建立稳定的人际关系，因此他也就无法快乐、无法幸福、无法成长。

在教育孩子的事情上，家长们必须让孩子对一些事情负起责任来。特别是对他自己的事情，一定要让他自己负责。

4. 进取心——人生的动力源

一个孩子长成成年人后，能否在人生中取得成功，起决定性作用的不是他头脑中的知识和技能，而是他的人格中有没有主动进取的精神，有没有永不言败的不屈不挠的精神和他能与别人建立稳定的人际关系的能力。

一个孩子成年后能否在一生中取得成功，起决定性作用的不是他头脑中的知识和技能，而是他人格中有没有主动进取的精神。

进取心，是一个人在骨子里要出人头地的那股子劲儿，它的外在表现形式是我们平常所说的一个人的理想和抱负。当一个人有了他心中想要做的事情时，他会涌起要做好那件事情的冲动。这种要行动的冲动，会驱使孩子行动起来。当行动没有得到他想要的结果时，他会继续行动下去。我们就是要培养孩子身上的那种不服输的劲头。

常识告诉我们，一个人主动做事和被动做事，对做事的效率有很大的影响；然而，很少有人明确地知道，一个学生主动学习和被动学习对学习效果有决定性的影响。学生在学校的学习成绩，很大程度取决于他的学习态度，他愿意学习，喜欢学习，主动学习，他的大脑会被激活。大脑的注意力会高

度集中，大脑注意力焦点会牢牢集中在学习的内容上，会迅速捕捉到要学习的信息，然后记下来。如果学生自己不想学习，他被人逼迫来学习，那他的注意力会涣散，此时对学习的内容会视而不见，根本就学不进去，白白浪费时间。

一个人是锐意进取还是原地徘徊，对人生的成就有决定性的影响。我们持什么样的人生态度，将决定我们有什么样的人生。当孩子在他的童年时，家长让他尝到成功的滋味，当孩子成功时，家长及时地表扬孩子，让孩子把成功与至高的快乐联系在一起。然后不断地鼓励孩子努力获得每一次的成功，让他在自己的人生经验中切身体会到成功会给他带来极大的快乐。时间一长，孩子尝到的成功所带来快乐的滋味越来越多，以至他产生对成功感觉的需要，这样他就会主动去寻找能够获得成功感觉的机会，由此产生出主动进取的精神。

主动进取精神，有的人是从小培养的，有的人是偶然被激发出来的。从小培养主动进取精神的方法是，在孩子小的时候，不断地鼓励孩子，不断地表扬孩子，让孩子体会到成功是快乐的，从而产生对成功的追求。而偶然激发的主动进取精神，是当一个人在贫穷平庸的生活中太痛苦了，突然受到偶然事件的刺激，他发现自己的生活简直就不是人过的生活，由此产生要摆脱痛苦生活而奋斗的欲望。这里第二种方法，纯属偶然，很可能一个人在贫穷和平庸的生活中呆久了，就习惯了，他把贫穷和平庸的生活当成了生活的常态，从而永远失去了奋斗的欲望。因此作为家长，我们必须从小培养孩子的主动进取精神，才能保证孩子此生必保成功，才能把孩子培养成一个杰出的人。

5. 同情心——文明人的根本

实际上，同情心是做人的根本，就是说我们要培养出孩子的同情心，他才能成为文明人。这句话从哪来的？英国的大哲学家罗素说："人生中有三件要事，第一对真理的追求，第二对真爱的寻求，第三对苦难的同情。"这么大的哲学家为什么说这三点是人生的三件要点？其实我们也想到，其实做人的根本是要有同情心，要成为好人的根本是要有同情心，我们还有这样一些词汇像爱心、善心、孝心、怜悯心、同情心，其实有悟性的人都明白，这些词语要说的含义是一个，就是具备这种特质的人他是一个善良的人。而同情心这个词涵盖其他几个汉语词汇的含义。你想一个具有同情心的人，他连小动

物都同情，连弱者都同情，他能不对妈妈好吗？不对爸爸好吗？对社会的一些贫弱现象，他能够产生同情心，那他一定是个善良的人。

也就是说，把孩子的同情心培养出来，这是保证孩子将来长大了是个好人、文明人的根本。到了成年他能善待自己，善待别人，善待生命，到父母晚年善待父母。孩子善待父母，就是通常所说的那个孝心，其实把孩子的同情心培养出来，这个孩子长大了他才可能是个善良的人。他到了成年，才能为这个国家、民族作出有价值正面的贡献。

那同情心怎么培养？其实很简单，让孩子照顾小动物，或者让他去照顾爷爷奶奶。

如果在孩子童年，孩子养个小动物，家长很残酷地对待小动物的话，那就会伤害孩子最原始的那个同情心，如果一个人同情心没有了，就是这个人不是个善良的人了。如果说你当孩子的面把一个小狗小猫给踢出很远，残酷地对待小动物，这个孩子他可能就会模仿，到将来对其他生命的也可能残忍残暴。

你对自己父母的那种孝心，对于孩子来说，其实也是一个言传身教的过程。爷爷奶奶老了，姥姥姥爷都老了，他们那么弱，你应该去帮助他们，作为家长通过言传身教让孩子学会同情心。

比如说在街上见到乞丐，不论你的家里经济状况怎样，如果只要身上有零钱，一定要去给乞丐一些，让孩子知道这是对贫弱的一种同情表达。当一个孩子真有同情心了，这个孩子长大了才是一个善良的人。

现在可能很多的家长都在想，我怎么样去教育孩子。但是他们很少想到，其实有的时候我不需要去教育，只要我们去做，我去做了孩子自然就会看到，他也会去模仿。

将来我女儿，我绝对相信她不会不孝敬我，我一直把孝敬老人作为我人生的准则，让她看到，我是怎么对待我爸妈的。这样小孩就会认为这个是非常正常的事情，如果你对你父母不好，对你周围的朋友不善良，这个是很难想象的一件事。

6. 良好习惯——杰出表现的自动程序

一个人是否杰出，主要表现在他的行为上，而行为表现的优劣主要取决于他的习惯。因此，要把一个孩子培养成杰出的人，就必须使他从小养成良好的习惯。

习惯是一个人在一种情境下，如何应对的自动反应。

我们人类是一种高智能生物，我们是以异常复杂的"社会"的生活方式生活着。我们生下来就会的行为叫本能。除此之外，其余一切都得学习。在我们日常生活中所进行的行为，绝大部分都是靠后天培养和训练。我们把一种行为教给孩子，然后让他反复练习，慢慢他就"学会"了此种行为。时间一长，他已经熟练了该种行为，他不用用心想就会做此种行为。此时我们把该种行为命名为"习惯"：像吃饭、走路、睡觉、穿衣、说话、刷牙、洗澡、看书、接人待物，等等。这是行为层面的习惯。

第二个层面的习惯是情感层面的习惯。我们人类是情感的动物，对待我们周围的事物，我们总要做出情感反应。我们对待每天接触的事物总是要做出是喜欢还是排斥的情感反应。除了受自然本性影响外，还要受父母的价值观和行为的影响。如果一个孩子形成了对某一类事物固定的情感反应，那他就形成了习惯性模式。比如，有的孩子，一遇到困难就兴奋，他渴望战胜困难后带来的价值感和成就感；而另一孩子，一遇到困难就沮丧，他赶紧从困难处逃开以避免困难带给他的压力。再比如，有的孩子，当他"给予"的时候他感到非常快乐，也就是说当他能够给予别人帮助时，他会感到自己有价值因而非常快乐；而另外的孩子，则是当他"获得"的时候感到非常快乐，也就是说他从获得别人的帮助或东西而感到快乐。还有，有的孩子一遇到"好事"的时候就快乐兴奋，他会不断搜集好事情而使自己快乐；而另外的孩子则是遇到"坏事"时候感到快乐和兴奋，他会不断地把注意力集中在生活中的坏事情上来寻找快乐和兴奋。

第三个层面的习惯是思考层面的习惯。人的思维习惯都是在童年形成的，优秀的人就是从小养成了卓越的思维习惯。然后，他就会不自觉地使用他的思维习惯去面对每天遇到的问题，从而决定自己如何对待的态度。比如有的孩子养成了从"阳光"的角度去看问题的思维习惯，他总能找到事情好的一面；而另外的孩子却总是从"阴暗"的角度去看问题，他总能找到事情对他不利的一面。再比如，有的孩子，在遇到失败和挫折时，他总能从自己的角度去找原因；而另外的孩子，在遇到失败和挫折时却总能从别人身上或客观事物上找原因。还有，有的孩子，他总能从证明自己优秀的角度去寻找证据，因此他会越来越自信；另外的孩子，却总能从证明自己愚蠢的角度去寻找证据，因此他会越来越自卑。有的孩子，从小学会了从别人的角度看问题，试着去体会别人的感受；而还有的孩子，却永远从自己的角度看问题，永远无

法体会别人的感受。

第四节　有效的家庭教育工具

亲子关系模型

1、教育的目的：培养真正的人。　2、教育的思路：引发孩子的成长动力。

1. 爱
2. 表扬
3. 鼓励
4. 确认
5. 理解
6. 陪伴
7. 制定规则
8. 批评

1. 自尊心
2. 自信心
3. 责任心
4. 进取心
5. 同情心
6. 良好习惯

高压线：1、忽略孩子的存在；2、强迫；3、破坏性的批评　陷阱：1、有条件的爱；2、输不起的心态

董进宇博士　创立　专利号：200330105755.0

1. 无条件的爱

（1）爱是生命的阳光

没有阳光，万物无法生长；没有爱，孩子的精神人格无法发育成长。爱是孩子来到这个世界的原因，也是孩子成长的原因。

刚出生的孩子，对这个世界一无所知，他的能力为零。他的世界充满着与生俱来的恐惧和无助，他必须依靠其他成年人的照顾，才能活下来。父母对孩子物质上的照顾，使得作为"物质人"的婴儿存活下来；同样，父母对孩子的爱，消除了孩子的恐惧感，使得孩子的"精神人"开始发育成长。

孩子刚出生时，并不是完整意义的人，他只是具备成为人的可能性。如果给他适当的"养分"他会发展成"人"；而如果没有给他"养分"或"养分"的成分不正确，那个孩子的"精神人"可能根本就没发育或发育不良，导致孩子不按"人"的方式来行为，是类似于人类的动物。父母对孩子的爱，是孩子的"精神人"发育的最重要的养分。它的重要性，与母乳对出生婴儿的重要性是一样的。当父母无条件地爱孩子的时候，孩子找到了最初的"自

我价值"，由此产生了向他的生命之外扩张，探索他周遭世界的欲望，这是他成长的起点。

作为孩子的"精神人"的主体架构的"自尊心"，是"精神人"的脊梁骨。没有自尊心的人与没有脊梁骨的人是一样的，是软体动物，他们终生在地上爬行，无法成长为完整意义上的人。有了自尊心的人，才能成长为独立自主的作为主体的人。孩子刚来到世界上，他的能力为零，除了上帝把他做成"可爱状"而惹人怜爱之外，他不能给其他人任何物质上的好处（价值），是父母"无条件"的爱，让他知道自己是有价值的。这是一个人自尊的最初来源。当孩子被他的父母无条件地爱着和平等地尊重时，他内心的"自我价值"会产生，进而升起了自我尊重的感觉。

应该说，父母的爱是培育孩子自尊心最重要的养分。

（2）爱的真谛

我们每个人都渴望得到爱，也都希望给予爱，但是真正理解爱的真谛的人并不多。不论是男女之间的爱，还是父母对孩子的爱，以及朋友的爱，爱的真谛应该是一致的。我们认为要理解爱的真谛，应该把握以下四点：

①爱是不讲条件地对对方好的一种情感

我们爱一个人，就是希望对方好，希望对方快乐幸福的一种利他感情，并且不讲条件，不求对方回报。也就是说，爱是单纯地对对方好的感情，不求对方回报。如果我们的父母爱孩子，那是我们单方对孩子好，而不以孩子的行为为条件。作为家长，爱孩子的理由只有一个，就是他是你的孩子，除此之外没有任何其他理由。

②爱是整体地接纳对方

爱一个人，意味着完全接纳对方。不但要接纳对方的优点，同时也要接纳对方的缺点。如果我们只接纳对方的优点，而无法接纳对方的缺点，那就说明我们并不爱对方。父母爱孩子，就是要无条件地整体地接纳孩子，绝对不能只接纳孩子的优点，而不接纳孩子的缺点。当一个孩子被完全地接纳时，他才能感到自尊。

③爱是一种接纳和欣赏的情感关系

爱是人类特有的一种情感关系，是建立在爱者与被爱者之间的充满温情的关系。这种关系是以平等为前提的。当施爱者以被爱者的利益为出发点，尊重对方平等地对待对方而给予爱时，此时的爱是真爱；当施爱者居高临下，不问被爱者的感受和需要而给予爱时，此时的爱是施舍、压迫和私心的满足，根本与爱本义是背道而驰的。

很多家长在爱孩子的时候，根本不管孩子的感受，与其说他们爱孩子，倒不如说他们要满足自己的"爱孩子的需要"更准确。只有父母平等地对待孩子，单纯地以孩子的利益和感受为出发点，在完全接纳和欣赏孩子的前提下来表达对孩子的爱，对孩子来说才是一种没有害处只有益处的美好情感。在这种爱的关系下，孩子才能健康成长。

④爱的有无是由被爱者决定的

当施爱者表达自己的爱时，如果被爱者接收不到，只说明是施爱者单方行为，与被爱者没有关系。只有被爱者接收到了爱，才说明有爱。

我们不要忘了，爱是一种关系，他的主体是两个：施爱者与被爱者。

如果被爱者没有接收到爱，那么在这个爱的关系中，由于缺少一方当事人而成为施爱者一厢情愿的主观行为。家长们惯常犯的错误是站在自己的角度去爱孩子，以自己的主观判断和意愿为出发点来爱孩子的。只要他们自己认为什么对孩子有好处，他们就武断地为孩子做这做那，根本不问孩子的感受。这种专横武断的所谓的爱，破坏了爱的平等性，而对被爱者是一种折磨。

事实上，很多家长正是在爱的名义下，用他们所谓的"爱"毁了孩子。爱能否对孩子起正面的激励作用，关键在于孩子是否感受到是爱，如果孩子没有感受到爱，无论家长怎样认为，都不能说明有爱。所以家长们必须记住你爱不爱孩子，不是由你决定的，而是由孩子来决定的。

（3）怎样表达对孩子无条件的爱

当我们明白了爱的真谛，怎样爱孩子就成了技术问题。为此，我们要做到以下几点：

①尊重孩子的独立人格

家长们必须了解，爱是建立在平等基础上的，没有平等就没有爱。

所以，家长们首先应该把孩子当做和自己一样的人来对待，尊重孩子的想法和感受，不强迫孩子做他们不喜欢的事情。绝大多数的家长，在他们的个人经验中，发现孩子还小，很多事情他们都不懂，就不把孩子当做独立的人来对待。这是一种愚蠢的错误。孩子固然对很多事情不懂，但那不是构成我们不尊重孩子的理由。其实，这个道理就像有教养的人要尊重残疾人是一样的。

我们家长是否尊重孩子，是不以孩子的表现为前提的，它是我们对孩子应尽的义务，是我们家长的教养，是我们人格高尚的反映。

②家长爱孩子不需要理由

你爱你的孩子，只因为他是你的儿子或她是你的女儿，除此之外再没有

其他理由了。

所以，我们爱孩子，就必须无条件。我们必须百分之百地接纳孩子，把孩子当做你生命中最重要的人来对待，当做你手心里的宝贝来珍爱。

③直接告诉孩子你爱他

只有表达出来的爱，才是爱。

爱是需要明示的，必须直接表达出来，否则，对方可能根本就接收不到你的爱。因为我们人类的行为可以任意解释，你认为你爱对方，你通过行为或礼物等方式表达你的爱，在你看来，你爱孩子是天经地义的，可是孩子却可能理解为你的自私或对他的伤害。

所以，你爱孩子，就必须明确地告诉孩子你爱他。这样孩子才能确信自己被家长爱着。

④用你的眼神告诉孩子你爱他

眼睛是心灵的窗户，它准确地反映我们内心世界。

当我们爱孩子的时候，你眼神会准确地传达你的爱意。所以，我们做家长的人，必须时刻注意自己的眼神，留神它是否偏离了爱孩子的轨道。当我们过分注意孩子的表现和学习成绩时，常常忘了爱孩子，早已经把爱扔到九霄云外去了。你以为孩子不会发现，其实，孩子百分之百地会知道你已经不爱他了。因为你眼神早已经把你的秘密泄露出去了。

让我们尴尬的是，我们爱孩子的信息，孩子不容易接收到，可是我们不爱孩子的信息，孩子仅凭直觉就完全可以接收到。

⑤用体恤的态度倾听孩子的心声

孩子是一个成长中的人，他每时每刻都可能遇到困难，随时都会遇到迷茫费解的问题，并且他们的情绪非常容易受到干扰，一会儿是阳光明媚，一会儿又是暴风骤雨。他们在内心里极其渴望有人能理解他们的感受。

所以，他们首先需要的是倾听，其次才是指导。

遗憾的是绝大多数的家长，都不重视倾听孩子的心声，忽视孩子的感受，他们认为孩子还小，说不出啥来，他们主观地判断孩子更需要指导。其实，家长们应该知道，倾听孩子的目的，不是看孩子说的东西对错，而是用"倾听"的行为来给孩子支持和理解，通过倾听的行为，来表达家长对孩子的爱，让孩子感到他们在这个世界上并不孤独，爸爸妈妈永远是他们心灵的归宿。

⑥用"行为"表达对孩子的爱

我们人类行为的基本含义是大体相同的。每个做父母的人都必须了解，如果孩子在生命早期，没有得到充分的爱抚，就会产生"皮肤饥渴"，从而产

生各种生理和心理问题。因此爸爸妈妈必须给孩子充分的爱抚。通过亲吻、拥抱、抚摸等方法来表达对孩子的爱。

我们前面提到的美国心理学家，让女大学生志愿者到孤儿院去爱抚那些严重"皮肤饥渴"的儿童，对改变这些孩子的态度和行为偏差的效果非常明显。家长在给孩子爱抚时，不但能够享受天伦之乐，更重要的是这种爱抚是孩子成长必需的养分，是我们家长每天要对孩子做的动作。

⑦用写信或"写纸条"的方式表达对孩子的爱

很多家长当着孩子的面直接说爱孩子，不好意思说出口，那最简单又最有效的方法就是给孩子写各种各样的小纸条，直接写上"爱你的老爸"或"爱你的妈妈"。

我女儿认为在她的生命中，最让她难忘的就是我给她写的那些结尾写着"爱你的老爸"的小纸条。我们必须留下被爱着的证据，使他们确信自己是被爱着的。

⑧用手机短信、QQ留言、电子邮件等工具表达对孩子的爱

当孩子在自己的邮箱中发现爸爸妈妈发给他的表示爱他的电子邮件，会非常感动。

手机短信是更便利地表达爱意的工具，随时随地可以告诉孩子你爱他，又可以避免当面说不出口的尴尬。

⑨通过"礼物"表达对孩子的爱

在孩子生日、节日和其他特殊的日子，送给孩子带有纪念意义的礼物，会让孩子感到幸福甜蜜。

当家长出差回来，带给孩子一件小礼物，会让孩子感动。因为，这让他感到你牵挂他，心里时刻想着他，从而觉得自己被珍爱着。

⑩用录音电话、录音笔或录音机录音表达对孩子的爱

家长可以把自己爱孩子的话，录在录音电话、录音笔或磁带里。当孩子听到爸爸妈妈爱他的话时，会非常感动。我们不要忘了，感动是让孩子成长最快速的方法。

2. 鼓励

美国一著名教育家曾经说过一句著名的话："在教育孩子的事情上，除了鼓励我不知道还有什么方法。"

孩子初生时，对这个世界一无所知，由于他的能力为零，所以在孩子最初的生命经历中，绝大多数的感觉记忆是失败的经验。生物的自我保护本能，

使得他对所处的周遭环境充满恐惧。如果没有成年人耐心指导和训练，他很难自动学会复杂的人类行为。只有作为成年人的家长站在孩子的背后不断地鼓励孩子，孩子才能逐渐地学会做各种事情，其中包括家长们最关心的孩子的学习。孩子通过学会做一些事情的经历，累积了一些成功的经验，逐渐地建立初步的自信。

我们绝大多数家长，都不知道鼓励的重要性，而知道如何鼓励孩子的家长就更少了。要想真正把孩子培养成自信的人，家长就必须学会正确地鼓励孩子。为此我们必须做到以下几点：

（1）相信人的潜能是无限的

要知道，人是宇宙的精灵，他身上具有几乎无限的潜在的能力。只要经过适当的开发，任何事都可以学会。

所以，当我们的孩子在学习、生活和人际交往中遇到挫折时，作为家长的成年人，必须给孩子以鼓励。通过家长的鼓励，家长传达对孩子能力的信任，对孩子人格的信任的良性信息。这种被人信任的信息，对孩子是一种极大的上推力，使得孩子有足够的力量来克服他每时每刻都会遇到的困难。

我们绝大多数家长，都不知道鼓励的重要性，而知道如何鼓励孩子的家长就更少。要想真正把孩子培养成自信的人，家长就必须学会正确地鼓励孩子。

（2）鼓励孩子是我们家长每天要做的动作

孩子是一个在成长中的人，他的能力还在培养之中，而他的价值观也在建立之中。就是说我们的孩子不会自动把事情做对，他出差错是完全正常的。当孩子是因为能力问题把事情做错时，家长应该教会孩子把事情做对的技巧。并通过鼓励把孩子从挫折感中拉出来；当孩子因为不知道什么是对而把事情做错时，家长应该及时帮助孩子分清是非，并用鼓励把孩子从迷茫中解救出来。

（3）"没关系，下次再来！"

当孩子失败时，家长应该用这句话，打消孩子的失败感。

在孩子的世界里，他们所面临的竞争压力，要远远超过我们成年人：首先，他们自己的能力不足，需要系统训练。其次，他们的行为被用预先制定的统一标准（考试卷）来衡量。第三，参与竞争的人数众多（每班人数 70 - 80 人）。第四，如果达不到要求就被打骂不让吃饭。

我们设想一下，如果把一个班级学生的家长，组成一个新班级，让他们学习与他们年龄相适应的课程，对他们的要求和他们的孩子相同，给他们的生存与学习环境也与他们的孩子相同。我敢说，有一半的家长会进精神病院。

很多家长自己在童年时，就没有学好，当轮到他的孩子学习时，他早已经忘记了童年的感受。当孩子没有学习好某一科功课时，他们就对孩子严厉惩罚，仿佛孩子能学习好而故意不学好。其实如果孩子能学习好，没有孩子故意不学好，能考 100 分，没有孩子故意考 30 分。

作为家长我们必须牢记，孩子是在成长中的人，他的能力还在发展之中，决不能用成年人的标准来要求他们。当孩子失败时，家长应满怀慈悲之心，用鼓励来恢复孩子的勇气。

（4）"没问题，我相信你！"

当孩子遇到不敢做的事情时，家长应该用这句话来鼓起孩子的勇气。

孩子在学习、交友和学校集体生活中，随时都会遇到没有做过的事情，心中充满恐惧是理所当然的事情。做家长的随时准备给孩子以鼓励。孩子的信心和勇气来自家长的鼓励。当家长不断地告诉孩子"没问题，我相信你"时，孩子从家长那里获得了力量，才能勇敢地面对他生活中的难题。

（5）通用公式：鼓励 = 信任孩子（人格、能力）＋我相信你能行＋身体接触

为了恢复孩子的勇气和信心，家长不但要用语言告诉孩子，你相信他的人格和能力，鼓动孩子去尝试或再试，更重要的是要与孩子有身体接触，通

过拥抱、拍打孩子肩膀或抚摩孩子的头发等方式，把信任和力量传达给孩子。只有这样才能让孩子真正感受到力量，使他们恢复勇气和自信。

3. 表扬

表扬是当孩子把事情做对或取得成绩时，家长应该及时做的动作。

在这个问题上，我们中国的家长内心里，或多或少都有一些误区。很多家长怕一表扬孩子，孩子就骄傲自满，从此不再努力而荒废学业。在这种心理的支配下，我们绝大多数家长在该表扬孩子的时候，三缄其口。这样做的结果，是孩子失去了把对的事情继续做下去的热情，也失去了把已取得的成绩发扬光大的动力。

其实，骄傲自满的心理状态，是缘于无知，而不是表扬。当孩子不知道还有更广阔的天地，把自己的知识、能力和水平当成顶峰了，以为到达终点了。这深层的原因是孩子在内心里选的参照系比较低，他专门跟比他差的人进行比较，因此得出了自己比所有人都强的错误结论。遇到这种情况，家长需要做另外的指导，就是要让孩子知道人外有人天外有天，进而拓展孩子的知识面。

表扬是把孩子的动力给激发出来，我们不能因为激发孩子的动力可能伴随有孩子不知深浅而骄傲自满，就放弃表扬而让孩子失掉动力。正确的做法是，学会正确的表扬，使孩子产生动力；同时再用鼓励、确认等其他手段使孩子认识到学习无止境而保持谦虚谨慎的学习态度。

事实上，只有不正确的表扬才可能导致孩子骄傲自满。应该讲，绝大多数家长都不会表扬，而是无原则地夸大其词地乱说一顿。

在我的博瑞智家长培训课上，有一位母亲对我说："董博士，你说的道理我都承认，可是这'表扬'不行。我儿子就是不能表扬，我一表扬他，他就找不着北。"

我让她把儿子领来，当着我的面来表扬孩子。这位母亲是这样表扬孩子的："哎呀！儿子，你太厉害了，你比你爸厉害，你比我厉害，你们班级你最厉害，全世界你最厉害了！"我当时就忍不住笑了。

我对那位母亲说："你怎么知道你儿子是全世界最厉害的？你这纯属是胡说八道。"

像这样的无原则地瞎说，自然会让孩子产生错觉，以为自己真的是全世界最厉害的了。

正确的表扬根本就不会使孩子骄傲自满。只有学会了正确的表扬，我们

才能既鼓舞起孩子的动力又不至于使孩子骄傲自满。为此，我们要做到以下几点。

（1）把目光盯在孩子的优点上

我们传统的教育理念是教育者把目光盯在被教育者的缺点上，把力气使在改掉孩子的缺点上。这种理论的前提假设是：只要改掉了缺点，就只剩优点了。这种教育思想是极端错误的，它没有看到在孩子身上，一切都是处在生成阶段。如果我们家长把目光盯在孩子的所谓"缺点"上，就让孩子意识到他是多么的差，因为此时他的优点还没有产生，这样就不可避免地让孩子感觉他是劣等的，他的自我价值会降到最低点，产生强烈的自卑感。人在强烈的自卑感的控制下，他的表现会极端畏缩，他的潜能处于被埋没的状态。

在心理学上，有所谓的"确认放大原理"：在我们人身上，当我们把目光盯在哪点上，被盯的那点就会放大。在我们自我生命里，我们把注意力持续地放在什么事情上，那个事情就会在我们真实的生命里呈现出来。当我们的家长持续地把注意力盯在孩子的缺点上，就会把孩子的缺点给放大了。而如果我们把目光盯在孩子的优点上，就会把孩子的优点给确认放大了。

家长的目光就像阳光一样，孩子的优点和缺点就像埋在土里的种子一样。当我们家长的目光盯在孩子的优点上，就像阳光照在优点的种子上，使优点的种子发芽成长；反之，家长的目光盯在孩子的缺点上，就像阳光照在缺点的种子上，使缺点的种子发芽成长。当家长把目光盯在孩子的优点上，孩子感觉到了自己存在的价值。当孩子有了自我价值，他成长的生命火焰被点燃了，他会产生出自我完善的欲望，会让自己表现得更好。

（2）表扬＝陈述事实＋确认事实的可贵性＋表达感受＋表达期望＋身体接触

表扬是让孩子继续努力的有效手段，所以必须做对动作才能收到预期的效果。一个完整的表扬，必须按程序做对每一步：

①陈述事实

即孩子做对了什么事情，家长要明确地告诉孩子，他什么地方做对了，什么行为被肯定和欣赏。这样做的结果是，孩子知道自己因为什么被表扬，他下次可以继续做下去。

②确认事实的可贵性

即让孩子知道家长为什么要表扬他，让他知道被表扬的真实理由，知道自己行为的真实尺度，从而对自己行为有一个正确的评估，产生自豪感。

③表达感受

家长一定要表达为孩子高兴的感情。这种为孩子取得成绩而替孩子高兴的感受，是一股巨大的推动力，会使孩子继续把事情做下去。

这里的关键是家长为孩子高兴（即家长说"我真的为你高兴！"），而不是家长自己高兴（即家长说"我真高兴！"）。这两者有着本质的区别。家长为孩子高兴，表明良好的行为和成绩是孩子自己的事情，家长只是替孩子高兴，家长是旁观者而不是当事人。而家长自己高兴，传达了一个信息：孩子取得好成绩，家长就高兴，那么如果孩子不能取得好成绩，家长就不高兴。家长无形之中把自己牵扯进去了，家长成了孩子学习的当事人，孩子的学习是为了家长，这就给孩子造成了巨大的压力。

④表达期望

即家长表达完为孩子取得好成绩而高兴的感受之后，还要表达新的期望。也就是告诉孩子，只要他继续努力，他会做得更好。

这里的关键是家长要表达宏观的期望，就是说家长应该笼统地说："我相信你以后会做得更好！"而不能提出具体要求。要知道，一旦家长提出具体的要求，孩子就认为家长对自己目前的成绩还是不满意，由此产生没有达到家长的要求的压力感，这就使得表扬的作用大打折扣。我们在这里一定要记住，孩子的学习是孩子自己的事，绝对不能让孩子感到他是为家长学习或为家长做事。家长只是为孩子高兴，他学习不好，家长也没有什么，这样孩子才能够轻装上阵。

表达期望，实质是暗含着告诉孩子，学习无止境，他还得继续努力，同时也表达了家长对孩子学习潜力的信任。

⑤身体接触

在表扬孩子的场合，家长如果能够拥抱孩子或拍打肩膀或抚摩孩子的头发，那效果会倍增。

我们知道表扬的目的是让孩子有向上的动力。身体接触，会让孩子直接感受到家长所传达的力量。人是一种奇妙的动物，身体的接触会比语言更准确地表达内心的感受。很多家长，随着孩子一天天长大，与孩子的关系也越来越疏远冷淡，很少与孩子有身体接触。甚至，连温柔体贴的话都不说了，最后剩下的只是苛责埋怨与批评。在这种关系状态下，孩子的动力已经丧失殆尽。

所以，家长们要记住，要想让孩子改变，那么家长必须先改变。所以，作为家长，我们要先突破自我的局限，做出相应的动作，我们才能指望孩子有优秀的表现。

4. 确认

确认是一个非常重要的工具。但是，绝大多数家长都不会使用。其实，孩子刚出生的时候，他们没有带着任何的特点来到这个世界上。他们身上的特点，不论是优点还是缺点，都是我们家长后天培养的结果。确认这个工具，就是一个播种机，让我们在孩子的生命里开始播种。确认这个工具有两个基本用法：

（1）家长如果希望孩子身上有什么优点，就直接说出孩子具有这些优点

在最初，你说孩子具有这些优点时，孩子可能根本就不具备这些优点，你说的时候，他会感到非常迷惑，他甚至都不知道你在说什么。但是当你不断地正面确认他具有这些优点时，逐渐地他就会发展出这些优点。

这个过程，就像农民春天在地里播种一样，当他把种子埋在土里，然后不断地浇水、施肥、松土，经过这样一番耕作，那个被埋在地里的种子开始发芽，后来冲破黑暗破土而出，成长为一棵鲜活的小苗。

比如，家长如果希望孩子喜欢学习，在孩子身上，目前你还没有发现他愿意学习，面对孩子，你就直接说："我儿子可愿意学习了！"或"我女儿可愿意学习了！"当你刚开始说此话的时候，他（她）可能没有什么反应，但是当你反复不断地说他（她）愿意学习时，他（她）就逐渐地开始学习。而你继续说他（她）愿意学习时，孩子会慢慢发展出学习的愿望。经过一段时间的练习，他（她）会发展出初步的学习能力。这样，他（她）在学习时候就会找到胜任感，觉得自己能够做得来，从而打消了在学习上的为难情绪。如果家长在这时继续鼓励孩子，表扬孩子的微小进步，孩子会把学习与快乐联系在一起，进而发展出学习兴趣，也就是说他（她）真的愿意学习了。

（2）在孩子头脑中建立是非观念，用确认的方法往孩子大脑中输入价值观

在孩子的世界里，什么是对的，什么是错的，根本就是很难辨认的事情，他们生活在一片混沌状态之中。如果我们家长不是有意识地在孩子的头脑中建立是非观念，他们凭自己的经验，是很难建立起正确的价值观的。很多家长，都忽略这一重大问题。他们认为孩子好像理所当然应该懂得是非曲直。其实我们不要忘了，平常人们说启蒙，就是指人在童年时代，是处在蒙昧状态，他们是无法凭自己的价值观对事物做出正确的判断的。

所以，家长教育孩子的最重要的事情就是帮助孩子分清是非，逐渐在孩子的心中建立起稳定且相对正确的价值观，这样孩子才能逐渐根据自己的判

断决定自己的行为。

　　很多家长，他们把自己童年形成的关于这个世界什么是对的、什么是错的等一系列价值观，当成客观真理，要求孩子无条件接受和服从。他们用自己的价值观去衡量孩子的行为，当发现孩子的行为不符合自己的价值观，就会极其武断判定孩子的罪状，认为孩子错了。

　　家长用确认的方法，在和孩子一起生活的过程中，不断告诉孩子什么是对的，什么是错的。当孩子没有事先被教导，没有事先被警告，不是故意要做错事时，即使把天捅破了，做多么大的错事，家长此时都不应该批评孩子，而是应该用确认帮助孩子分清对错。家长应该明确告诉孩子这么做事是错的，为什么是错的，错在哪里；同时告诉孩子什么是对的，应该怎样做才能把事情做对。

5．理解

　　我们每一代人，都是根据自己的亲身经历和生存环境的影响而形成自己的价值观的。

　　由于时代是不断发展和进步的，所以，上一代人总是看不惯下一代人的所作所为。这也就是当年鲁迅先生笔下九斤老太眼中看到的世界。很多家长，他们把自己童年形成的关于这个世界什么是对的，什么是错的等一系列价值

观，当成客观真理，要求孩子无条件地接受和服从。他们用自己的价值观去衡量孩子的行为，当发现孩子的行为不符合自己的价值观时，就会极其武断判定孩子的罪状，认为孩子错了。当孩子不服，很多家长会恼羞成怒大叫："你还敢顶嘴！"他们会非常专断地强迫孩子服从。在与家长的这种关系中，孩子由于得靠家长才能活下来，所以处于劣势，这样最后孩子不得不屈服。这样做最后的结果，表面上家长胜利了，但是实际上，家长和孩子都彻底地失败了。因为孩子从此不再和家长说心里话，不再信任家长，他完全按自己对事物的判断去处理事情。由于孩子是孩子，他们对事情的好坏、是非、对错等的价值观还没有建立起来，那么他们按自己的判断去做事，十之八九会做错。而由于我们和孩子的关系扭曲紧张，使得孩子已经封闭了与家长沟通的渠道，这样家长就无从得知道孩子的真实的情况，也就没有机会为孩子提供正确的指导。

"理解"这个工具，使用它的真谛是，家长必须把孩子视为朋友。认真倾听孩子的心声，而不带自己的偏见（自己的价值观）看待孩子的行为。站在一个朋友的角度，单纯地了解孩子的内心感受，客观地分析孩子一个行为背后的心理原因。在整个过程中，家长只是一个旁观者，而不是当事人或利害关系人。家长应该以放松的心情来与孩子进行交流，以此来消除孩子的恐惧、烦恼和孤独。使他们鼓起学习、改变、成长的勇气和热情。同时，家长如果成为孩子的知心朋友，那么我们就知道了孩子不正确行为背后的心理原因，从而找到改变他外在行为的办法。这样家长才能像如来佛一样，不论孙悟空怎样翻筋斗，都逃不出你的手心，对孩子的身心发展做到心中有数。

理解，同时也是要不加评判地搞懂孩子心中到底在想什么。一件我们认为不该做的事情，孩子没经过你的同意做了，你要问他为什么要这么做？心中是怎么想的？……这是理解。所以我们说理解中既没有表扬，也没有批评。因为表扬与批评是完全不同的概念。理解是两个人之间心灵的沟通。如果没有理解，你怎么知道孩子在想什么？一个孩子做一个行为的原因可能是多方面的。

理解是把孩子行为的原因搞清楚，没有表扬也没有批评。我们强调与孩子相处必须平等和尊重，如果孩子讲话，你不听，孩子的想法你不理解，这能叫做平等和尊重吗！一个孩子的一个简单的行为有太多的原因，家长需要通过理解搞清他要说什么、做什么、怎么做。

确认是以孩子的一个行为是否符合社会规范、是好是坏、下次是否可以做给予确定和认同。

6. 陪伴

孩子需要家长与他一起度过一些时光，通过与孩子在一起相处，消除了孩子与生俱来的恐惧。他们需要的是父母的人，而不是金钱。我们由于工作忙、事业忙、人际关系等原因，不能和孩子在一起，于是出于内疚我们就用金钱来弥补。这是培养弱智的最好方法。无论你是亿万富翁，还是农民，只要你能陪伴孩子生命最初的那几年，同时给他们培养了好的习惯，一样能把孩子培养好。如果你不明白这个道理，一味地用金钱弥补，是让他学坏的最好办法。

有一个五岁的男孩，看见爸爸下班回来，急忙跑过去，对爸爸说："爸爸，你一个小时能挣多少钱？"爸爸说："能挣20美元。"男孩说："爸爸，你能借我10美元吗？"爸爸听了很生气地对男孩说："小孩子要那么多钱干什么！"到了晚上，父亲觉得当时对孩子太凶了，于是来到孩子的房间，递给了孩子10美元。男孩非常高兴地接了过来，然后从枕头下面拿出了一张很旧的10美元，一起递给了爸爸。他对爸爸说："这是20美元，我能用它买你一个小时吗？希望你明天提前一个小时回来，陪我和妈妈吃饭，好吗？"

孩子是需要你的人本身，需要你的陪伴。与你一起相处的过程中把爱传达给孩子，把欣赏传达给孩子。孩子有了这种精神的养分他才开始成长起来。我在广州讲课的时候，对这种需要深有感触。在广州办贵族学校的最多。你知道什么是贵族学校吗？贵族学校就是从幼儿园开始长托。家长一年要交15万到25万的费用。我们以为这是贵族教育，其实那是孤儿教育。我们中国最好的长托学校都不如美国的孤儿院。他没有了父母的陪伴，哪里来的安全感？哪里来的尊严？哪里来的自信？哪里来的责任感？一群八九岁，十来岁的孩子聚在一起，你知道那是什么？那是危险！我现在的演讲排得很满，但是我只要是在家，我就必须陪我儿子至少一个小时。孩子需要的是我的人，而不是我的钱。如果你要把你的孩子培养成杰出的人，这是你该做的事情。

家长由于每天忙于事业，都或多或少地忽略孩子，看到孩子没有家长陪伴而变得可怜兮兮的样子，就感到内疚，于是就大把给孩子钱，想以此补偿孩子受到的伤害。可是这样做的结果却更糟。因为孩子的精神成长，最需要的是父母本身。他们需要父母与他一起度过一些时光，通过与孩子在一起相处，消除孩子与生俱来的恐惧。同时，通过和孩子在一起，孩子才有机会学习"人"的各种行为方式，更重要的是，只有跟孩子在一起，父母才有机会表达对孩子爱、接纳、鼓励、表扬和欣赏的感情，而这种情感是孩子精神人

格成长必不可少的养分。

如果在孩子的生命早期，缺乏家长的陪伴和关爱，那么他的行为就一定会出问题。他会变得注意力不集中、脾气暴躁、性情乖戾、自我价值低下、情绪低落、极度自卑等。这些心理疾患会使孩子根本就没有心思去学习，他会活在自己的内心里，去体会自卑、自怜、无聊、无助的内心感受，而对别人，对他身外的世界没有一点兴趣。

法国思想家卢梭在其著作《爱弥儿》中，非常有说服力地向我们证明了家长的角色是不可替代的。他认为教育孩子是为人父母的天职，具有属人性质，别人无法越俎代庖，只能由家长自己来承担。作为家长，我们无论怎样忙，都必须每天抽出一定的时间来陪伴孩子，这样孩子才能健康成长。

7. 制定规则

没有规矩难成方圆。该由孩子做的事情，一定让孩子自己做，家长绝不能包办代替。如果一味要求孩子只管学习就行了，变成"有事父母服其劳"，那只能将孩子打造成废人了。因此我们家长一定要坐下来与孩子平等协商，充分认清哪些是孩子应该做的，哪些是家长该做的，并在达成共识的基础上，为孩子制定出明确的行为标准和行为规则，以利于家长与孩子之间在"和平共处"的氛围下顺利执行。那种"老子天下第一"单方说了算的错误做法再也要不得了。

规则这个问题，需要我们中国人长期的学习。我们中国人在训练孩子这件事情上，是让孩子无条件地听我们的话，而不是无条件地爱孩子。我们的理由是：我是他的父亲或母亲。因为我们世代都是在这个规则下长大的。可是我们今天的中国是个开放的时代，我们还用过去那种高压的一级压一级的方法，培养出来的孩子是无法适应今天的市场经济的。

我是70年代上的小学，70年代，找对象的第一要求，就是人要"老实"。我们过去培养出来的人是被动、等待、听话的人。我们现在需要培养的是有进取精神、有信心、有热情、有权力意识、有选择意识、有主动性的人，这样的人才能适应现在的大环境。

我们需要全面地学习，既要把孩子管好，又不伤害他们的尊严；既把孩子的信心树立起来，又不让他骄傲自满。我们需要的是一个新的理念——制定规则。

通过和孩子在平等的地位上制定好规则，然后我们再执行规则，这样既不伤害他的自尊，又能约束住他作为未成年人所产生的不正确行为。这是需

要全部学习的。比如我们叫孩子早晨起床，我们可以事先与孩子制定好规则：7 点 30 分上课，6 点钟起床，15 分钟洗漱，20 分钟吃饭，30 分钟到学校。如果与孩子沟通好，并且孩子同意，我们可以给他买一个闹钟，并且在 6 点之前叫他 3 次，3 次过后，如果他还没有起床，那就是他自己的事情了，你可以继续睡，然后我们再考虑他的这种行为要受到什么样的惩罚。不能让孩子埋怨我们没有叫他。然后我们执行这个规则。所以，我们需要跟孩子按规则做。这就是全中国的家长需要重新学习的事情。

我们中国人不论是在家庭教育还是社会生活中，一直是采用"层级式跟人走"的方式来进行的。我们的祖先，为了实现社会生活的秩序化，把这个社会中生活的人们，按不同的层级排列，下级必须服从上级。至于上级说的话是对是错是无关紧要的，而谁说的才是问题的关键。所以我们民族养成了跟人走听话的习惯，而没有形成按自己的价值观对事物进行评价判断的习惯，进而没有学会按规则办事的习惯。特别是在家庭教育领域，这种情况就更突出了。

家长认为孩子理所当然应该听家长的话，在我举办的家长课上，我问家长们："孩子为什么要听你的话？"家长们不约而同地回答："我是他妈"或"我是他爸"。家长不告诉孩子该怎么做，只要听话就行了。如果孩子有自己的想法，而且孩子的想法与家长不同，家长不是同孩子协商，而是采取高压的方式，强迫孩子按自己的想法办事。家长的理由很简单，因为我爸就是这么对待我的。所以，你也天经地义该听我的话。

我们中国的家长没有受过平等协商的训练，我们练的"基本功"是支配与服从。现在我们让家长们与孩子平等协商，家长普遍感觉功力不足，力不从心，无所适从。但是这是我们中国家长必须得补上的一课。否则我们无法培养具备主体人格，具有主动精神和平等意识的现代公民。为了把孩子教育好，我们家长就必须学会使用规则来约束孩子。

为此，家长们要做到以下几点：

（1）先分清哪些事情是孩子该做的，哪些是家长该做的

我们中国的绝大多数家长，在教育孩子的时候，都是什么事情都不让孩子做，他只要学习就行了。这是绝对错误的，这是培养废才的方法，原则上，孩子的事情，只要他能做，就得让他自己来做。

（2）坐下来与孩子平等协商

家长要心平气和地与孩子协商，哪些事情该孩子做，哪些事情该家长做，特别是孩子的学业、为人处世的行为等事项，家长应该提出自己的看法，与

孩子交流，征求孩子的看法。

（3）制定出明确的行为标准和行为规则

使双方都能够有一个明晰的行为准则。如果可能的话，最好把这些行为准则用文字写下来，双方各持一份。

（4）家长负责执行规则

同时家长自己必须也得受规则的约束。家长首先遵守规则，不超越范围去干预孩子的自由和事情，同时当孩子破坏规则想要获得额外利益时，家长绝对不能开口破例。当孩子违反规则时，家长应该严格按预先协商的条件来对孩子实施惩罚。

（5）鼓励、表扬与提醒

家长通过检查监督孩子的规则执行的情况，对孩子做对的事情，应该及时给予表扬，鼓励孩子继续努力。如果，没有按规则执行，你要及时提醒孩子，把没有完成的补上，或赶上。当孩子没有按规定完成，不能批评，只能提醒。

8. 批评

当孩子犯了一次性的错误，并且是明知故犯的情况下，家长可以使用批评这个工具。但是如果孩子身上的缺点毛病是稳定的，已经形成了习惯，用批评这个工具是不好用的。而且会越批孩子的毛病越改不掉。事实上，很多家长就是用批评把孩子的缺点毛病给固定下来的。在教育孩子的问题上，批评是一个不好用的工具，必须经过系统训练才能使用。

要想熟练地掌握批评的使用方法，就应该遵循以下几点：

（1）适用批评的场合

对于孩子的行为，我们应该知道他们犯错误是常态，把事情做对是特例。

如果孩子事先没有被教导或没有被警告，那么他做了在我们成年人看来是所谓的"错事"，是不应该被指责的。因为他不知道什么是错误，那么你批评他，他会不服而产生逆反心理，以后你正确的话他也听进去了；或者把他给批傻了，下次什么也不敢做了，变得唯唯诺诺，自卑怯懦。所以对孩子进行批评的场合是：

A、孩子对其所犯的错误是明知故犯；

B、该错误行为是初犯，还没有形成稳定的习惯。

如果形成了稳定的坏习惯，批评这个工具就失效了，并且会越批越严重。

（2）批评的矛头只能针对"行为"而不能指向"人本身"，才可能收到

预期的效果。

　　事实上，很多家长就是用批评把孩子的缺点固定下来的。在教育孩子的问题上，批评是一个不好用的工具，必须经过系统训练才能使用。

　　比如我们可以批评孩子不应该做出"撒谎的行为"，而不能说孩子因此就是一个"撒谎的人"。我们必须了解这两者有本质的区别。当我们批评孩子的行为时，那意味着只要他不再做此"行为"就可以了，他还可以成为一个诚实的孩子；而当我们说孩子是撒谎的"人"时，那就意味着今后他无论怎么做都没有用了，都无法成为一个诚实的人了。这等于给他判了"死刑"，使他感觉彻底没希望了。并且当我们破坏性地批评孩子时，扼杀的是孩子精神人格，伤害的是孩子的自尊和自信，贬损的是他的自我价值，使他失去改掉缺点把事情做好的动力。

　　（3）批评公式：批评＝陈述事实＋确认可罚性＋表达感受（痛苦）＋保住孩子的自我价值＋期望。

　　我们批评孩子的目的是让孩子改掉缺点，以后不再重犯，并且能够做对的事情。为了达到这个目的，我们就必须把批评的步骤都做对，才能收到预期的效果。要实施一次有效的批评，必须做到：

A、陈述事实。

就是说要直接告诉孩子他做错了什么事情，把他做错的事情说清楚，这是批评他的前提。

B、确认可罚性。

就是告诉孩子为什么要批评他，确认错误的严重性和孩子对别人的伤害，给出批评的理由。

C、表达感受。

主要是表达痛苦与愤怒的感受，这是要告诉孩子他的行为，使你感到非常痛心，由此让孩子找到痛苦，让他把他的错误行为与痛苦连接在一起。

D、保住孩子的自我价值。

就是说让孩子认识到，虽然他的行为错了，但是你依然认为他是一个好孩子，并没有因为他犯了一个错误，就改变了你对他的看法。在你心中，他的"行为"虽然出了错误，但是他的"人"还是个好人。这样他才有改变缺点和错误的动力。

E、表达期望。

这是告诉孩子，尽管他犯了错误，但是你依然对他有信心，并且你还期望他能够好起来。这是他往好的方向发展的动力源泉。

实例：

如果你的孩子是 17 点钟放学，孩子 19 点半才回家，在 17 点 10 分时老师就来电话告诉你说孩子 17 点钟就放学了，19 点 10 分时网吧的老板打来电话说你的孩子还欠他十元钱。也就是说你已经知道孩子到什么地方去了。他回来后，你问他干什么去了，他撒谎说老师补课了。这样你怎么去批评他呢？这时你应该盯着他的眼睛，愤怒地问他："老师真的补课了吗？"然后没等他回答就直接告诉他："老师 17 点 10 分打电话来说你们 17 点钟就放学了；而网吧老板 19 点 10 分打来电话，说你还欠人家 10 块钱。你竟然撒谎说老师补课了，你怎么能这么做呢？你要知道撒谎是人最恶劣的行为，是一个人灾难的根源。我一直对你诚实，而你却跟我撒谎，你太让我伤心了！你自己好好想想，你这么做对吗？……好了，尽管你这次撒谎了，我依然还相信你是一个诚实的孩子，相信你下次不会再做这样的事了……只要你以后不再撒谎，那我们就忘了这件事吧。"

第五节 家庭教育的真正目的

我们现在大部分家长都只盯着上大学。大学是必须要上的，这是没有疑问的。但是上大学不是目标太大了，而是目标太小了。上大学是正常人应该接受的教育，现在我们的高考升学率已经达到了50%，10年内达到60%是没有问题的。我们家庭教育的真正目的是培养出真正的人，杰出的人，一个能适应社会发展需要的人。对于广大家长来说，你的孩子大学毕业了，硕士毕业，博士毕业了。可是，婚姻不幸福，事业无成，作为家长我们作何感想？

我们有太多的人拿很多的钱把没有考上大学的孩子送进了大学，这是无知的表现。他之所以没有考上大学，是因为，他没学习动力而使之没有学习兴趣，没有掌握好基本知识，所以没有取得理想的成绩。即使你把他送进了大学，他还是在低迷的状态下学习。他还是掌握不了以旧知识为基础的新知识。这样他即使毕业了，走入社会他的人生方向也是迷茫的。所以我们可以让他晚去一年，改变我们自己，帮助他找回学习的动力，打好基础，再去拼搏。大学里确实可以培养出很多优秀的人才，但是培养出来的蠢材也比比皆是。不要认为进入大学，一生就可以衣食无忧了。大学只是一个环境，决定命运的是个人的内心世界。上大学只是一种手段，我们真正要做的是把孩子培养起来：第一，让他个人实现自己的梦想。过上成功、幸福、快乐、富裕的生活。这是他必须做到的，是他的个人价值。第二，让他为这个国家和民族作出正面的贡献，作出有价值的工作，这是他的社会价值。做到了这两点，他才是一个真正的人。

如果大家真的明白了这个道理，你的孩子初一没有学好，可以让他再读一年，再换一所学校。想办法把孩子的学习兴趣引发出来，让他自己主动学习这是最重要的。早一年上大学与晚一年上大学没有什么两样。不要认为早上一年，就可以早一年毕业，早一年工作，早挣钱，早成才。这是一个不成功的推论。我研究成功教育学已经29年了。讲成功教育激励的课已经几百场了。我们发现个人成功的规律大体上是这样的，一个男人要奋斗到40岁才能开始他的真正事业。那么一个人早一年上大学与晚一年上大学，根本没有因果联系。越早上大学的反而出现问题的越多。一个孩子16岁上大学，其他的孩子都是20岁。人家晚上谈论的事情，他听不太懂。让人家把他当成小老弟，他一辈子找不到第一的意识，他就不会勇敢去做了。真正让孩子成功的

是自尊心、自信心、责任心、进取心、同情心、学习兴趣、良好习惯，不是脑海中的知识。那些知识，早学晚学都可以。家长们真正把孩子的主体人格架构培养起来了，把他的主动性引发出来了，这个孩子才能成为一个杰出的人。这才是我们应该做的，我们应该放松，我们应该看的是孩子内在的主体人格架构，而不是上大学，孩子早晚都会上大学。

我曾经带过的 31 名研究生，其中有 15 名是没有受过大学教育的。但是上了吉林大学法学院以后，他的身份就变成全国五大法学院的研究生了。我一再说明上大学是必然的。关键是怎样上大学，上什么样的大学。关键是他主动地去上大学，而不是你逼迫他上大学。

第六节　家庭教育的总思路

无论孩子做任何事，你都必须想办法鼓动、诱导或启发，这种间接的方式把孩子的主动性引发出来。这样才能把孩子培养起来，否则是绝对做不好的。苏联大教育家苏霍姆林斯基说："家长和老师们的愚蠢就在于他们不懂得学习是脑力劳动，脑力劳动有它特有的规律，这个规律就是劳动者必须处于主动的状态。"我们大家都应该明白学习是脑力劳动，学习者不想学，这连上帝都没有办法。

小学的阶段，有的家长会有这样的经验："我的孩子不好好学习，我一打他，一骂他，他就好好学习，就能拿 100 分。"如果你的孩子是这样培养起来的，我可以负责任地说，你的孩子即使在小学的时候，总是第一名。但是到了初二以后，他很可能就是班级的最后一名。如果一个人从小被强迫学习的，他绝不会产生主动性。在小学阶段的学习，就是几百个汉字，几十个阿拉伯数字。这相当于体力劳动，奴隶主是可以用皮鞭逼迫奴隶做完体力活的。家长也可以用打骂让孩子把小学的课程完成。但是，这样做导致的后果是到了初二以后，需要他主动学习了，这些孩子百分之百是不行的。有些家长说过："我那孩子，小学的时候学习可好了，可是现在不知是什么原因，总也学不进去。"如果你不能把他引导到他想要学习的状态，你最后的方法也许只能是放弃。

德国哲学家尼采用三种动物来比喻人的精神状态，他说 90% 的人就像是沙漠里的骆驼，骆驼自己并不想背着沉重的行囊，在酷热的天气里在沙漠中行走，而驼人用皮鞭打着它走。骆驼的精神状态叫做"你应该"。我们中国的

狮子在草原上追赶羚羊，其状态是"我想要"。对于孩子的学习，如果家长将孩子引导成狮子的状态，那将势不可挡！

孩子90%都是这样，他自己并不想学习，他们被周围的人压迫着进行学习。老师说好好学习，父母说好好学习，爷爷奶奶说好好学习，可是他自己没有产生学习的愿望。所以他自己的学习状态是"你应该"。就像沙漠里的骆驼一样艰难地前行。如果我们再用这样的方法教育我们的下一代，我们真的是给中华民族"断子绝孙"。我这绝不是在危言耸听。第二种状态叫做"我想要"。就像狮子在草原上追赶羚羊，没有人要求他去追赶羚羊，而是它主动去追赶羚羊。他的主观状态是"我想要"。如果我们能把我们的孩子培养成狮子的状态，他才能学习好。如果你把苏霍姆林斯基和尼采的话结合到一起来理解，你才真的懂得了家庭教育的真正目的。如果我们不能用鼓动、启发、诱导的方式把孩子的学习动力引发出来，反而是通过高压的方式，打骂的方式培养他，你是亲手毁掉了孩子的前程。

所以我要告诉大家，你要想办法把孩子的学习的兴趣引发出来，而不是你想要他怎么样。是让他自己主动地去学习，这样你的孩子的前途才有了保障。

第七节　家庭教育的"高压线"

高压线就意味着碰到就死。这三条"高压线"是我们教育子女的过程中绝对不能碰的。

1. 第一条高压线是"忽略孩子的存在"

你可能会注意到，当你不和孩子在一起，你的目光一直在远距离地关注着孩子，在心里关注着孩子，为孩子成长而欢呼，而高兴。如果是这样的话，你的孩子一定能健康成长。如果你和孩子20天没见面，对孩子漠不关心，这比打他、骂他还危险。这就意味着他不重要，他不是一个平等的人，他不是一个有价值的人。直接抹杀了他的自尊和自信。

在孩子生命早期，1至3岁间，家长对孩子不闻不问，孩子的解释家长不听，这样做，第一会损害孩子的自尊心，第二会损害自信心，他会认为自己不够好，父母不认为自己是有价值的。"忽略孩子的存在"是比打骂孩子还严重的恶习。

我们头脑中的观念是：孩子还小，还不懂事！我们认为等孩子懂事时，再去注意听他说话，就可以了。

有个5岁小男孩，早上起来看见妈妈穿着背心、短裤就对妈妈说："妈妈，我要和你说句话……"他妈妈着急说："等一会儿，等一会儿！"然后，领着孩子去超市。在超市里，孩子说："妈妈，我要和你说句话……"他妈妈说："等一会儿，等一会儿！"然后买了牛奶、面包往回走。和相遇的熟人打招呼。回家路上孩子又说："妈妈，我要和你说句话……"妈妈说："等一会儿，等一会儿！"终于回到家，妈妈说："好了，这回你说吧！"孩子说："妈妈，你短裤前边的拉链没拉上……"

我们太多的家长没有耐心去听孩子说话！孩子要买什么东西，要做什么事情，要解释什么东西，我们认为小孩子不懂事不用理睬，根本不听他的理由！我再重复一遍：任何一个孩子的任何行为在他自己看来都有合理的理由！你必须听明白他的理由，然后告诉他哪个成立，哪个不成立，帮孩子解决问题。否则的话，就伤害了孩子的自尊心和自信心。

2. 第二条高压线是"强迫"

强迫一定产生灾难。

父母强迫孩子做事情，会扼杀了孩子的主动进取精神、学习兴趣，而且形成被动的习惯。

我们知道，学习是脑力劳动，它需要学习者处于主动状态，他自己主动想学习，才能学习好，才能不感到辛苦劳累。如果孩子不想学习，厌倦学习，那么学习对孩子来说就是一种折磨，是苦不堪言的事情。他是很难取得优秀的成绩的。这样的孩子成年以后会成为一个被动的人，那是他一生不幸的根源。

3. 第三条高压线是"破坏性批评"

破坏性的批评是扼杀孩子自尊心和自信心的最重要的杀手。

批评已经成为我们很多家长顽固性的痼疾。对孩子除非不说话，说话就批评。我们自己认为批评是为孩子好，是为了改正孩子的缺点。事实上，破坏性的批评的结果与我们希望它达到的结果完全相反。我们本来希望孩子改掉身上的缺点，却反而把缺点给固定下来了。我们希望激发起孩子成长的动力，却反而扼杀了孩子成长的动力。我们希望孩子完美，却把孩子弄得没皮没脸，自尊心丧失殆尽。

第八节 家庭教育的"陷阱"

所谓的"陷阱"，就是表面上看没有问题、有道理，但是实际上是灾难。

1. 第一个陷阱是"有条件的爱"

这是让孩子恐惧、没有安全感的直接原因。

有条件的爱，是说我们家长不能无条件地爱孩子，我们对孩子的爱是有条件的。很多家长，要求孩子做出相应的行为或取得相应的成绩，然后我们再给予孩子与之相适应的爱。我们与孩子的关系成了"生意"关系。这种有条件的爱，极大地扼杀了孩子的自尊心。孩子会觉得自己不够好，自己还需要做出相应的动作，父母才能爱自己。孩子在意识深层感觉的是屈辱，是人格的贬损，是自尊心的伤害。

在人世间，爱的可贵性在于它的无条件性。无论在成人的世界还是亲子关系中，有条件的爱都是爱的"伪造品"。

2. 第二个陷阱是"家长输不起的心态"

在中国，由于独生子女政策，一般的家庭都只有一个孩子，没有替补队员。所以我们有输不起的心态，怕孩子有问题，将来出事情。我们自动地在肉体上过度关心孩子。这种肉体上的关心，导致孩子的适应能力极差。

在大庆有一个中学生，他的家庭生活条件很好。他的家长训练他，竟然训练到这个孩子只能在他自己家的坐便器上大便，到学校里绝对便不出来，着急的时候，必须打车回家去大便。

由于有输不起的心态，怕孩子学坏，怕他这样，怕他那样。由于我们有太多的怕，所以我们自动地把目光盯在孩子的缺点上，加上我们的错误理念。我们认为改掉缺点就是完美的，孩子就可以成才。这是绝对错误的。然后我们把目光自动地盯在孩子的缺点上，用了我们前面所讲的确认的方法，把缺点确认放大在孩子身上。由于这种原因，使得我们全国有98%的家庭教育是有缺陷的。我们中国的家长是把孩子当做宠物来养的，不是当一个有尊严的人来培养的。这使得我们的孩子在教育上存在很多问题。

第九节　保住孩子的自我价值

自我价值，是一个人认为自己有价值的程度，或者说，是一个人喜欢自己的程度。当一个人认为自己是有价值的，他就会喜欢自己，尊重自己，从而对自己的行为负责，于是产生努力上进的想法和动力。而当一个人缺乏自我价值感，他会认为自己的生命无意义，会厌倦生活，会瞧不起自己，导致破罐子破摔不负责的行为。因此，家长要从根本上教育培养好孩子，就应该从小培养孩子的自我价值感。

家长们必须明白，你的眼睛如果盯在孩子的缺点上，你下个世纪也无法改变他。我们必须让孩子自己找到自我价值。孩子对外界毫无兴趣的原因——自我价值极低。自我价值能让孩子感觉"我很好，我是有价值的……"这种感觉才能让他腰板挺直。之后，他生出一种自我完善的需要，这时候，你教他方法，他才有改变的能力。父母都知道孩子既有优点也有缺点，你把孩子的优点像根嫩芽，逐渐培养大，时间一长把优点固着下来。最后，在他

的心理系统产生自我价值升高的现象，一个人感觉自我价值升高，之后会产生自我完善的欲望。如果没有这些，我们把眼睛盯在孩子的暗点上，不断地确认，不断地放大，就会产生一种叫自卑感的东西。这种劣等感，让孩子产生巨大的痛苦，为了活下来，他会拼命地阻抗别人，为自己辩护，找别人的缺点，以获得心理平衡，怕受伤害。在他的精神境界里，根本看不到自己的缺点，他因为在防护，而这时无论你和他说什么，越这样说他的自我价值越低。没有这自我完善的欲望就没有动力，好像没有燃油的汽车，根本无法开动。

我们要真的想让孩子改变缺点，就是先强化优点，强化到他自己也认为他有这些个优点，然后，他自我完善的欲望开始产生，自我价值开始升高，这个孩子才产生我想要改变缺点的欲望。这个时候才可以改变。

我在做咨询时，我所做的第一个是转变他的观念，问他"你是一个什么样的人"。他自己说完以后，我来一条条破除旧的不正确观念。记忆力不好，不正确；没有理科天赋，不正确；没有文科天赋，不正确……把他错误的自我观念破除。第二个，表达我的欣赏，让他确立自我价值，逐渐使这些孩子感觉："我真的挺好的！"

让孩子逐渐找到他的自我价值，你才可以指出他的缺点，告诉他："你必须改变缺点，否则你实现不了你的目标！"他开始想："好，我要改！"这才可能真的去改变缺点。所以要想让孩子改变的话，只有遵循这个规律才可以。我用个不太恰当的比喻，如果把一棵树移到本地来，这棵树有很多的树杈，都是不需要的。可是移来以后，我们正常的方法，先把根埋进地里，浇上水，活了之后，枝叶长出来了，这时你才能把杈削掉，加上漆，如果树根还没有长住，就"咔嚓"一下剪掉枝叶，你没有错，树杈是不需要的！可是把枝杈去掉，引起水分流失，树也死掉了！这就是我们很多家长不断地批评、苛责、埋怨孩子的结果！你说的都对，可是把孩子打击过火了！最后，孩子缺点真的没有了，什么也不想做，不想学习，不想做事……有很多家长对我说："董博士，你说说我那个孩子，人格绝对没问题，但是他天天也不愿和别人接触，也不想学习，这怎么办呢？"

你现在能知道这里面的深层原因了吧，如果一个孩子想要跟你冲撞，想跟你逆反，不听话，不断地犯错误，另一个孩子啥也不想做了。我问一问各位"教练"，你认为哪个孩子是可以塑造的？

我对啥也不想做的孩子，基本上感到无能为力！现实生活中他不能离开他的环境，如果他能跟我生活在一起，我可以用一个月，把他重新激励起来，

重新燃起生命的热望，否则，一次谈话是不管用的。一个孩子不断地犯错误，不断地冲突，他的内心有把火，那是自我价值在燃烧着。啥也不想做的孩子，就像炉子里的火已经灭了！你需要重新燃起他的自我价值，他现在的状态是长时间输入的错误信息的结果，现在只有家长用更长一点的时间输入正确信息，无条件爱孩子、承认他的价值，才可以传达进去。

要培养孩子的高度自我价值，应做到以下几点：

1. 无条件地爱孩子

每个家长都爱自己的孩子，但由于爱的方式不同，给孩子心灵的影响也截然不同。父母正确的爱，是催人向上的无比强大的力量，而父母错误的爱可能导致孩子畏缩不前不思进取。因此，作为家长，必须学会用正确的方法爱孩子。很多家长，在孩子小时候，往往过分地溺爱孩子，有求必应，尤其是怕孩子受伤害，不让孩子帮大人干家务活，更不让孩子参加有危险的游戏和活动。家长的这种做法，使孩子幼小心灵中产生他们很无能的感觉，感觉他们不如大人，从而使自我价值降低。在孩子稍长大一些，特别是孩子上学后，很多家长对孩子的爱又变成了有条件的爱。孩子的行为符合家长的心意或考试成绩好，家长就欢天喜地，买东西奖赏他；若孩子的行为不符合家长的心意或考试成绩不好，家长轻则训斥一顿，重则连骂带打一顿。这种做法使得孩子幼小心灵中产生这样的观念，他只有做了让爸妈高兴的事，爸妈才爱他，他会感觉他被父母所支配，从而产生取悦父母的想法。当一个人产生了取悦别人以换取自己所需的东西这样的想法时，这是在他心中培养起了奴性。这是不可能培养起孩子的自尊心和自我价值感的。

家长爱孩子的正确做法是，给予孩子无条件的爱。也就是说，家长爱自己的孩子，是无条件的，无代价的，你爱他的理由只因为他是你的孩子。也就是说，不论孩子的行为是否令你满意，无论孩子考试成绩好坏，这都不影响你对他的爱。这样孩子相信父母爱自己是无条件的，无私的，他会珍视父母的爱，同时他会强烈感觉到自己被父母爱着，因而觉得自己是有价值的，值得别人爱的。他不用担心因自己的失败而承受父母的白眼，他会感到自己有一个大后方，这样孩子向人生挑战的勇气会大增。

2. 避免破坏性的批评

孩子的自我价值，像非常娇嫩的幼苗，需要家长加倍精心地培育。孩子经过艰苦努力，一点一滴地建立起的自我价值感，可能因为家长一顿破坏性

的批评而丧失殆尽。

当孩子做错了事或考试失败时，家长往往很生气，忍不住要批评孩子。由于在气头上，什么话能解气，能发泄自己的不满，能刺激孩子，就说什么话，并且主要是结论性地针对孩子本身的恶语批评。比如："你就是没毅力"，"你真是笨死了"，"你就是懒鬼"，"你永远没有出息"，"你要是能把事情做好，那太阳就从西边出来了"，"你就是没皮没脸"，"我的脸都让你给丢尽了"，"我真为你害臊"，等等。家长这种破坏性的批评，对孩子的自我价值具有极大的杀伤力。它会让孩子泄气，瞧不起自己，并产生抵触情绪。因此，每位家长对此必须引起高度注意。当你在教育孩子时任性、粗暴，那么不久你就会尝到自己制造的苦果。当孩子做错事或考试失败时，家长的正确做法是只对事而不对人。批评孩子时，只针对孩子的行为而不针对孩子本人。也就是说，家长必须让孩子知道哪些行为是错误的，哪些事情做得不对，但并不会因此就导致家长认为孩子不好，家长不会因此就看不起孩子，也不会影响对孩子的爱。这样孩子才会有勇气克服缺点，改正错误，努力向好的方面发展。

3. 鼓励和赞扬是培育孩子自我价值的阳光雨露

每个家长都知道，孩子饿了要给他饭吃，渴了要给他水喝，冷了要给他加衣服。这是孩子作为肉体的人所必需的养分和条件，因此家长们也格外重视孩子的衣食住行等物质需要。可是很少有家长会深思孩子作为精神的人，需要什么营养。我们中国人，绝大部分人是被拉扯大的，而不是被抚育长大的。因为我们比较重视孩子的物质营养，而忽略了孩子作为一个人的精神营养。

事实上，今天的家长必须明白，你的孩子不但需要物质营养条件，他更需要精神营养。如果从小精神营养缺乏，长大以后，孩子人格上就存在缺陷，他很难成才。孩子成长的精神营养就是父母对孩子关注的肯定、赞扬和鼓励！很多家长认为，表扬孩子，会导致孩子骄傲。这其实是误解。无原则夸张地表扬孩子当然不会收到好的效果。但如果家长真心欣赏孩子的优点，赞扬孩子取得的真实成绩，热情鼓励孩子，那么孩子自我价值上升，他只能变得更好，变得更加努力。每个家长应该认识到，对孩子给予高度关注，及时肯定孩子的正确行为，赞扬孩子取得的每一点点进步，鼓励孩子继续努力，这是家长应尽的责任，同时也是培养天才孩子的最大秘诀。

第十节 如果你能记住

下面是我非常欣赏的一首有关教育的诗。这首诗，是天才的诗，是马迪·金的诗。我希望每一个人都能背下来，能讲出他的深意：他到底是要表达什么意思？根据你的现实生活，你能不能理解？

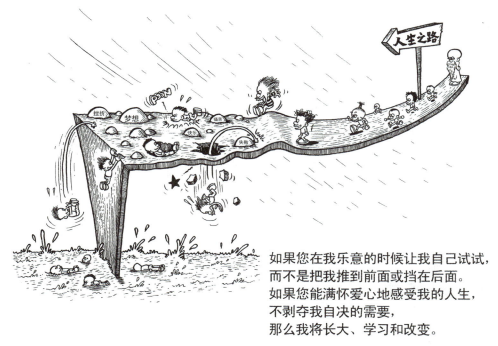

如果您在我乐意的时候让我自己试试，
而不是把我推到前面或挡在后面。
如果您能满怀爱心地感受我的人生，
不剥夺我自决的需要，
那么我将长大、学习和改变。

如果您能记住

马迪·金

如果您能记住，
您走一步，我要走三步才能赶上，
如果您能理解，
我观察世界的眼睛比您的眼睛矮三英尺，
如果您在我乐意的时候让我自己试试，
而不是把我推到前面或挡在后面，

如果您能满怀爱心地感受我的人生，不剥夺我自决的需要，
那么我将长大、学习和改变。

如果您能记住，我需要时间获得您已有的生活经验，
如果您能理解，我只讲述相对我的成熟程度来说有意义的事情，
如果您能在我可以时，让我独自迈出一步，
而不是把我猛推出去或拉回来，
如果您能用您的希望感受我的生活，
而不破坏我对现实的感觉，
那么我将长大、学习和改变。

如果您能记住，我像您一样，失败后再试需要勇气，
如果您能理解，我必须自己弄清我是谁，
如果您在我想要时让我自己寻找自己的路，
而不是为我选择您认为我该走的路，
如果您用您的爱感受我的人生，
而不破坏我自由呼吸的空间，
那么我将长大、学习和改变。

如果你能记住：你走一步，我要走三步才能赶上。这句话是什么意思？我们仔细琢磨一下。我后面会讨论。如果你能理解，我观察世界的眼睛比您观察世界的眼睛矮三英尺。这句是什么意思？如果您能在我乐意的时候让我自己试试，而不是把我推到前面或挡在后面。这是什么意思？如果您能满怀爱心地感受我的人生，不剥夺我自己抉择的需要，那么，我将长大、学习和改变。这一系列"如果"到这里，它们之间有什么联系？请各位家长思考一下。

有人问我这样的问题：孩子小学考初中时，问要是考不上可怎么办呢？像这种问题，我怎么回答？你说考不上孩子可怎么办？你没有发现这是什么问题吗？这是孩子对自己没有信心，信心不足。这不是一句话的问题。你必须想办法，把他的信心建立起来。如果信心建立不起来，这句话说什么都没有用。孩子问你的这句话，它反映了什么信息？孩子担心失败，也就是对自己没有信心。要解决这个问题，你需要在孩子心中建立起信心，孩子害怕的是失败。

　　有人说：孩子没信心学习可怎么办？我们花费了多长时间把孩子自信心弄丢了，一下子就能出来吗？我们也要用相当长的时间，才能把他的信心调动出来才行。只要你真的按我说的做，我可以保证，你会发现孩子马上就变了。因为我有一个坚定信念，对于人性的坚定信念，对你本人的坚定信念。只要他是人，不是"非人"。教育人的话，他肯定按照你的来做。你尊重他的话，他就会改变。

　　这是关于亲子关系模型的总体的概括，是观念上的分享。如果各位家长真正理解了这个理论，我希望在大家脑海中形成一个全新的教育理念。我们与孩子的关系，对孩子起决定性的作用。我们所扮演的是孩子的精神供养者，通过爱、表扬、鼓励、欣赏给孩子的精神世界内输送养分，使他的精神世界开始发育。自尊心、自信心、责任心、进取心、同情心、良好习惯是他发育的代表。这些优秀了，代表我们完成了任务。我们有爱、表扬、鼓励、确认、理解、陪伴、制定规则、批评这八大工具帮助我们完成任务。我们的目的是培养真正的人。引发孩子的成长动力是我们的思路。高压线和陷阱是我们应该避免的。这是总的观念。可是仅仅有这个观念你是不会自动地把动作做出来的。关键是你要有情感的改变和行为的改变。你只有作出了动作，才能实现这个观念的价值。

　　可喜的是现在我们从中央到地方，从平民百姓到政府官员，从南到北，从东到西，全中国的家长真的醒过来了，我们开始学习，学习如何正确的教育现代的孩子。

　　在全新的时代下，我们需要的是全面发展的人才。这一点我已经意识到了。同时我们的家长也意识到了，这是我们有悟性的开始。在教育孩子的过程中，我们确实存在着一些问题。很多在前沿从事教育的老师们已经意识到，在10年内应试教育将会面临很多改变。可是在这之前，我们的家长应该怎样做，才能配合学校在一定限度内把孩子培养好。这是摆在我们每一位家长面前的真正任务。

　　让我们一起努力，把我们的每一家看似小事的子女教育问题，当成国家大事来抓，把每一个孩子都培养成适应社会发展的真正人才，我们中华民族的伟大复兴才会成为可能。

第二章

怎样与孩子有效沟通

第一节 为什么要沟通

　　批评是一个我们最常听到的词语，也是我们在教育孩子的过程中最常用到的一种行为。但是批评真的能解决问题吗？如果批评能解决问题，那么戴尔·卡耐基的课程就可以结束了。他已经去世了50年，但他的课程在全世界70个国家依然风行。其实他并没有发现什么伟大的真理，他只不过发现了人类的一个小弱点。这个小弱点用普通话表述出来就是："任何人都不喜欢批评，同时，批评于事无补。"批评不会把人的动力激发出来，不会让人发愤图强。

　　在美国的高中课堂上，一位老师问学生："各位同学，你们知道'要么让我死，要么给我自由'这句话是谁说的？"美国的学生学习也不是很用功，大约过了一分钟，刚刚转到这个学校不到三天的一个日本学生说："老师，我知道，这句话是1776年美国诗人温森特·亨利在一首诗中写到'不自由，毋宁死'。这句话唤起了美国人的独立热情，导致了独立宣言的产生，导致了美国的诞生。"说完之后这个日本孩子很骄傲地坐下了。当时这个美国老师火冒三丈地说："你们这些美国孩子，你们不感到羞耻吗？你们连祖先都忘了，你们连日本孩子都不如，我真为你们感到羞耻。"他批评完以后，他以为会激发出孩子们的学习热情。结果过了30秒钟，就听见一个美国孩子，闷声闷气地说："把日本人给我干掉！"当时这个美国老师很生气地说："这句话谁说的？'把日本人干掉'这句话是谁说的？"这时一个更调皮的孩子站了起来说："老师，这句话是1945年往日本广岛扔原子弹时，美国总统杜鲁门说的。"

　　所以，我们在教育孩子这件事情上，我们有太多的时候是从自己的角度出发的，而没有想过孩子的真实感受。沟通是双向的，如果沟通不畅肯定会出问题。

1. 沟通主要指什么

神经语言学上有这样一句话："一个人沟通的品质，决定他生命的品质。"我们说的沟通有二个基本层次。

（1）第一个层次是自己与自己的沟通

如果你自己与自己沟通的很畅快，你这人就想得很开，生活中充满了阳光。如果你与自己沟通不畅，每天与自己算账。严重的就去精神病院了。精神病人最大的问题就是与自己沟通不畅。每天在内心里不能接纳自己，不喜欢自己。无法解开自己复杂的心理情绪。

（2）第二个层次是自己与别人的沟通

这是我们每天都要面对的，我们自己是一个主体，你要与你的爱人沟通，与你的朋友沟通，与你的孩子沟通。这是你作为一个人与第二个人的沟通。这是第二个层次，这个层次如果沟通不好的话，你是不会有成功的，是不会有生活和事业上的快乐的。

在教育孩子这件事上，沟通是双向的，如果沟通不畅肯定会出问题。

2. 我们沟通有四个基本的目的

（1）满足孩子被了解的欲望

一个人与生俱来的一个本能是希望别人了解他。这是一个人与生俱来的欲望。比如，我要让所有的人知道我是一个勇敢的人，那么为什么要让所有的人都知道呢？其实这是人的基本欲望。他需要被人了解，特别是他生命中最重要的人了解。对于孩子来说，最重要的人就是他的爸爸和妈妈。如果孩子的心声不被人了解，他的成长就会受到阻碍。所以我们在教育孩子的过程中，首先要了解这个生命，了解他被人了解的欲望。

各位家长，如果你来到一个陌生的城市工作，这个城市中没有任何人了解你，你就会明白了。那个时候你会感觉到极大的寂寞感和孤独感。我们每个人来到这个世界都是一个单独的个体，当有人了解你，有人的想法与我们的想法一致，这种情况下我们会觉得与别人有了某种内在的联结。有了这种联结我们不再孤独，我们可以抗击生活中的困难。如果孩子不被他的父母了解，他就永远处于一种孤立无援的状态。在这种状态下我们的孩子的发展会受到极大的阻碍。我们的孩子需要有人了解他，需要有人的想法与他的想法一致。了解他内心的感受。但是我们有太多的时候我们不了解孩子的感受。我们没有人去了解孩子被了解的欲望。我们站在自己的角度来批评孩子，来指责孩子。完全是按照自己对社会的认识来推断孩子是怎么样来感受的。其实孩子内心的想法与我们成年人是不一样的。

鲁迅先生说过："西方人把孩子比喻成成年人的预备队，中国人把孩子看成是小大人。"他说这两者都是错误的，孩子的世界是一个神秘的世界，我们成年人不了解的世界，所以，孩子是一个非常奇妙的世界。我们应该用一个客观的态度去了解他，了解他被人了解的欲望。这样接通与他沟通的管道，构成他的生命与家长的生命，与其他人的生命的内在联系，消除他的孤独感，否则，这个孩子就会得所谓的"自闭症"。如果别人不了解他，与他交往中遇到了巨大的障碍，受到了巨大的伤害，那么这个孩子就拒绝与他人交往。其实这就是心理学上的自闭症产生的根本原因。孩子在早期与父母或其他人交往时遇到了巨大的伤害，他觉得没有人了解他，没有任何人理解他，与人交往是一件痛苦的事，是一件随时可能受到伤害的事，让他有一种恐惧感，从此就关闭了与人交往的大门。我们的孩子面对这个世界他一无所知。他对世界是慢慢了解的，慢慢地长知识和能力的。他内心里有奇奇怪怪的想法，有各种各样他无法解开的谜。而我们成年人不能倾听他内在的声音，不能满足

他被了解的欲望。那么这个孩子他精神世界的发展会遇到极大的障碍。实际上，孩子对事物的了解和我们成年人是不一样的。

有一个 12 岁的小男孩，一天早上他看见一个雕塑家对着一块巨石正在雕刻，一直到了傍晚他雕出了一个马的雏形，当他快要收工时，这个男孩问雕刻家："叔叔，我们都面对这块巨石看了一天，你怎么看出他里面有一匹马，而我没有看出来呢？"

孩子看到的世界与我们是不一样的，他们有着各种各样的想法需要我们去了解他们。满足他们被了解的欲望这个孩子才能健康的成长。

（2）给孩子的精神世界输送养分

沟通这个管道疏通了，才能透过这个管道向孩子的精神世界输送养分。如果孩子与家长无法沟通，他根本就接收不到你的精神营养。我们任何一个人都是精神上的人和肉体上的人和结合。一个孩子要成长起来，他必须要接收到精神的养分。也就是说在他童年的时候他接收到父母无条件的接纳、无条件的爱、欣赏、鼓励、表扬、赞美。这些东西流入到他的精神世界，他的精神人格才会发育。如果孩子的成长过程中这个管道无法接通，他无法与家长沟通。这个管道是堵塞的，他无法接收到精神营养，这个孩子的精神人格一定是畸形的。这个孩子到了学校没有学习动力，无法守规律，无法参与社会活动，他就无法有内在的约束力产生。

（3）释放孩子的压力

我们成年人释放压力的方式是找朋友诉说。当你的学习出了问题，爱情出了问题，事业出了问题，你一定会找你的朋友去诉说。当你把苦水吐出来以后，你的压力得到释放，你的心情会好许多。在孩子的成长过程中，父母是他生命中最重要的人。如果你与他无法沟通，这个管道被切断了，他的压力就无法释放。孩子在他们的童年中找不到与他们同龄的好朋友，而这个管道又无法接通，那么孩子的压力过大，毛病也就越大。严重的，有的发展成自闭症，有的发展成忧郁症。

我曾经治疗过一个高中女学生，她的父母之间不沟通，然后他们与孩子也不沟通。原来在初中的时候，这个孩子在班级里有一个好朋友，在班级里有各种问题，她都能与她的那个好朋友沟通。可是到了初三下半年这两个女生同时爱上了一个男生。她的那个好朋友很有心计，抢先了一步。结果这个学生就认为好朋友背叛了她，最后，两人就反目成仇。因此她有太多压抑的情绪，又没有办法对妈妈说。因为一说，妈妈会认为她早恋。跟其他的同学也没有办法说，她最好的同学背叛了她。所以每天都在压抑中度过，后来压

抑久了，到了高一上半学年，有一天晚上她睡到了半夜 12 点，感到实在太难受了，她就坐在地板上，把被子围在身上，开始大声地喊。她的父母听到后，过来一看，问孩子怎么了，她说自己也不知道，就是太难受了。就这样大约经过了一个小时，没事了。第二天继续上学，大约过了一个月，毛病又犯了。她的父母领她去看心理医生，医生说她得了抑郁症。半年后他们找到我们博瑞智教育。当我第一次见这个孩子的时候，我觉得这个孩子很可怜。她长得非常漂亮，但是当时眼睛发直，整个人畏缩着。当时我发现她的根本问题是压抑得太久了，没有办法与别人沟通。好比一个气球，你不断地向里面打气，它释放不出来，就会爆炸，然后你再拿一个气球，还是如此，她的症状是一样的。她从负面来看待生活，不断向里面输入负面能量，所以心理憋气越来越严重，压抑越来越严重。但又没有一个释放的管道。所以压抑久了以后，大喊一阵就没事了。然后，又周期性发作。后来我发现她真正的原因是沟通不畅。我就对她的父母讲：你们必须与孩子沟通，不说任何话，只是听孩子说；我也定期地与这个孩子沟通，每隔一周谈一次话。跟孩子约定好，她说的任何话我都替她保守秘密，我决不会因此看轻她，她不想说的我绝不会逼她说，我们有约在先。结果经过两次的治疗以后，她妈妈开始信任我了，我与这个孩子之间无话不谈。她把她的心里话全都说出来了。然后又打通与她父母的沟通管道。这个孩子在我接手时候，她们班级 60 人，她是班级的 57 名左右。持续治疗了一年，开始的半年是每隔周一谈话，每次一个小时。后来她参加了我们的中学生潜能训练营，帮助把她的心结打开。以后是每三周谈一次，到后来是每个月谈一次。三年过去了，这个孩子成为全国一所非常著名的商学院大一的学生。她的整个青春活力又回来了。

十年来这样的案例我已经遇到了近百个。一个孩子感到情绪压抑，他又没有一个与他沟通的管道，他内在的世界压力越来越大，迟早会爆发的，严重的有的形成了自闭症，有的形成了抑郁症。每天在学校受到课程本身的压力，同学的压力，老师的压力。心理学上把它叫做同差压力。他们是未成年人，他们经验不足，他们对人生有各种各样奇怪的看法和无法解开的谜。如果我们的家长不能与孩子沟通的话，你接不通这个沟通的管道，这个孩子的压力越来越大，孩子变得顽劣，去找街头的小混混，吸烟、喝酒、打架、打牌或者上网。

我们有太多的孩子上网是因为两个根本性的原因：一个在学习中找不到快乐，太痛苦了，结果导致孩子到网吧里去逃避；第二个原因就是无法与家长沟通。这是一个最根本的原因，如果我们的家长能够像好朋友一样，与孩

子谈心、交流，那么孩子绝不会跑到网吧里去的。如果你们孩子天天去网吧玩，你会怎样做？很多家长把嘴一张，开骂，开批。这样做只能导致你的孩子离你越来越远。如果你能坐下来像好朋友一样，比如我的好朋友小张天天去网吧玩，我会不会骂他一顿？我不会。我会坐下来跟他说："小张你经常去网吧玩，你想干什么？什么人或什么事使你这样？"我心平气和地去解决这个问题。其实我们有太多的问题用心平气和的方式会很容易去解决。教育孩子80%是沟通，20%是指导。为什么这里我没有说批评，因为这些你做对了，根本不用批评。如果把沟通管道打开了这就太简单了。可是我们有太多的家长翻孩子的书包，看孩子的手机，生怕孩子谈恋爱。如果你与你的孩子一直保持着正常的沟通，你们俩像好朋友一样的沟通，有一天孩子拿来一张纸条对你说："妈妈，今天有一个女生给我一张纸条，说她爱我。我不知道该怎么处理。"这就说明你家的关系正常，你与孩子的沟通正常。这样你就有机会去指导他了。而我们大多数家庭的情况是，孩子遇到这种问题不会说，这就是家长和孩子的沟通管道没有建立好。如果是一个女儿对你说："妈妈，我们班有个男生写张纸条，写着'我爱你'，你说怎么办？"你就应该问她："你有什么想法呀？那个男生怎么样？你喜欢那个男生吗？"然后你就有机会表达内心对这个问题的看法。

我们有许多家长无法与孩子沟通，孩子在学校里被老师冤枉，被同学欺负。比如，有别人造他的谣言，他没有办法解释，满身是嘴也说不清楚。学习学不上去，看到别人学得那么好，压力越来越大。如果接不通这个管道的话，孩子无法释放这个压力。当压力越来越大的时候，孩子断然学不好，严重的精神上就会形成心理畸变，不得不进行心理辅导。

所以，第三大目的就是释放孩子的压力。

（4）给孩子以正确的指导

接通正确的管道才能给孩子以正确地指导。如果孩子不与你说实话，你又怎么能指导孩子呢？

在我教育女儿这件事情上，我们之间一直是平等的。她的事就是她的事，我的事就是我的事。我一直就问她四个基本的问题。第一个问题问她在学校发生哪些好事啊？然后她就会说发生了哪些好事，这是教育她的价值观。我们把这个价值观叫做良性培养期，是培养向上的人生观。第二个总是问她你今天有什么优秀表现吗？她一说优秀表现，各位家长，这个时候我们就应该及时地表扬和鼓励了。比如说："今天有个问题别人没有答出来，我举手答上了。"这时你就应该说："哇！我女儿真是太聪明了。我说你是一个优秀的孩

子，你做到了吧。"及时的鼓励和表扬对她能产生一种继续学习的动力。第三个问题你今天有什么收获吗？她跟你说，我今天学了雷锋叔叔的故事，黄继光的故事。这时你也应该及时地鼓励。第四个问题有什么需要爸爸帮忙的吗？这是位置要站对，孩子的事情是她自己的事情，而不是我的事情。我是帮她忙，她有什么困扰，之后你给出正确的主意。我在教育我女儿的过程中从来没有批评过她，更谈不上打骂，就是持续不断地沟通。

如果你的孩子不与你说实话，你再怎么做也是"隔靴搔痒"，解决不了根本问题。作为教育孩子的问题，我作一个比喻，可能不太恰当。就相当于你拿一支枪打靶，把你的眼睛蒙起来，让你左转50圈，右转50圈，然后再让你开枪，你根本找不到靶在哪里，你怎么去打？如果这个沟通管道打不通你是断然教育不好孩子的。孩子在外面发生了什么事完全不跟你说，然后你去批评他、指责他，这完全是外在的指责，根本说不到他心里去，他也不听。

很多家长批评完孩子以后，产生的第一个作用是把自己心中的愤怒发泄了，释放了自己内心的压力。第二个作用是家长认为自己对了。第三个作用是让孩子感觉自己是一个丑小鸭，更加憋气窝火。

所以，我希望大家明白家长和孩子之间建立沟通管道的重要性。

第二节 理解的前提

几乎98％的人在与他人沟通时常犯两个基本错误，说者"自以为是"，听者"想当然"。人和人之间从严格意义上讲是无法完完全全达到理解的。

我告诉大家，如果你想通过语言的方式去进入到他人的心中，有一前提条件，就是你得具备相应的背景知识和基本的人生经验，这样你才能理解对方。比如说我说一句法律语言："法律的精髓在于形式，而不在于内容。"这句话对于学法律的可能会理解，但对于没有法律背景的人来说就会认为这是在胡说。你要读了100本法学书，学历读到博士，你就会明白这个教授说的太对了。我说宗教的精髓就在于形式，而不在于内容。你没有宗教的背景，你没有法律的背景，这句话你是没有办法理解的，只是把语言记住而已。我们说的是在教育孩子这个问题上，出入就太大太大了。人刚生下来时，对这个世界一无所知，他的人生经验为零。当我们教孩子学词语时，我们与孩子说着同样的词语，但我们的理解是不同的，孩子没有相应的背景，他是无法理解我们说的话的意思的，而我们想当然的认为他已经理解了。这里面我们

犯了一个最重要的错误，就是我们成年人没有认识到人与人之间要理解同一个事要有相同的背景知识。如果没有相同的背景知识你是无法理解对方的真正意思的。我们教导孩子的大道理，教导孩子学习，孩子大部分是没有办法按你说的意思去理解的。

卢梭讲过一个故事。有一个 12 岁的小男孩，他的爸爸是一个富商，这个富商很虚荣，他给孩子请了一个家庭教师。这个家庭老师为了挣这个富商的钱，教得也很卖力。有一天，这个富商请客，请了许多高朋。他为了显示他的孩子聪明，也为了显示那个家庭老师教育有方，他把他儿子叫过来，让他的儿子当众读了一段罗马史。读得很流利，其中读到这样一段："恺撒躺在床上，跟了他 12 年的贴身医生安东尼就站在他的边上，手里端着药。这时恺撒接到密报，说他身边的安东尼是敌方的卧底，是埋藏在他身边的敌人，正准备用毒药毒死他。他看完密报，又看了看旁边的安东尼，大笑一声，一口把药喝了下去。结果恺撒死了。"当这个小孩子读完这段以后，那个家庭教师问他："你说说这段话你怎么理解？"孩子说："恺撒太勇敢了！"当时所有人都鼓掌，都说这个孩子太聪明了，真是个天才，这么深的话都能理解得这么透彻。当时卢梭也在场，他说："当时我认为这个孩子没有理解，因为当时那个场合，我没有揭穿。"事后我把他领到花园，我问他："为什么说恺撒太勇敢了？"他说："那么苦的药我都不敢喝，他一口就喝了下去，他真是太勇敢了！"卢梭当时啼笑皆非。因为这段故事说恺撒勇敢是对的，但是这里说他勇敢是指他坚信安东尼是他的嫡系而并非敌人。为了头脑中这份信念，他可以拿生命作赌注，我们常人是不具备这种勇气的。一个人敢拿自己的生命作赌注，用它来验证自己的信念是对的，这段故事说的是恺撒这个意义上的勇敢。而那个小男孩理解的却是，那么苦的药我都不敢喝，他一口就喝了下去，所以他勇敢。

实际上我们与孩子说着相同的词汇，但是理解的却不一样。人与人沟通出现了问题，就是对词汇意义的理解不同。

在一艘战舰上，有一个美国军官，一个英国军官，还有一个日本军官。三个军官在争论哪国士兵勇敢，争论不休。后来日本军官说："我让你们看一看什么是真正的勇敢。"他叫来一个日本士兵说："你，爬上 40 米桅杆，然后跳到海里去。"这个日本兵爬上 40 米桅杆，然后就毫不犹豫地跳到海里去了。这时这个日本军官得意地说："看到了吗？这才是真正的勇敢。"英国军官说："这也叫勇敢？"他也叫了一个英国士兵说："你，爬上 50 米桅杆，然后跳到海里去。"这个英国兵爬上 50 米桅杆，然后也迅速地跳到海里去了。这个英

国军官也得意地说："这才叫勇敢。"这时美国军官沉不住气了，他叫过一个美国士兵说："你，爬上60米桅杆，然后跳到海里去。"这个美国士兵不但没有动，反而举起手"啪啪"打了那个军官两个耳光说："你们有病呀！"这时这个美国军官说："你们看到了吧，这才叫真正的勇敢。"

我们对一个词汇每个人的理解都不一样，比如我说一个词："爱情"。有的人理解为爱是相互理解，爱是相互关心，爱是相互帮助，爱是一个人看另一人眼睛放电的感觉。实际上每个人说的都不一样，那么孩子说的，是与我们各不相同意思的语言。

我记得在第一堂家长培训课上，其中有一位做保险的部门经理。她在上完第一堂家长课时对我说："我女儿早恋，我应该怎么办呢？"我说："你根据什么说你孩子早恋呢？"她说："我女儿说要嫁给他们班的一个叫李东东的男孩。"我说："你的孩子多大了？"她说："四岁，上幼儿园。"那个四岁女孩说的结婚或嫁人和20几岁女人说的是不一样的。孩子是根据她所生活的情境所引用这个词汇的。

孩子对客观事物的理解和我们成年人是不一样的。我们往往以为我们说了相同的词汇，他就理解了，这是最错误的推理。理解的前提是他要具备相同的背景知识，他才能逐渐理解的。我们说着相同的语言，但是孩子和你的理解是不一样的。

有一个8岁的男孩到瓜地里去偷瓜，被看瓜人捉到了。看瓜人找来了他的父亲，对他父亲说："你儿子太不像话了，竟然大白天到我地里去偷瓜。"他的父亲狠狠地批评了他，"你怎么能大白天的来偷瓜呢？你太不像话了。你都多大了，怎么能白天去偷瓜，以后绝不能这样做了。你记住没有？你听懂了吗？"孩子说："听懂了，我以后晚上去。"

孩子的理解力与他的背景知识积累有直接关系。
对家长的话，孩子很多时候理解是不一样的。

　　孩子的理解能力与他的背景知识的积累有直接的关系。所以相同的语言，孩子的理解与你是不一样的。比如我们有太多的时候让孩子去做某些事，孩子不喜欢的，我们认为喜欢，硬逼着孩子去做。其实孩子的理解与你内心的理解不一样。

　　曾经有一个5岁的男孩，他妈妈认为音乐重要，强行对他进行音乐熏陶。他妈妈给他讲了一堆大道理，然后问他："听懂了吗？"他说："听懂了。"妈妈拉他去听音乐会，前半场是交响乐，这个孩子表现出骚动，坐立不安。他妈妈按着他，不让他动。到了下半场，奇迹却发生了。下半场是一个女高音演唱，旁边有一个指挥。这个孩子对这个指挥和女高音产生了兴趣，整个下半场一动没动。他妈妈很高兴，认为她儿子终于听进去了。散场的时候她问孩子说："儿子，今天你感觉怎么样啊？"这时孩子迷茫地问妈妈："妈妈，那位叔叔为什么拿着根棍子吓唬那个阿姨呢？"妈妈说："不对，那个叔叔是指挥，那个阿姨在唱歌。"孩子说："不对呀，难道你没有听到那个阿姨一直在那里嚎叫吗？"家长心目中优美的美声唱法，对孩子来说却像哭一样难听，这说明家长和孩子对同一件事的理解不同。

　　比如说，我们有多少人喜欢京剧？我们有太多的人喜欢附庸风雅了，京剧没有10年的训练，你是听不出美感的。我知道它是我们的国粹，但我一听就难受。如果你经过训练，有相同的背景知识，知道他们的一招一式是怎么练的，是什么意思，你就会能听出美感。

　　所以，我们的理解是依赖于我们的背景知识的。每个人对词汇意义的理解是针对于他的特殊情境。在他的生活情理中得到这个词汇的意义。当孩子说话的时候我们要知道他这个词是什么意思。你要探究它要表达什么意思才可以。否则，我们就会犯自以为是的错误。我们自以为孩子能听懂，其实孩子没有懂。

　　要想打开与孩子沟通的管道，家长必须具备两个基本的人生智慧。

　　（1）理解过程的人，才是有智慧的人

　　孩子的理解力需要从小慢慢地培养，要经过一个过程。我曾经说过一句话："理解过程的人，才是有智慧的人，才能教育好孩子。"孩子的理解力是慢慢来增长的，要经过一个过程，他才能理解这个事物。

　　（2）具备移情能力的人，才是善解人意的人，才是通晓人性的人，才能教育好孩子

　　孩子对事物的理解能力和我们是不一样的，在这个世界上每个人对事物的感受都不同。特别是孩子慢慢长大，你认为很容易的事情，孩子可能难上

加难。你认为奇怪的事，孩子并不一定认为奇怪。如果一个两岁的孩子在你的旁边坐着，你手中的书突然飞起来，我想你要是一位女士，你会吓出心脏病来。而你旁边的两岁孩子会认为这很好玩。他对这个世界什么是应该的，什么是不应该的，他根本不知道，他在探究。孩子脑海中没有理所当然的概念，他对事物的理解是慢慢增大的。

第三节　打开沟通的大门

我们怎样叩开与孩子沟通的大门？

如果想教育好孩子，你必须叩开这个大门。在神经语言学中有这样一句话："接收者准备好，给予者就会出现。"如果打开了接收的大门，你做好了接收的准备，然后你来看这本书，那么你的收获一定非常大。如果你把大门关上了，你做好批判的心理来看这本书，你就会得到恶意的快感。这是沟通学上的一个根本性的前提。一个人要做到有效沟通，把信息准确地传达到对方那里，有一个前提条件是对方必须愿意听你说的话，想听你说的话。这样他才能接收到你传达的正确信息。否则你往东说，他就会往西理解。如果接收者没有准备好，那么给予者累死也无法达到沟通的目的。

曾经在一个课堂上，一个学生与老师对抗，老师盯着他讲，他也盯着老师看。当老师讲到一个人要相信"奇迹"时那个学生马上说："老师，我还是不知道什么是奇迹。"老师特别生气地说："好了，那我给你举一个例子，假如一个人从四楼上跳下来，没有摔死，那这说明什么？"那个学生说："是偶然。"老师一惊，说："如果这个人又从四楼上跳下来又没有摔死，这又说明什么？"那个学生想了想说："还是偶然。"老师气坏了，说："如果这个人第三次从四楼上跳下来，他又没有死。这说明了什么？"那个学生马上答道："老师，那是他习惯了。"

如果学生不想听老师讲话，老师再卖力气也没有办法达到有效沟通，没有办法按你说的去理解。这里面的一个前提是：一个陈述句，如果撤掉了背景，它可以任意解释。同样是一句话还可以表达很多意思。我们在沟通的时候，这是一个根本性的问题。

如果你的孩子不愿意听你说话，你说什么都没有用。你要想办法打开沟通这个前提条件，让你的孩子愿意听你说话，喜欢听你说话，这样才可以。假如你与你的孩子的位置对换一下，你自己愿不愿意有这样的父母来和你沟

通？一天天板着脸，除了不说话，说话就教训人。也不问一问孩子的感受，他干脆就不愿意听你说了，把沟通的大门就关上了。所以叩开沟通大门的第一条原则，就是处好亲子关系。如果处理不好亲子关系，你说什么也没有用了。要想处理好亲子关系，打开沟通的大门，必须做到以下几条。

1. 无条件地爱孩子

这是一个根本性的条件，如果孩子感受不到你的爱，他不会与你沟通。爱是打开沟通大门的钥匙，没有爱就没有沟通。只有孩子感受到你的爱，他才能把心门打开，才愿意听你说话。我们中国所有的家长都认为自己是爱孩子的，我们在内心确实是这样想的。但是我们中国95%的家长爱孩子的概念是给孩子交昂贵的学费，自己省吃俭用，把好吃好用的给孩子用，起早贪黑地接送孩子，自己放弃了休息的时间来看着孩子写作业。他们认为所做的这些事就是爱孩子。其实你做的这些事充其量叫做爱的方式。如果把爱比作水桶里的水，那么你所做的这些就是那水桶，而不是水本身。

我在前面章节，讲到了什么是无条件的爱，可以翻回去复习一下。如果你的孩子感受到了你的爱，那就有爱。爱是感受到的，不是理解，不是知道。爱是一种情感，不是用理智来理解的。当孩子受到伤害，扑到妈妈的怀里，妈妈陪着掉眼泪，孩子感受到了妈妈爱我。如果感受不到，那叫一厢情愿。

孩子感受到你的爱，沟通的大门才会打开。所以一定要记住，爱是打开心灵之门的钥匙。我们在两天两夜的家长培训课程上，让家长做了一个强烈的感情刺激的训练。让一个家长扮演一个孩子，另外一个家长扮演他的家长。让家长互相体会孩子的感受。所有参加完那个训练项目的家长都明白了，孩子对家长的大多数情感是恨，是烦，而不是爱。当天晚上所有的家长都痛哭流涕，然后我们又让各位家长回家做一个家庭作业。作业的内容是：今天你看完我的这本书，一定要去表达对孩子无条件的爱。为了做到这一条，我请求家长做到以下五点：

（1）要直接告诉孩子"我爱你"。

（2）面部表情必须面带微笑。

（3）目光要充满爱意。

（4）语调要柔和。

（5）要有身体接触。12岁以下的孩子要把孩子搂在怀里，12岁以上的要抚摸孩子的头发或肩膀。

要做到以上5点，让我们的家长很为难。有太多的家长已经很久没有和

孩子好好说话了，每天除了打骂，就是埋怨。这根本不是爱，它只是表达了不耐烦，根本不是爱的情感。这样的实例已经举了很多，这里我就不多举了。要想打开沟通的大门，你必须学会无条件地爱你的孩子，让你的孩子感受到你的爱。沟通虽然是一个理智的活儿，但他的根本条件是感情。我们把沟通的意思比作是一条小船中的货物，你想把这船货物通过一个渠道运送到你孩子那里去，有一个条件就是这个渠道里必须有水，家长与孩子的沟通的渠道的水就是感情。

2. 无条件地接纳孩子

从理性上讲我们是爱孩子的，但90%以上的孩子感受不到父母的爱。我们的家长事实上是两个角色的扮演者。第一个角色是孩子的生身父母，为人父母的职责就是供孩子的吃、穿、住、行，然后爱孩子，让孩子能够发育和成长。一个是物质上的，一个是精神上的。第二角色是教化者，社会学中把他叫做人的社会化。由于我们是文明的社会，我们要担当教育孩子的职责。我们需要教会孩子所有人类行为。他开始的时候是爬着行走的，我们一点点地教导他，引导他直立行走。他刚开始的时候是用手来抓着吃，我们又教他用筷子来吃。我们要教导他穿衣吃饭，怎样尊重人。在教育孩子社会化的过程中的主体工作是在家庭中来完成的。我们有太多的父母，当孩子上了小学和幼儿园以后就不知怎么更好地扮演父母的角色。他们凭借习惯来担任着父母的角色，给孩子吃穿住，忘了给孩子爱。然后他单纯地担任着教化者的角色，天天是不停地批评，不停地挑毛病。这是家庭教育出现问题的根本性原因。我们作为一个教化者来说，如果你是一个孩子的教练，由你来教他踢足球，你必须要发现他哪里踢得好，哪里踢不好，由此来教他正确的踢法。我们有许多家长在教育孩子的过程中忘记了作为父母的责任。他单纯地把自己想象成是教化者的角色。但他又不懂教育，天天把目光盯在孩子的缺点上，一看到孩子有各种缺点，然后他就不停地批评孩子，不停地说，时间一长他开始厌恶孩子。这一点我们是有调查为根据的。大约有50%以上的家长不完全接纳孩子，他们只接纳孩子的优点。他的潜意识把孩子当做一个完人来"修理"。他的逻辑推理是我看着你的缺点，讨厌你的缺点，批评你的缺点。最后你的缺点没有了，没有缺点了就完美了，完美了就杰出了。这是大多数人教育孩子的最基本的方法。这是教育孩子最错误的方法，这是90%的家长的思路。

一个人在成长的过程中，他必须要让他生命中最重要的人接纳，他才能

找到成长的动力。这个接纳的本身是无条件的。孩子即使是先天畸形，你也要无条件地爱他，把他当成是心肝宝贝。我们大多数人是接纳孩子好的一面，而不接纳孩子坏的一面。孩子身上有了顽劣行为，有了不良行为，我们就唠叨，然后我们通过唠叨去批评。最后把这个人否定得一无是处。我们交朋友时就会明白这一点。虽然有的人朋友很多，但他的朋友不是真正意义上的朋友。如果你有真正的知心朋友，你就会理解，你虽然知道你的朋友有许多的缺点和毛病，但是你们在一起的时候却不隔心，而是完全地接纳他。我们要无条件地接纳孩子，不去讨厌他，不去打骂他，把他整体的人接纳下来。我们在教育孩子的时候要清楚地知道，这个世界上没有完人。我们的潜意识里一直在想要教育出一个完人，所以对孩子不停地批评，挑他的毛病，然后表达自己厌恶的情绪。至少有 10 个以上的家长对我说："我从内心里讨厌我的儿子，他是个懦夫。"他是懦夫的根本原因是家长培养的。你经常性地对他批判，所以他才是懦夫。

什么是无条件地接纳？有一首诗叫《记得那一次》，我看完这首诗，当时我一下就找到这个感觉了。这首诗是一个美国女孩写的。她的男朋友在参加越南战争后就没有回来。她凭着记忆写了这首诗：

记得那一次，
借过你的新车，
我却撞凹了它。
我以为你会杀了我，
可是你没有。

记得那一次，
我拖你去海滩，
而你说天会下雨，
后来果然下了。
我以为你会说："我告诉过你了。"
可是你没有。

记得那一次，
我在你新刷的地板上，
吐了满地的草莓饼。

我以为你会厌恶我，
可是你没有。

记得那一次，
我向所有男子挑逗，
来引你嫉妒，
可是你没有。

记得那一次，
我忘记告诉你，
那个舞会是穿礼服的，而你只穿牛仔裤到场。
我以为你必然会放弃我了，
可是你没有。

是的，
有好多好多事，
你全没有做，
而你容忍我，钟爱我，保护我。
有许多许多事，
我要回报你，
当你从越南回来，
可是你没有。

　　我们如果能无条件地爱对方，包容对方，我们的孩子能够避免出现一些问题。但我们却过多地担当了教化者的角色。我们首先要接纳孩子，无论他是好是坏；长的是美、是丑、是高、是矮、成绩是好，是坏，你都应该把他当成是手心里的宝。这个孩子找到了最后的精神家园，他才能解除武装，解除防备，才能打开沟通的大门。否则这个孩子一直处于防御的状态。他把内心的话与你说了，内心的想法与你说了，而你不容反驳地对他进行批评，从此，这个孩子再也不会与你沟通了。

3. 无条件地尊重孩子

　　你要把他当做与你完全平等的人来对待。你不强迫他，不打骂他，你尊

重他，这样他才能把心灵的大门打开。他知道你不会逼迫他，不会强迫他，他说完之后你不会很严厉的打骂他。这样他才敢与你说话，首先你要平等的对待他。

首先我们要无条件地孩子，无论他是美是丑、成绩是好是坏，都要把他当成手心里的宝。这样家长才能成为孩子的精神家园，孩子才能解除武装，向家长打开沟通之门。

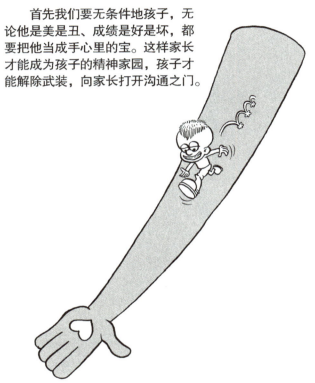

　　我曾经认识一个局长，他的儿子 170 多公分的个儿，现在就读高中。我给他做过单独咨询，那个孩子非常聪明。可是学习成绩却一落千丈，天天泡在网吧里。这个局长在单位里是 200 多人的领导，在社会上是赫赫有名的先进工作者，他在单位里说一不二，他把单位里的作风用到了家里。当他看见孩子在网吧里时，根本不问什么原因，上去就是两个耳光，从来就不跟孩子进行沟通。但是他与我谈话的时候却是非常的客气。有一次请我吃饭的时候，他把他上级领导请来了。我平时不喜欢吃辣的，但湖南菜做的鱼都放辣椒，我说："我不喜欢吃辣的。"他说："好，让服务员马上给我们上别的。"当他的领导拿出烟后，他马上把打火机打开，把烟点着。当我需要什么时，他马上递过来，他的领导需要什么时，他马上递过去。后来我们俩单独说话时，我说："我教你一个教育孩子的大秘诀：如果你对待你的儿子，就像对待你的

上级领导一样，就像对待我一样，你们之间什么问题也没有了。"

我们对待孩子第一条原则就是平等，如果不能平等，那么沟通这扇大门就被你关上了。孩子根本就不与你说实话，不与你说实话，你就根本没有办法与他沟通。

"人生而自由平等——卢梭。"一个文明民族，一个现代的人，他应该知道，他应该从骨子里对所有人都应是一视同仁的尊重。不应该比你地位高的人，你就尊重，比你地位低的人你就不尊重。对你的父母你就尊重，对你的子女你就不尊重。这是绝对不可以的，我们要尊重所有的人。如果你能尊重你的孩子，做什么事都要让他把话说完，他说的时候你用心去倾听，以尊重的态度去对待他。他感受到了被尊重，这样这个孩子才肯与你说话。你要平等地对待他，你与他之间应该有任何问题，都要在一起讨论才对。我们有许多家长，不允许孩子讲话，不允许孩子申辩。没有比这更糟糕的事情了！

我们要打开沟通的大门，首先要尊重孩子，平等地来对待他。有什么事我们协商来解决，今天协商不了，我们就放一下，明天再来解决。这样父母也想一想，孩子也想一想，不行就换一个话题，然后再转回来。我们有95%以上的家长与孩子讲道理，孩子不听，当时就翻脸。当判断一个人是否是有教养时，看他对小人物和孩子的态度就能得出结论。对待孩子的态度，反映出一个人的基础人格。很多人习惯在孩子面前暴虐，为所欲为，没有比这教养更差的人了。各位家长，一定要记住，孩子是你一生最重要的人，你要尊重他，平等地对待他，这样他才会把心门打开，与你进行沟通。

4. 站位要准确

在孩子生命中，家长是孩子行为的训练者。你不能越俎代庖。也就是说孩子的事是孩子的事，家长的事就是家长的事。有太多的家长把孩子的事当成是自己的事。比如孩子在学校里与老师吵架了，这是孩子的事，你应该心平气和地向孩子询问："你为什么要与老师吵架呀？能与我说说吗？我们一起来商量一下好吗？"家长不能大声地说："你为什么要与老师吵架？你怎么能这样呢？"我们有太多的家长把孩子的事情当成了自己的事情。这是绝对错误的。孩子生命中发生任何事，你都要扮演一个帮忙者的角色。站在一个旁观者的角度，来了解问题，然后帮助他出主意解决问题。而不是站在行为者的角度解决问题。

到现在为止，有300多万的家长听过我的报告，有近5千名家长与我做过面对面的咨询。有超过2万名家长参加过我们的家长培训课程。我在这里

应该有这个发言权。有90%的人他的位置不自觉地站错了。

比如这次孩子的数学考了35分，你应该认识到这35分是孩子的，不是家长的。你应该从旁观者的角度对待孩子。比如说："你考了35分怎么办呢？你是因为什么原因得了这么点分数呢？你下一步怎么打算的呢？需要我帮助吗？"你应该站在旁观者的角度，协助者的角度，而不是站在行为者本身的角度来与孩子沟通。这样，孩子才会感觉到你不会逼迫他，你会出主意，你会帮助他。否则，孩子不会对你说任何事了。

比如所谓的"早恋"，有一个男生和一个女生，他们之间有特定的情感，比爱情少一点，比友情多一点。这是一种很正常的情感，而真正不正常的是他周围的人，是他们有那种想法，是他们提出了应该有这种想法。当孩子回来对你说："妈妈，今天我们班有一个男生递给我一张纸条，说他爱我，你说我该怎么办？"这时你应该知道不是你的事，而是女儿的事。你站在旁边，你应该说："那你想怎么办呢？你怎么看待这个男生呢？你怎样摆平学习与情感之间的关系呢？"家长通过所站的位置让孩子感觉到妈妈不会逼迫他的行为和想法，这样你才有机会正确地指导她。但是我们有80%的家长马上会火冒三丈，"你怎么能谈恋爱呢？你怎么能这样呢？你对得起谁？你将来怎么办？"结果说了一堆废话。你这样做对孩子只有害处，没有好处。既然事情已经发生了，我们就应该先了解，然后再帮助他解决。我们应该站在协助者的位置，而不是行为者的位置。

我们有太多的家长是因为站错了位置。一直把孩子的事情当做是自己的事情，这是极端自私的。我们看到的是孩子要是考不上大学，我们将来没有好日子过。当孩子考不上重点高中，我们会给他交几万元的费用，然后我们就拼命地逼迫孩子去学习。各位家长要记住，每个生命都要独立走完他生命的历程，他才能成长起来。如果你代替他做任何事情，他一定是一个弱智的孩子。

我看过一个外国电影，这个电影说的是一个小男孩，他的智商很高，几乎是个天才。他小时候画的画像画家画的一样。无论弹钢琴、拉小提琴样样都行。他的父亲是一个卖肉的屠夫。他的妈妈就希望她的儿子将来有文化，有教养，将来成为画家或音乐家。他的母亲把他当成心肝宝贝来对待，把他所有的事情，都当做是自己的事情来做。这个孩子慢慢长大了，而且一表人才，很有才气。但是他在社会交往方面是一个弱智者，后来找了一妻子，他们根本无法正常地过夫妻生活。已经30几岁，还像一个孩子，最后他的妻子有了外遇。而这个从小被错误教育的男人，变成了绝对的自我否定。画家没

有当成，音乐家也没有当成，最后帮人家做室内装潢。他的妻子看不起他，他周围的女人看不起他，他得不到女人对他的青睐。最后连续杀了四个人，成了杀人犯。

家长在与孩子互动的过程中把位置站错了，把孩子的事当成是自己的事了。要让孩子知道自己的衣服自己来穿，自己的东西自己来收拾，这个过程从两岁就应该开始了。他不会，你教会他，你的位置一定要站对，大家要记住你是帮忙者，不是行为者。他在学校和同学打架了，你不能气势汹汹地带着孩子去找老师或人家的孩子。你要了解清楚事情的经过，然后问孩子应该怎么办。是想找老师解决这个矛盾，还是找那个同学谈，你想怎样化解这个矛盾。我们的家长不能越俎代庖。太多的人所谓的负责任，把孩子变成了一个奴隶，他指挥孩子做这做那，之后孩子什么也不跟你说了。所以你的位置站错了，那个沟通的大门就关上了。如果他不与你沟通，你又怎么来指导他呢？

5. 一定要让孩子把话说完

在教育孩子的过程中，有许多家长在孩子说话的时候就不耐烦了。孩子的语言能力还不是很强，他的词汇量还不够，他说话的时候，常常是词不达意，过分啰嗦，有时候还会间断。有时候家长以为说完了，有时候听都没听几句就打断了孩子的话。甚至还有"你闭嘴，不许说"。各位家长如果你曾经这样做过，那么你的孩子断然不会与你沟通的。

你要知道，首先，孩子对语言还没有完全掌握，这需要漫长的学习过程。第二，他说话的时候可能有停顿，可能词不达意，表达不出实际的意义。家长一定要记住让孩子把话说完。无论他说的有多啰嗦，你都要看着他的眼睛，让他把话说完。如果孩子有过说话说到一半的时候，被父母强制制止过、很恶劣地批评过的经验，那么下一次他一定不跟你说了。因为他害怕再次遭到这样的冷遇。无论如何我们要让孩子把话说完。

我自认我这个人还是比较文明的，但是我也犯过这样的毛病。我的这个毛病是我爱人给我治过来的。我爱人给我治过来两点，第一点我这个人说话声音比较大，这是从小养成的。而我妻子从来都是和颜悦色的。我们俩在一起说话，一着急，我的声音就上来了。然后她就一直盯着我，等我说完了，她说："亲爱的，你说什么？我一个字也没听清，我就听你喊了。"我说了半天，结果没管用。后来和她说话，我马上先把气压下来。第二点是我以前给校长当秘书，有一次我叙述得过分啰嗦，我们校长是个聪明人，他和我开玩

笑地说："小董啊，你不要低估我的智商，你不用把话说得十分清楚，你只要说重点我就懂了。"结果我养成了一个毛病，一个人说话说到一半，我就说："行了，不用说了，我听懂了。"可是我与我爱人一起生活，她说话说到一半的时候，我就一摆手说："行了，不用说了，我听懂了。"她马上就把我手抓住说："你给我听好，你必须让我说完。"我说："我听懂了。"她说："你即使听懂了，也必须让我把话说完。"这时我才发现人说话有两个目的，一个是表达意思，一个是为了倾诉。其实有太多的时候，我们以为我们听懂了，其实没有。我们一定要让孩子把话说完。

曾经有一个四岁的男孩，在隔壁的房间里哇，哇……大哭起来了。他妈妈马上跑过来问："你怎么了?"他一边哽咽，一边说："刚才爸爸在钉钉子，把手给砸了。"然后这个孩子就开始哭，妈妈一听，"啊! 我儿子太棒了，爸爸把手砸了，就哭成这样。太有同情心，太有爱心了。"赶紧把孩子抱起来说："不要哭了，不要哭了，给妈妈笑一个，笑一个给妈妈看看……"这时候这个孩子又说道："刚才就是因为我笑了，爸爸才打我的。"

所以我们一定要让孩子把话说完。

有一对父子在一起吃饭，这个孩子 8 岁，他的父亲教导他说："吃饭的时候，要食不语。"这个孩子一直给他讲学校的事。这个父亲说："我都跟你说了，吃饭的时候不许说话。"过了一会这个孩子看着爸爸的饭碗又想说话，父亲说："不许说话。"过了一会吃完饭了，父亲问孩子："好了，吃完饭了，你刚才要说什么?"孩子说;"我刚才要告诉你，你的碗里有一只苍蝇。"

我们的孩子在说的时候无论有什么错，都不要立即批驳，不要正面批驳。先听完他的讲述，然后顺着孩子的角度去理解。如果孩子有过提出自己的观点，而遭到你的批驳，并且批驳得体无完肤，那么下一次他一定不会向你说了。每一代人的价值观都不一样，首先孩子说的这个观点未必就是错的。其次，即使是错的你也不要立即批驳。如果你批驳了，那么下一次就不会与你交流了。我们成年人也是一样。一个公司经理，让下属广开言路，结果人家没有说完，他一拍桌子，"行了，不要说了。"这样下去以后谁还会发表意见。

我们在批评孩子的时候，有 90% 都不是孩子的错，是孩子发表的观点不符合我们的价值观。每一代人都有他们特定的价值观，你在批驳，就是你在用你的价值观来反驳孩子，孩子根本不服气。最后什么也不与你说了，沟通管道又堵塞了。

我女儿在小学六年级的时候，有一天放学回来跟我说："老爸，我们班有一个女生把头发染成了金黄色。"我怕她也染成那样，我故意很严肃地说:

"染得怎么样？"她说："很漂亮的。"我一听，一下子火冒三丈。我说："还很漂亮，明明是黑头发，为什么要染成黄色呢？"她说："老爸，谁规定是黑头发呀？"我说："我们黄色人种就是黑头发，就不能染。"她蹭蹭跑到我跟前说："老爸，哎呀！你已经有白头发了。谁规定不许染头发的？眉毛可以染，嘴唇可以染，为什么头发不可以染呢？"当时我突然意识到是我们审美价值观不喜欢染头发，并不是染头发的人错了。

我们在评判孩子、反驳孩子的时候，我们有太多的人自以为是，直接正面对抗，孩子下次就不跟你说了。我们成年人可以是这次与你对抗，下次我不理你了，我不和你见面了，也就了事了。但是孩子不一样，他们需要与我们一起生活，依靠我们活着，他们只好在屈辱中生存。

我在读硕士的时候，非常喜欢张学友的歌。有一次我与几个老教授一起坐车，其中有一位哲学教授，他当时有 50 多岁，当时他说："真是气死我了，我儿子总是听张学友的歌，真是烦死我了。我问大家，一个哭得一塌糊涂的男人，打一个歌星，你们猜是谁？"他自问自答："是张学友！"当时车上和他年龄差不多的几个教授都哄堂大笑。我当时对哲学也有一点了解，我听了他的话对他有一点反感，你是一个哲学教授，你不知道价值的多元化吗？当时他这么说也刺伤了我，因为我也喜欢张学友的歌。我当时就想到每代人的价值观都不一样，我们对孩子的观点马上反驳，那么孩子将会怎么做？

所以，我们在与孩子沟通时，一定要记住，让孩子把话说完，不要正面反驳。

6. 不要当场反驳

我们如果钓过鱼，就会知道当有一条四斤左右的鱼咬钩时，你一定不会马上把它从水里面硬拉出来。你会顺着它的力量，把它拉到岸边，最后把它钓上来。我们教育孩子就应该这样。不要当场反驳，要顺着他的想法，对他进行劝说，比如说你们这代人是这种想法，而妈妈的看法是这样的，你看一看有没有道理。同他探讨，最后把孩子"钓上岸来"就太简单了。

我们太多家长就是来直接的，把孩子一顿骂，一顿批，让孩子强行接收。我可以告诉你，人是绝对压不服的。这个世界上只有心才能征服心。用武力是绝对征服不了的，你是我的父母，我最终不跟你说了。这样是压制下去了，但是压制越来越久，最后这个孩子出现问题了。即使孩子不会，我们也要顺着他的观点，拐个弯来把问题解决掉。

比如，孩子发表他的观点："没有一个人是好人，所有的人都自私。"初

中的孩子可能受到几个同学的伤害，就会得出这个结论。如果你当时就把他痛斥一顿："你怎么能这么说呢？怎么能说所有的人都自私呢？难道爸爸妈妈也自私吗？"你痛斥的后果是他以后再也不和你说了。你要去了解去询问："你为什么有这种观点呢？你为什么说所有的人都自私呢？你是指什么呢？"当他把所有的话都对你说出来后，知道他被什么事伤害了，他被谁背叛了。当你把他里面的这个原因找出来了，你再拐个弯，说："你说的可能有道理，根据你的体验可能是这样的。我原来的体验和你是一样，当有人伤害了我，我也认为所有的人都是不可信的，都是自私的，但是我遇到了你老爸，我和他生活了二十年，我发现人还是可信，人还是善良的。"你要慢慢地诱导他改变想法。如果你有过直接批驳的经历，那么孩子就惨了。

7. 孩子无论说了任何内心的想法，你都不要因此看低了孩子的人格

这一点非常重要，比如孩子到了青春期，他对父母说他产生过性幻想。如果你的回应是："你怎么能这样呢？这不是流氓吗？"如果你有类似的表现，那么孩子下次再遇到事情绝对不会跟你说了。孩子与你说过的任何隐私，你一定不能因此看轻他的人格。只要他对你说了，你一样要把他当成一个高尚的人来对待，当成一个好孩子来对待，这样他才能把内心中隐匿的想法对你说出来，你才能够有机会去指导他怎样正确地看待这件事，怎样去做这件事。比如孩子跟你说："妈妈，有一次你不在家，我拿了你的钱和几个同学去玩了。"如果孩子能够跟你讲出事实，你就应该觉得庆幸，因为孩子与你之间的管道是相通的。

孩子对你说的任何话，包括我们世俗认为不道德的行为，你都不能因此看低他的人格。如果他有一次这样的经历，他与你沟通的大门就关上了，他就不再与你沟通了，你就没有机会去指导他了。如果你被孩子信任，这对你来说是一个天大的奖赏。

8. 答应孩子保守秘密，一定要遵守诺言

如果你的女儿对你讲了她内心中的话，她和某一个男生好，并且已经半年了，问你怎么解决这件事。然后她告诉你不要告诉她爸爸，你也答应了。但是我们的家长有十个答应了，有九个都会不守信用。背着孩子对丈夫说："你女儿出现问题了，已经和一个男生好半年了。你管不管？"你要答应替她保守秘密，你就一定要替她保守。那我们应该怎么办？我们又必须得让他爸爸知道这件事。那我们就必须动员孩子，让她自己对她爸爸说。并且告诉她：

"你应该自己对你爸爸说，我相信你爸爸会正确理解的。"然后，你在一旁对丈夫耐心地做工作。在这里我希望孩子对你说的任何话，你都应该正确对待。

答应孩子的事，一定要做到。这绝不是在开玩笑，我们以为孩子是自己的，我们就可以失信。这么多年来，我可以问心无愧地告诉大家，我答应我女儿保密的事情，我从来没有失信过。如果这件事应该对谁讲，我就动员她让她主动去讲。我教她怎么去讲："你这件事做错了，你还得征得他同意，需要他帮助。你要是不对他说，你不是在害自己吗？"我不能对她讲："你问我，我可以告诉你怎么说。他如果训你，说你，你一定要承受住，得到他的谅解，然后再解决问题。"一定要记住替孩子保守秘密。如果你没有保守这个秘密，和别人说了，你的孩子的感受就像是被当众扒光了。那么这个孩子再也不会信任你。

9. 给孩子留下私人空间

孩子不想说的事，一定不要逼迫孩子。你可以采取迂回的方法，既然他不想说，好的，我们就不说了。过两天你再迂回地渗透。如果你逼迫他："你给我说，不说我打死你。"如果你这样做，你是绝对得不到真话的。这一次打一顿，说真话了，下一次他会避而远之，这是人性。

一定要给孩子留下私人空间，不能翻孩子的书包，查孩子的电话，看孩子的日记。这是绝对不可以的，如果孩子有过这样的经历，下次孩子就不信任你了。

如果你做对了这九条，你就能打开与孩子沟通的大门。

第四节　怎样与孩子沟通

与孩子沟通其实很简单，它有以下几条基本的原则。

1. 学会倾听

在倾听这件事上我们成年人必须受训练。一个人以为听懂别人的话了，其实大部分人是想当然。我们应该避免犯"想当然"的错误，我们应了解以下几点听的境界。

（1）心不在焉地听

有很多家长都是这样，一边干着活儿，一边听孩子讲话。如果你是这样

的，那么孩子下一次就没有心情对你说了。

和孩子沟通的要点在于：1. 学会倾听。
2. 学会正确表达自己。

（2）虚应故事地听

这是什么意思呢？就是说一个人做出一个听的状态，而没有真正地听，实际上他什么也没有听到。虚应故事地听，有许多是敷衍对方或者是为了讨好对方。领导对下属虚应地听是敷衍对方，下属对领导虚应地听是讨好对方。

（3）专注地听

专注地听是用心去听他说的每一句话。但是专注地听会犯一个毛病，你有可能会按你心中对那个词汇的意义来理解。把这些词汇组成新的句子，然后按你的生活经验对这个句子加以理解。如果专注地听，能够全听懂，那么一班的学生一个考 100 分，那所有的学生都应该考 100 分。一个人听一个人讲话的时候，我们常犯的一个毛病是，我们把对方的词汇，通过声波的振动在我们的大脑中接收过来，把这些词汇组成一个句子，要知道我们是按照我们自己心中对每个词汇的意思的理解，来理解这个句子的意义的，然后你就认为这个人说的就是这个意思。但是我说的并不一定是这个意思。

所以说专注地听，不一定能理解对方的话。比如我说："人需要人啊！"这句话是什么意思？这要看在什么场合，如果我在大森林里，一个人也没有，我说："人需要人啊！"在这里我意思是说一个人需要一个人的帮助。如果我

在讲家庭教育，说："一个人生下来，他的能力为零，正如苏霍姆林斯基说的，'人需要人啊！'"在这里他的意思是人必须在有人的环境下才能成长为人。所以专注地听，未必就听懂了。

（4）设身处地地听

你要把自己想象成对方这个人，对方的经验，对方的知识状况，对方的年龄，他说的这句话到底是什么意思。你在看书时，要把自己想象成是那个作者，你才能知道他内心到底想要说什么。

比如我们有许多女孩，在3、4岁时，你问她，"你长大了你要嫁给谁？"她会说："我要嫁给我爸爸。"其实她根本不明白嫁人是什么意思，她表达的是她对爸爸的好感。你要设身处地地想象这个孩子内心是怎么想的，你才能真的明白。

曾经有一个统领过千军万马的将军，骑着马来到一个河边，他不知道这个河有多深，他看见一个5岁的孩子在河边玩耍，他就问这个孩子："小朋友，你知道我的马能不能过去这条河？"这个孩子看了看马的腿说："能过去。"这个将军打马下了河，可是没到河中心他的马就快被淹没了，他急忙回来。来到了岸上，他对这个孩子大喊道："你这么小就会撒谎。你不是说我的马可以过去吗？"这个男孩很迷茫地说："是啊。你的马腿那么长，而我们家的鸭子腿那么短，它都能过去，你的马为什么过不去呢？"

如果大家明白了，我们要把自己设想成孩子，你才能理解孩子内心中的感受。

（5）创造性地听

很多人不了解，说听还要创造性地听。你做过心理咨询你才会明白，一个人来咨询的时候，大部分人用词是不准确的，说话是不连贯的，他的思维常常是自我矛盾的。孩子在成长过程中也是一样的。一个人表述不准，思维不连贯，断断续续，他自己也理不出头绪来。这时你要探究他内心中到底要说什么，然后你通过这些只言片语，把它们组织起来，再来问孩子是不是这个意思。孩子说："是，就是这个意思。"这说明你学会了创造性地听。你要把不连贯的地方连贯起来，不准确的地方改正过来。然后你用准确的语言表述出来，问对方是否是这个意思。这就是创造性地听。

孩子常常会用做这件事，来表达他要去做那件事。我儿子3岁的时候，如果今天晚上他想出去玩，没有得到允许，不一会儿他就会表现出来，你给他喝水，他说："这水不好喝。"你给他玩具，他不玩。你要是问他是不是因为刚才没抱你出去玩，你才不高兴的，他说："是的。""那明天抱你去好不

好?"他说:"好!"然后他马上没事了。这是我们家长创造性的过程,你得了解他到底要干什么,想表达什么。

我们在听孩子讲话时要学会后三项,专注地听,设身处地地听,创造性地听。这样家庭教育这件事,你已经掌握了一半。我们要听,就必须让孩子说。怎么才能让孩子说,前面我已经说过,这里再强调一遍。每天就问孩子四个问题:

①今天学校发生哪些好事?

孩子最初说的好事可能都是坏事。比如他说:"我们老师今天很生气,他骂了一个人。""今天上体育课,有一个同学把腿碰伤了。"孩子最初说的好事可能都是坏事,你要慢慢地校正他。让他把目光盯在学校的好事上,让他培养积极向上的人生观。

②你今天有什么优秀表现呢?

比如孩子说:"今天我们班的一个同学的铅笔掉到地上了,我帮他捡起来了。"这时你应该及时地鼓励和表扬。

③你今天有什么收获吗?

一个人他每天都要计算他自己的收获,他就会发现他自己成长得越来越快。他一有收获,家长应该及时地确认,比如他做出一道题,你就应该马上说:"你看,我说你一定行吧。你一定能做出每一道题的。"

④你有什么需要爸爸(妈妈)帮忙的吗?

家长要站对位置,让孩子说他有什么困扰,然后,你再在边上帮助他,指导他解决这个困扰;不是为他解决困扰,是先消除他的压力,再指导他解决困扰。

2. 学会正确表达自己

中国内蒙古草原上有一句古话叫"好人出在嘴上,好马出在腿上"。只有把话说清楚了,说明白了,才能让别人真正地了解你的人,了解你的意思。我们有许多人他有话不好好说。太多人他为了表达正面的想法,他却反面地说。我们在与孩子沟通、在与爱人沟通时,一定要正确地表达自己。要正确表达自己有以下几个基本的原则:

(1)有话直说

有很多女人不喜欢有话直说。比如丈夫回来很晚,她很担心他,但是她不直说。丈夫回来以后,她说:"啊!回来了,回来很早嘛。再晚一点直接上班就行了。"我在孔府旅游时,我参观他们的卧室,卧室一出门,就是一个假

山，这时我才知道孔子教育他的后人说话要开门见山。这可不是简单地说的方式问题，是智商高低的问题。智商越高的人他越有话直说。智商越低的人，他越会绕圈着说，绕来绕去绕自己，平白无故把事情弄复杂了。所以和孩子说话一定要有话直说。

（2）有话实说

比如孩子今天回来晚了，你说："妈妈为你担心了。你不应该回来这么晚，同时也有危险。你这样妈妈会很不开心。"你要把你自己真正的内心感受告诉孩子。我们有许多家长会说："你怎么回来这么晚，你不怕让车撞死你。要是让车撞死你，我就省心了。"其实她不是这个意思，她是有话不实说。

（3）有话好好说

这句话太重要了，我们有什么话都可以说，关键是说话的方式和语气。如果你不好好说，完全是正面的意思，却表现了反面的效果。当你希望孩子好，希望孩子上进，你没有好好说，那么态度将决定说话的效果。我们要对孩子和颜悦色地说。

我父亲是一个小学五年级文化的人，到现在，在这一点上他是我最佩服的五个男人之一。他在我童年的时候，我最佩服的是他从来都是和孩子和颜悦色地说话。他绝对不是惯孩子的人，你犯了任何错误，他都是把你叫过去，对你说："为什么要这样做？为什么要和别人打架？"他从来都是有话和你好好说。所以他曾经和他的同事们讲："这孩子不能打，也不能骂，有事要和他好好说。打皮了，骂滑了，你就再也没有办法教育他了。"他用农村人最土的土话，道出了教育心理学最深刻的道理。

你要尊重这个人，有话和他好好说，培植出他的自尊。当你的态度是平和的，孩子才能听进去。如果你疾言厉色，本来是对孩子有好处的，可他的大门关上了，根本没有办法听进去，你说什么都没有用。很多人跟孩子跟丈夫跟妻子，气急败坏地说话，这一点用都没有，你激起的完全是反抗。所以无论你怎么生气，你都要把气消了，然后和孩子心平气和地谈。这是说的态度。

（4）有话正面说

我们有很多人有话不正面说，而是反面说，比如丈夫在外面喝多了，回来吐得满地都是，妻子心疼丈夫，她却不正面说。她说："喝吧，你就喝吧，喝死你就好了，我就是小寡妇了，你儿子就叫别人爹了。"你应该正面地说："酒是伤身体的，你要是出了事，我们娘俩会伤心的。"一定要正面说。这是说的出发点。切忌冷嘲热讽。

（5）不该说时不说

沟通有一个根本性的原则，人不应在消极的情绪状态下沟通。

比如说一个人生气、愤怒、恐惧、紧张，这样的消极情绪状态下，两个人都有消极情绪，都在愤怒状态，两个人都有问题，这样的时候沟通，矛盾会一触即发。当孩子和家长都在气头上，你这时教导孩子，孩子很可能会出言不驯，反抗父母。很多家长看到孩子出言不驯，反抗父母，伤心到了极点。其实这些都是我们家长自找的。地球人是重感情的，在愤怒的时候，他是没有办法与你沟通的。如果听者在气头上，那么你说的话，他都会从反面理解，根本达不到沟通的目的。如果听者没有问题，而说者有问题，正好在气头上，就会不选择词汇，口无遮掩地说，最后会伤害听者的心。所以只有在两者都没有情绪问题的时候，才可能沟通。

（6）不该说的不说

伤害孩子自尊心的话永远都不说。比如一个母亲看着儿子说："我就看你是个废物，什么用也没有。"这样伤害孩子自尊的话，家长永远都不能说。不信任孩子的话也永远不能说。在这一点上我们家长要有很高的人格修养。

如果家长能把这6点都掌握了，那么与孩子沟通就会非常顺畅。

第五节　与孩子沟通的正确原则

听孩子说话的时候，要反复地提问："你是不是这样的？你是不是这个意思？"你要反复推敲，搞懂他的意思。这叫做意思确正原则。不要理所当然地认为孩子就是这样的。要有意思确正原则，这样才能达到沟通的目的。

1. 一定要保持盛情在先，道理在后

教育孩子重在情而不在理，一定要让孩子感受到你的爱，感受到你的情感，这样你才是最重要的。沟通的最根本性秘诀就在于用情去打动孩子，而不是单纯地用理去教训孩子。当你动之以情，晓之以理的时候，孩子才能听进去。用情感打动孩子，这样孩子才能接收到你这份正确的指导。

2. 站在旁观者的角度为孩子提供咨询建议

孩子无论有任何事，你要站在旁观者的角度来给孩子提供建议。因为你是他生命中最重要的人，如果你与他建起了沟通管道，这样你就有机会对他正确指导了。

3. 绝对不能强迫孩子接受你的意见

如果你强迫孩子接受你的意见，那么，你与孩子沟通的管道又关闭了。沟通失败，孩子就得不到你正确的指导。

4. 用你对事情的看法影响孩子

比如你对爱情的看法，你对学习的看法，通过与他的交流，来影响他，慢慢地注入他的内心。而不是和他辩论，不是强迫他接受。你站在旁观者的角度，用你的行为和观念来影响他，不能逼迫他接受，人是不能被人压死的。

有一次，我女儿问我："老爸，你看过《费城的故事》吗？"我说："没有。"她说："那你对同性恋有什么看法？"我说："同性恋是对上帝的嘲笑。"她说："老爸，你这样认为。"我说："当然，上帝是让一个男人与一个女人谈恋爱，如果同性谈恋爱，那就是对上帝的嘲笑。"她说："假如你的公司有两个人是同性恋，你会怎么做？"我说："我会毫不犹豫地开除他们。"她说："老爸你是个暴君。"我说："你怎么说我是个暴君呢？"她说："你看过《费城的故事》你就会明白同性恋是人权。"我说："女儿，你听好了，在我们两个人之间，我从来没有逼迫过你接受我的观点。你同样也没有权力逼迫我接受你的观点，这是平等。你可以坚持你的观点，为同性恋大声疾呼，那是你的看法。但是我的看法是不可以的。从人权角度，那是他们的自由，但是在我的公司里是不可以的。公司是利益集团，我的业务员搞同性恋，那我怎么教育那些家长，让他们怎么去教育他的孩子？我要对家长和孩子负责。但是因为别人伤害他了，我作为律师，我会为他们辩护的，这是两回事。"她说："啊！明白了。你还是宽容的。"我说："在一件事上，我是以利弊来衡量的。"她说："啊，老爸，我今天跟你学了一招。"在这个时候我们两人要是激烈地争吵，她就没有办法明白我要说的意思了。所以一定要记住，用你对人生的热爱、对人生的观点来影响孩子。

美国的一个大教育家说过一句话，他说："一个人的未来，在他童年的餐

桌上就决定了。"其实我们与孩子在一起的时候，不需要一本正经的沟通，在生活的过程中，把沟通这件事就做到了。你把你内心中对孩子的爱，对生命的爱，通过沟通的管道传达给孩子，你把沟通这件事做对了，那么孩子就绝对会健康成长的。沟通是教育孩子的头等大事。沟通的管道不接通，你断然不能教育好自己的孩子。在这个世界上一切问题都出在沟通不畅上。

绝对不能强迫孩子接受你的意见。

曾经有一个原始的部落与世隔绝，他们那里的人与外界的最大区别就是不穿衣服。有一天这个部落的酋长说："我们应该了解一下文明的世界。"于是他让一个年轻人出去看看外面的世界是什么样子，这个年轻人来到了纽约。然后他回去对酋长说："我到了世界上最发达的国家，我了解到外面的世界最大的特点就是外面的人都穿衣服。"酋长说："他们穿什么衣服？"年轻人说："我看到男人穿西服、打领带。女人穿白衬衫、西服裙。"这个酋长想更加详细地了解外面的世界，他就对年轻人说："你去外面的世界请一个人来给咱们讲一讲。"这个年轻人请了一个社会学博士，在来演讲的路上，这个博士问这个年轻人，他说："你们那里，与外面最大的区别是什么？"这个年轻人说："最大的区别是我们那里的人都不穿衣服。"博士一听，就明白了。社会学的原理是没有好与坏之分，适应就是好。也就是入乡随俗的道理。为了迎接他的到来，酋长命令所有的男人穿西服、打领带，女人穿白衬衫、西服裙。那

一天整个部落的人全部集中在大堂里，大幕是拉着的，下面整整齐齐所有的人全是男人穿西服、打领带，女人穿白衬衫、西服裙。这个社会学博士从后台上场，他想："作为社会学博士，我不能丢份，我要入乡随俗。"当他站在台上大幕慢慢拉开，下面的听众全部穿着衣服。台上赤身露体的博士开始了尴尬地演讲。

这就是因为缺乏沟通。

第三章

家长测试与成年人学习特点

第一节　家长测试及意义

一、家长测试：你是合格的家长吗？

（请你在 1 分钟内回答完以下问题）

1. 当众批评孩子。（　　　）

2. 很少去表扬孩子。（　　　）

3. 常以学习成绩好的孩子为例来批评自己的孩子。（　　　）

4. 经常用自己年轻时的经历教育孩子。（　　　）

5. 总对孩子说自己的付出全是为了他（她）。（　　　）

6. 把教育孩子的希望寄托在学校和家教上。（　　　）

7. 常依自己的标准给孩子定目标。（　　　）

8. 把物质刺激当成激励孩子的重要方法。（　　　）

9. 对孩子的困惑不闻不问或不感兴趣。（　　　）

10. 对孩子的事什么都想知道。（　　　）

11. 不愿鼓励孩子或不会鼓励孩子。（　　　）

12. 经常斥责孩子的缺点。（　　　）

13. 在教育孩子方面夫妻意见常常不统一。（　　　）

14. 常在孩子面前吵架。（　　　）

15. 没有明确的生活目标。（　　　）

16. 你的情绪跟着孩子的分数走。（　　　）

17. 认为满足了孩子的物质需求，孩子就应该努力学习。（　　　）

18. 认为孩子能听懂你讲的道理，却故意不去做。（　　　）

19. 不认为自己的行为对孩子有决定性影响。（　　　）

20. 孩子学习成绩与自己文化水平有必然联系。（　　　）

21. 为孩子做所有的事情认为是处处关心孩子。（　　）

22. 相信各种速成班。（　　）

23. 认为孩子学习必须有人看着是正常的。（　　）

24. 教孩子要诚实，自己却在他人面前说谎。（　　）

25. 认为一味地表扬孩子会导致孩子骄傲。（　　）

26. 限制孩子玩，自己却经常出去玩。（　　）

27. 当孩子不听话时常打骂孩子。（　　）

28. 常在孩子面前评说别人长短。（　　）

29. 认为孩子的缺点必须用批评才能改正。（　　）

30. 常说："你怎么这么笨?"（　　）

31. 常在生气时斥责孩子"你啥也不是!"（　　）

32. 你认为学习是痛苦的。（　　）

33. 常说："只要你好好学习啥条件都答应你。"（　　）

34. 认为孩子学习的好坏取决于他的聪明程度。（　　）

35. 认为孩子将来的命运是他自己创造的。（　　）

36. 认为人的性格是不可改变的。（　　）

37. 认为成年人是不可改变的。（　　）

38. 当孩子说一件得意事时你却警告他别骄傲。（　　）

39. 认为自己该做的事都做了好坏全在孩子了。（　　）

40. 认为孩子在学习上一点不着急自己却急得团团转。（　　）

以上问题：

A. 如果您有 5 项，您应该加强学习了。

B. 如果您有 10 项，您必须警惕了。

C. 如果您有 20 项，您必须改变，否则将毁了孩子的前程。

二、测试的意义

在上面这张《家长测试表》中，有 40 道测试题，可以让我们对自己教育孩子的现实作一个系统的审视。

1. 当众批评孩子

只要有一次这样的情况，就视为"有"。"人前教子，人后教妻"的古训，其实是不对的。人前不能教子，人后被妻教。所以，这两者都不对。

2. 很少去表扬孩子

只要你不是每天表扬孩子，就是很少表扬孩子。你可能说：我去年表扬五六次呢。这话的意思是：不是每天表扬孩子。否则为"不是"。

3. 常以学习好的孩子为例，来批评自己的孩子

以为这就是激励，这是不对的。"你看张小二，学习多好！"我估计我给我们家乡带来的负面效应太大了。到现在为止，他们可能还拿我来教育他们家的孩子，给那些孩子的自尊心造成极大的伤害。"看老董家的大儿子，人家怎么能好好学习呢？"你以为这是激励孩子，这是树立榜样。你要是想给孩子树立榜样，通过什么样的方式才能达到？什么叫树立榜样，拿别人家好的孩子和你的孩子比有太多的坏处！

4. 经常用自己年轻时的事情来教育孩子

"我年轻的时候，你爷爷奶奶不用说我，我就好好学习。吃苞米面粥，穿破衣都好好学。"这样的话是不是人常挂在嘴边的？时过境迁，你的榜样力量从这个角度来说，是不能打动孩子的。

5. 总对孩子说，自己的付出全是为了他（她）

如果单亲的母亲，丈夫去世，或离婚，自己带孩子，越辛苦，就越整天数落孩子："我都是为了你。你妈一天起早贪黑，你看，这不都是为了你吗？"很多母亲对孩子报辛苦，我这么努力，这么辛苦都是为了你。

6. 把教育孩子的希望寄托在学校和家教上

一旦好学校不行了，你也就灭了希望。或者家教不行再换。这涉及的是"教育孩子的根本点在哪"的问题。

7. 常依自己的标准给孩子定目标

你要让孩子实现的理想，到底是他的理想，还是你的理想？是他想学钢琴，还是你认为他想学钢琴？这话有严格界限。认为孩子有绘画才能，还是孩子真的想学绘画？孩子应该好好学习，是他想好好学习，还是你认为他应该好好学习？

8. 把物质刺激当成激励孩子的重要方法

很多家长，一看到给孩子10元钱，孩子就活蹦乱跳的，挺听话，这招挺好用。于是，当成百试不爽的看家本事了。

9. 对孩子的困惑不闻不问，或不感兴趣

孩子到了5、6岁，就有了无穷无尽的问题，这时候你总是说："小孩子，你不懂，以后你就明白了。""大人的事你不要问。"如果是这样，你就等于把孩子的求知欲一下子给埋没掉了。后来你就问他："你怎么不好好学呢？"其实，是在这个时候，父母亲手毁了孩子，父母还在抱怨。

10. 对孩子的事，什么都想知道

如果是一个女孩，就怕她早恋，怕这个怕那个。孩子所有的事都想知道。我是你爸爸，我是你妈妈，你所有的事就应该告诉我。我不知道这个观念从哪来的！是我们的祖先告诉我们这样，还是从哪学来的？大部分家长会这样："你给我说实话，你不说实话不行。"什么是"实话"？在家长这里，孩子自己有秘密是不应该的。认为我是你妈你爸，就应该和我说。结果，你的这种强迫就会使孩子认为，我不想说的不和你说，最后，我和你撒谎。撒谎是你逼出来的。

11. 不愿意鼓励孩子或不会鼓励孩子

我们中国90%的家长是不会鼓励，不知道什么是鼓励。不懂确认、表扬、鼓励，你只知道把孩子生下来，供他吃穿用。

12. 经常斥责孩子的缺点

把孩子的缺点当成你斥责的主要对象，一旦孩子有了缺点，就在态度上、行为上有明显的表现，并出现言语斥责。这种做法将直接指向孩子的自尊心。

13. 在教育孩子方面，夫妻意见常常不统一

丈夫和妻子在教育孩子中，有明显的不一致。妻子告诉孩子多吃糖对牙齿不好，丈夫却弄了一大包糖果作为对孩子的奖赏。在教育孩子中，这种分歧常常出现。

14. 在孩子面前吵架

这是最不可取的一种生活。没有顾及孩子的内心体验，在孩子的内心，生活中的两个亲人不应该是这样的。父母的这种激愤的做法，也为孩子的情绪作了"表率"。

15. 没有明确的生活目标

这将直接影响孩子对生活的管理。有了明确的生活目标，就容易养成积极的生活心态、良好的行为习惯。

16. 你的情绪，跟着孩子的分数走

孩子的分数，已经成了你情绪的温度表、引爆器。如果孩子考了50分，你就感觉快要爆炸了。我曾经在某杂志上看到过这样的一幅漫画：一个7、8岁的小男孩高高兴兴地背着书包回来了，在一个钓鱼竿上钓着自己的成绩单。爸爸坐在办公桌旁，成绩单就钓在他爸面前。如果在桌子上放上两盒速效救心丸，就更贴切了。

孩子的分数为什么对你那么重要呢？为什么会这样呢？是他的错，还是你的错？你把什么看得这么重要？实际上，是你对他的成绩单的极端关注，无情地抹杀了孩子追求知识的信心。他觉得学习知识太痛苦了。这么难做，后面随时有一个"老虎"在追我。一旦做错，一棒子就下来了。一个人在这种惊恐的状态下，他没有学习好的可能性。这个世界上天才不是这么培养出来的。学习好的人没有一个是父母成天在后面看着，你的分数都要把妈妈的心脏弄坏了。7、8岁的孩子承担着母亲心脏病的这么大的一个压力，还能学好吗？承担整个家庭的重担，能把孩子压趴下了。

17. 认为满足了孩子的物质需求，孩子就应努力学习

物质需求的满足与孩子努力学习没有必然联系。孩子的学习是凭着情感的驱动，付诸行为，得到了快乐的强化，才形成一种良性的习惯。

18. 认为孩子能听懂你讲的道理，却故意不去做

认为父母让他做，孩子不去做，这是逆反心理，是孩子故意对着干。你要知道，一个孩子有逆反心理，说明他还有救，还有希望，这个病还能开刀，能治。逆反心理的本质是在进行斗争。如果孩子没有逆反心理，你说什么是

什么，那就没救了，就相当于"癌症"晚期了。

如果孩子产生逆反心理，和你战斗，他的自尊还有。只是自尊变态了。他不分你对错，就和你对抗，维护自尊，这个人还有救。你需要的是告诉他："我尊重你!"就可以了。然后，他就会放弃武装。逆反心理就是盾牌，你不打他了，他还拿盾牌干什么？因为你伤了他的自尊，他就不听你说什么，就和你战斗。说明这孩子还可以。如果不逆反了，麻烦就大了，孩子已经没自尊了。没皮没脸，你爱怎么说，怎么说。随便你说什么都行，阴一套阳一套。你说我就顺着你说，你一走我就玩，你回来我再来。那孩子就没戏了，他的根基没有打好。

19. 不认为自己的行为对孩子有决定性的影响

我们理智上认为，我也没让他学坏呀，我也没让他撒谎呀，孩子是通过什么学习的？成年人的学习，是通过理智的，或者叫知性，或者叫道理。知性、道理通过大脑反应，从理解到掌握，这是成人世界的学习模式。孩子则不是这样学习的。孩子是完全通过模仿，模仿行为和感觉。感觉是自动传递的。孩子的语言系统还没有建立起来，他根本不是通过语言，而是直接通过行为、感觉、声音，这些立体化的把东西记写下来的。

我们通常是告诉孩子："你不要撒谎! 做小孩一定要诚实，不要撒谎。""叮……"电话来了。"你爸在家吗？""告诉他，说我不在家。"这边对孩子说："不许撒谎，绝对不许。"

我们通常告诉孩子："不许说别人坏话!"做孩子怎么能说别人坏话呢？晚上，一起吃饭的时候："今天，你看我们单位领导，真不行! 见谁给他拍马屁，他就给他这个机会，就不给我。"

告诉孩子："这个世界要有爱心。人必须要有爱心。没有爱心怎么能行呢？宝宝要有爱心。"又告诉你："人和人太险恶了。谁谁谁被骗了! 被抢了。"这边有爱心，那边充满痛苦。孩子得成熟到什么程度才知道有爱心呢？孩子感觉必须拿起盾牌，全身战斗，这么痛苦的世界，这么充满仇恨和争斗的世界，有爱心，我不等于羔羊放在肉板上让人剁吗？我们想一下，是不是你把这个东西传给他的？最后你说："你怎么这么没有爱心呢？"

实际上，孩子是通过行为和感觉学习的，根本不是通过你的语言，他听不懂你说的那些道理。他是通过你的行为和你的感觉。

20. 认为孩子的学习成绩与自己的文化水平有必然联系

如果你念书念到了初中，你的孩子要是和你的文化水平有必然联系的话，你就是孩子的上限，孩子的最高水平也就是初中。如果有必然联系的话，我的家族应是这样的：我妈初中毕业，我们家最高应是初中毕业。我们家长总说："你看，孩子的课程我都教不会，都不懂。现在小学可难了。初中课程太难了，咱也学不会呀！"其实，也没人说让你学会呀，你凭什么学呀？那是孩子和学校的事情。我们的家长认为：学习不行就得我教。谁说让你教呢？你只要把他变成一个有责任心和追求上进的人，他自己就会学。我当初就没指望我爸、我妈教我什么。没人教，但必须鼓励孩子自己学。孩子的学习好坏与父母本人的文化水平、文化知识的学历程度没有必然联系。与家长的知识量没有联系，与钱没有联系。但是与你的教育方法是直接相连的。

21. 为孩子做所有的事情，认为是处处关心孩子

从吃喝穿衣，到孩子的学习，父母极尽能力地去溺爱孩子。这种无节制、无原则的爱，本身并不是爱的真谛。

22. 相信各种速成班

每到休息日，最忙碌的是把孩子送进课外班，并寄希望于那些速成班。期中考试考得不好，立即把孩子送到相关的速成班。这种做法是太多的家长的常规做法。太希望孩子有一日千里的进步，这是违背学习的规律的。现在的父母，非常注意为孩子"架轻轨"，甚至盲目地让孩子进各种辅导班；越速成越好。有些家长甚至通过这些来树立自己的威信，这是非常不可取的。孩子的成长最主要的是在于他（她）自身，作为父母，应大胆地让孩子去实践、去闯。尊重孩子天然的个性，家长千万不要把自己的想法强加上去，原则，往往会适得其反。

23. 认为孩子学习必须有人看着是正常的

这是没有调动起来孩子学习的积极性。本质的原因是，孩子的被动学习来自你的不信任。孩子不爱学习的原因是领悟不到、体会不到学习的快乐。这应该在于学习兴趣的激发。一方面，容易养成孩子的惰性；另一方面，孩子没有相关的信任和情感的激励，是断然不会主动去学的。要是让孩子去吃麦当劳、肯德基是不需要这么看护的。

24. 教孩子要诚实，自己却在他人面前说谎

我们教孩子要诚实，自己却在他人面前撒谎。有太多的类似行为发生在我们生活中。而可悲的是我们并不能意识到你的行为的存在。这就要给予孩子足够的重视和尊重，才能意识到孩子的存在。你的行为就是他未来的行为。你的态度就是他未来的态度。

25. 认为一味地表扬孩子会导致孩子骄傲

表扬是孩子生命中的阳光，有了表扬，才能催化出孩子更多的亮点。所以，还得让孩子适当地灿烂。这样才能扩大他的优点，从而形成更大的人性的光芒。

26. 限制孩子玩，自己却经常出去玩

搓麻将，打扑克，家长是经常把孩子锁在小屋内："看书，不许看电视！不许……"以为这是一种万全之策。这实是一种大谬误。你的行为只会激起孩子对你所做游戏的羡慕和好奇，从而引发他更强烈的欲望。

27. 当孩子不听话时常打骂孩子

我们总以听不听话来衡量孩子的好坏，并在不符合你的这个标准时对孩子施以打骂。这两者一是指向孩子的肉体，一是指向孩子的自尊。到头来，你培养了孩子的自卑、恐惧。在孩子的印象中，支配与奴役就是武力之差。这种解决问题的方法，他会有强烈的承袭意识。

28. 常在孩子面前评说别人长短

孩子对父母的言行举止很容易就能心领神会，以情通情。在处理发生在周围身边的关系和问题时，孩子是向家长学习的。父母的一切行为都会像录像一样录在孩子的头脑中，一旦时机成熟，就会显现出来。父母亲遇事欠缺理智、感情用事、脾气暴躁，孩子不分好坏地吸收父母的人生弱点，在行为中，养成习惯。

29. 认为孩子的缺点必须用批评才能改正

批评不是改正孩子缺点的法宝。不正确的批评适得其反，反而会挫伤孩子的自尊心，于是没有了自信心，没有了热情，也会不自觉地失去责任感。

所以，家长在对待孩子的缺点时，轻易地表现怒气、乱用批评是非常不可取的。

30. 常说："你怎么这么笨？"

孩子没有自信就是在我们家长的这种肯定的评价中失去的。我们不经意间说的一句话，有可能成为孩子一生的羁绊；不经意间说的一句评价，有可能成为他多年揭不去的错误"标签"。

31. 常在生气时斥责孩子："你啥也不是！"

这条和上一条，家长往往是一时气起，不顾一切了。实则是对孩子自我价值的一个否定。当一个孩子真的承认了父母的这一判断时，这实际上是给了孩子一个真实的心理暗示。孩子一旦不思进取，根源在于此。

32. 你认为学习是痛苦的

父母与孩子之间，血亲缘关系是天然而密切的，"血浓于水"。父母的喜怒哀乐愁对孩子都有强烈的感染作用。家长高兴时，孩子也会参与欢乐；家长烦躁不安郁郁寡欢时，孩子也会闷闷不乐。即使是幼儿也是如此。父母遇事惊恐不安、手足无措，对孩子的负面影响就强；家长处变不惊、从容冷静，孩子也会如此。痛苦的体验、快乐的体验都会很快传入孩子的体验中。它的影响是非常大的。

33. 常说："只要你好好学习啥条件都答应你。"

这是我们前面所说的有条件的爱。在"爱的交易"中，孩子是懂得讨价还价的。孩子的自私、骄纵、无责任都是从这个温床中滋生的。

34. 认为孩子学习的好坏取决于他的聪明程度

天才是教育出来的。学习的好坏取决于你的教育方法。父母的教育是不是给孩子以一种学习的动力，是不是让孩子养成了自主学习的习惯，这才是孩子学习好坏的关键。

35. 认为孩子将来的命运是他自己创造的

父母在孩子心中具有绝对的权力和威力。在孩子面对这个陌生的世界时，他把绝对的信任留给了父母。所以，孩子的事情孩子自己来做，这是大家都

能接受的。其实，孩子的生活对父母有很大的依赖性，父母对子女有较大的影响力。父母的教育易于被孩子接受和服从，家长利用这一特点，对孩子良好品格和行为习惯进行引导，才是孩子走向成功未来的基石。

小朋友们做游戏时，经常会争执起来。而这时，往往有说服力的议论是："我爸爸是这样说的。""我妈妈是那样做的。"父母教育决定了孩子如何接受幼儿园、学校及社会的教育。良好的亲子关系，是孩子走向未来的金钥匙，它是孩子最先面临的一种重要的社会关系。在这种关系中，几乎体现了社会人伦道德的各个方面。

36. 认为人的性格是不可改变的

人是环境的产物，我们的性格也是环境的产物。孩子在一个谦和的环境中，他自然就学会了礼貌。性格不是不可改变的，是我们的心性这么以为，实际为自己的拙劣找了个堂而皇之的借口。

37. 认为成年人是不可改变的

要想孩子有个好的学习态度，父母要先带头学习，成为学习的主体。太多的成年人以为自己是不可改变的，在今天这样一个"学习型"的社会，这是一个大错。父母与孩子在新知识面前几乎处在同一个起跑线上。

成年人是可以改变的，因为他们也要犯错误。父母"爱学""乐学""善学"，想改变，才能成为合格的家长。"只要孩子好好学习，不要自己天天向上"的父母是不受孩子欢迎的父母。

38. 当孩子说一件得意事时你却警告他别骄傲

只关注孩子的衣食住行，是给孩子最可怕的礼物。当孩子因为自己的成就高兴时，父母的一个眼神，都可给他做下去的勇气。孩子在得意时，太多家长是泼上一盆污水："别骄傲，有什么可炫耀的!"与孩子的沟通分享是给孩子的最美的"心灵鸡汤"。

39. 认为自己该做的事都做了，好坏全在孩子了

你了解孩子各阶段的生理心理状况吗？了解孩子的需求，了解孩子的喜怒哀乐吗？给孩子做了许多，我们发现我们并不了解孩子，孩子最渴望的是有人走近他的心灵。父母必须认识自我，激发孩子的潜力，其实孩子的好坏全在父母。

40. 认为孩子在学习上一点不着急，自己却急得团团转

孩子的学习是他自己的事，这是你要告知孩子的基本事实。孩子要走向社会，面临各种关系。父母一味地干涉、代劳，这是不可取的。父母在孩子生命中应扮演双重角色：既是孩子安全生存的保护者，又是他的人生向导。在尊重孩子人格的基础上，应宽则宽，应严则严，给孩子自己做事和承担责任的机会。

我们比照一下自己，看你有多少条。其实这个家长测试表就是一个警钟，也是一个参照系，你看看自己现在有哪些？这是你下一步学习博瑞智家长培训课程的一个基本比照。

**这个家长测试表就是一个警钟，也是一个参照系，
家长看看自己容易犯其中的哪些错误。**

第二节　家长职业的特点

1. 最需要训练却最没有训练的职业

实际上如果你了解了人成长必然的规律性，你会发现天大的荒谬：在这个世界上，没有一个职业，能够比像家长，把一个初来世间的小生命培养成一个杰出的人，这样更复杂的职业。在教育孩子的问题上，可能一个不经意的眼神就会导致孩子的人格转型，甚至毁了孩子的一生。

所以，在家庭教育的问题上，百分之百不是小事，但这样一个复杂精微的事物，像你把高精尖的电脑打开，里面的精微程度，动坏任何一个，就会导致问题。人的精神世界里，在看不见的距离之间就有无数细胞，要比计算机精微得多！做医生，大约需要十年时间可以成为一个成熟的医生。做律师、做小学教师……甚至当饲养员都需要经过训练。但是，当我们面对人时，因为自己是人，我们有一个基本的思维方式叫"以己推人""将心比心"，认为我喜欢的事情，你也应该喜欢。然后，我们把自己在成长中的经验当成真理去教育孩子。这是目前90%的家长所做的。如果是在严厉的父母膝下长大的孩子，如果是在苛责、打骂、不通情达理的环境下长大的孩子，长大以后再做父母教育孩子时分成为两类极端。一类是，继续严厉管教孩子："我爸我妈就是这样做的……我在那样的条件下都长大了。现在你的条件这么好，你怎么能这样……"另一类是，"我决不让孩子受我妈对我那样的苦……"第一类人是一点反思能力也没有，是上一辈人教育方式的翻版，后一类人则走上了溺爱的歧途。

在这些问题，如果我们不能从经验中提升出规律来，很多人走向虚无主义。"这玩意儿没有规律，孩子不是那样的，没有用……"我通过现在的研究，认为教育子女成长百分之百是有规律的，如果你找对了一个孩子的成长规律，那么对他的教育就太简单了！

我在全国各地进行博瑞智中学生潜能训练营的培训。第一天孩子来报到时，你发现那些孩子"七个不服八个不愤"。你想象，一个中学生，竟然满身刺青，叼着烟进来了，大家一定想知道我是怎样做的。我对这些孩子没有丝毫的苛责、批评、仇恨。我真真切切寄予深切的同情，因为那是一些受伤害的灵魂。如果你能理解这一点，这和同情腿断的人是没有差别的。他的生活

环境里，他没有被别人尊重，他学会了不尊重别人；他没被人真正爱过，他也学会不爱别人；没被别人当做重要的人物，他学会了自暴自弃、自轻自贱。所以，我不断强化，让孩子提升自己的自我价值，让他感觉自己是很好的，每个人都尊重你、爱你。第三天你再看那些孩子，他们发生了180度的转变，变得温顺、礼貌，变得想学习了！十年和父母对抗，现在跪在妈妈面前告诉妈妈："我错了！我真的爱你，妈妈！"当时，在场的所有人包括工作人员，全部泪流满面。经历了这么多场，那个场景仍然是我最为之动容的。只有找准人性沟通的通道，再经过持续至少三天的努力，孩子才能够改变的。

教育孩子百分之百是有规律的，需要我们参加训练并不断学习才可以掌握。可奇怪的是98%的家长都没有经过训练，很多人是"一不小心"做了家长。2003年我应邀参加黄鹤飞先生组织的"首届全国家庭（亲子）教育论坛"，做演讲嘉宾。其中有一位团中央朋友发言说，他将为中国家长持证上岗而努力，这是一个教育工作者的基本社会责任感。

2. 在教育孩子问题上，不单需要方法，也需要智慧，更需要情感

做真正优秀的家长，要学会的第一个是：方法。做任何事情，成功一定有方法。请各位家长树立一个信念：如果你看到你的孩子的行为表现不好，不如你所预期，那么就说明你没有找到正确的方法，把他培养成你所希望的样子。这就好像馒头没蒸熟，不是馒头不能熟，而是蒸的方法不对。

如果只有方法没有智慧，就不知道什么时候该用这些方法。智慧，就是用你的头脑对事物进行判断，什么时候该用什么方法。即知道什么时候该做什么事的能力叫做智慧。没有智慧，方法一点用也没有。

有两家相邻而住，一家的大人去邻居家借工具，只有孩子在家。

"你们家垛墙的工具都在家吗？"

这家的儿子应声："在家，你借哪个？"

父亲回来后听了，教训儿子："你太傻了，说话要活络点。"

儿子不解，父亲说："你得这么回答：'有的在家，有的不在家，你要借的那个不在家。'他不就没办法了吗！"

儿子点头记下了。

没过两天，有邻居来问："你爹在家吗？"

儿子刚要作答，忽地想起父亲的话，说："有的在家，有的没在家，你要找的那个没在家！"

说话活络点，是方法，什么时候说活络话，就是智慧。

教育上，该表扬时，你批评；该鼓励时，你打击；该煞他气焰时，你又鼓励；……有多少家长，在家庭教育上，演出一幕幕荒诞剧：5岁的孩子就可以制约他！可以给他进行专政！这是在教育孩子上缺乏基本的智慧的表现。

教育孩子和教育成年人不一样，教育孩子最重要的东西是情感。

如果家长和孩子之间没有情感流动，单纯的说教那是最危险的！甚至比打孩子两巴掌还要危险。你在教育孩子中说的道理，是透过情感这个"针器"推到孩子的心里的，如果没有情感的推动，对孩子的说教什么意义都没有。

所以，我们的家长培训课程是两天两夜的设计，这两天两夜我们不单要学习教育孩子的方法，还要学习了解人的智慧，还要把我们的情感调出来。你创造了那个生命，他需要情感才能把他的生命托起来！相当于用情感把孩子生命的气球吹起来。

3. 感觉胜于行为，行为胜于说教，说教胜于打骂

这是四种不同的方法：感觉、行为、说教、打骂。

家长在与孩子相处的过程中，综合传递的感觉是直接被孩子接收到的。这正是孔夫子说的"身教胜于言教！"很多家长说，"教育孩子，首先得以身作则。"这在孩子的人格教育上是正确的。但在做事上，不全然是这样的。我曾经和我父亲谈话说，如果我们哥仁儿完全按照您的方式做事情，那么发生的事情是：内蒙古通辽市扎鲁特旗香山农场又多了三个拖拉机手。

我们说：行为的示范作用要胜于你对孩子说道理、教训。

举个例子，假如一位瘫痪在床的母亲，无法为孩子做任何的示范，她的丈夫是一个平庸的农民，这位母亲无法对孩子进行说教，但是她透过眼神对孩子表达期望与爱，就把这个孩子彻底地激励起来！道理在哪？眼神、感觉所传递的情绪。对孩子的期望、信任、无条件的爱。爱是一种感觉，如果人类所有的东西都要用行为进行示范，人类就得重新回到树上去了！我们不超越我们的父辈，人类如何进步。"你都做不到、学不了，你让我做、让我学！"这是关系出了问题以后才出现的新问题。

在教育孩子问题上，一个优秀的家长，你可以什么时候也不做，你仍然可以把孩子激励起来。这是对孩子行为的教育。

你对孩子的爱、关怀、信任、期望……你的目光所综合传递的感觉直接就被孩子所感觉到，这是直通车。

我们后边说的三个东西，得经过孩子的大脑，行为得经过孩子选择，孩子觉得这个行为好，所以我模仿，我选择，然后进入了他的生命里。说教得

经过他的大脑，他的价值判断，有没有道理，没道理，你们成年人就这么说！他可能把你的说教全过滤掉了！而感觉会直达孩子的灵魂深处。这一点我们所有成年人都知道。爱就是这样，你和别人谈恋爱是说出来的吗？"眉来眼去"是什么意思？眼睛传达的对方直接接收嘛！如果是写情书，还要经过价值判断。可是爱的目光、爱的感觉直接就能接收到。

对于家长来说，如果我们平时没做对事情，又希望孩子力争上游，发奋图强，那是没有可能性的。

4. 家长这个职业需要大量的背景知识

（1）关于人的基本知识

迄今为止，我们发现人的存在是宇宙间最大的秘密。人的功能太强大，如果我们了解他的成长规律，把他培养成天才将是易如反掌的事。

（2）关于教育学的基本知识

这是个系统的事情。教育者与被教育者在孩子生命初期形成的关系对孩子起决定性作用。

（3）关于心理学的基本知识

不知道孩子想什么，一再从外在控制他的行为没有意义。人外在的动作是由里边的心理动因决定的。所有家长认为不许的，孩子都能找到正面的意义。

（4）关于人际互动的基本知识

任何两个人只要互动，就会形成固定的关系。我们会按照固定关系所设定的情境状态来行为。人永远是"见人下菜碟"，在人际关系学上这叫回应式模式。

第三节 亲子沟通的平台

如果我们把背景知识统一一下，培养孩子的事情是完全有规律可循的。所以，我们不妨先搭建可供对话的平台，在此基础上进行可行性的探讨。这四个平台是：

1. 人的含义的重新审视

首先，"人"的含义我们完全可以重新审视，在这里离开了普通生物学的

人的概念，我们来看所谓"人"的三重含义：生物人，心理人，社会人。

（1）生物人

人是一个有机体，它按照生理规律成长，需要与外界交换物质能量才能生存。这是生物人的基本层次。人在此层次上遵循物质平衡的法则，不断地追求快乐，逃避痛苦。人首先必须有足够的衣食住行保证，才能进行其他活动。在生物人的含义上，人是严格按照"逃避痛苦，追求快乐"的原则来处理自身与外界的关系。

（2）心理人

生物人的基本需求满足了，大约1岁时，人开始形成自我认识的观念。人必须符合一定的心理规律，具有自我价值的人才能成长，感觉才能良好。人审视自我，确认自己在父母、在他人心中的基本位置，并按此判断做以相应的选择。这在他的潜意识里已经开始形成。心理人可以意识到自我的存在。人的自我意识产生。

（3）社会人

人是群居动物，离开人群，人的所有特征就不存在了。人是借由和其他人产生认识，在互动中来了解自己的。这就是人的第三重含义：社会人。社会人是在人与他人、社会群体的互动中长大的。

2. 人的三个层面

人在处理问题时有三个层面：观念层面，情感层面，行为层面。

（1）观念层面

观念层面，是人身上的方向系统。所谓观念是人的大脑中对一个事物形成的思想集合，是理性的、理智的。在这里，人区分基本的对与错，从而形成一定的方向，组成一个判断的系统。在这个层面上，人处理某个问题时是通过讲道理来传达的。所以，许多时候，我们是不厌其烦地讲道理给我们的孩子听，这是不是可行的办法呢？停留在观念层面，陷入讲道理给孩子听的误区，是我们惯常的处理问题的方式。其实，孩子懂的道理完全不是讲道理能讲通的。

（2）情感层面

情感层面，是人处理问题的核心层，是人身上的动力系统。对于问题的处理，如果不落实到情感层面，观念浮于其上，就没有使一个人产生行为、发生动作的动力。我女儿曾经对我说："爸爸，我知道你爱我，可是我没感觉到。"我觉得，我们对孩子的爱应该是无条件的爱。在这种纯爱中，孩子可以

有足够上进的动力，引发他身上的情绪。关键让他感觉到，才能成为他身上的动力。爱因斯坦在一次物理学、化学家、数学家们的聚会上曾经讲过一段这样的话："我们看到，普朗克先生是专心致志于这门科学中的，而不是使自己分心于比较愉快的和容易达到的目标上去的人。我常常听说，同事们试图把他的这种态度归因于非凡的意志和修养，但我认为这是错误的。促使人们去做这种工作的精神状态，是同宗教信仰者或谈恋爱的人的精神状态相类似

停留在观念层面，简单地讲道理给孩子听，是家长们
惯常的教育方式，其实孩子们是不吃这一套的。

的。他们每日的努力并非来自深思熟虑的意向或计划，而是直接来自激情。我们敬爱的普朗克先生今天就坐在这里，内心在笑我像孩子一样提着第欧根尼的风灯闹着玩。我们对他的爱戴不需要作老生常谈的说明，我们但愿他对科学的热爱将继续照亮他未来的道路，并引导他去解决今天理论物理学的最重要的问题。"这是爱因斯坦对于伟大的物理学家麦克斯·普朗克的评价。不难看出，一个人的成功是和他的执著其中的热情和情感分不开的。有了宗教狂热者和热恋情人的情感状态，就是人对他所做的事的有力地推动。我们都

知道，爱一个不该爱的人是不对的，有悖伦理的，可是我们看到的是更多的人是那样做了。其实，在情感和理智中，人们的潜意识是更接受情感的。

（3）行为层面

行为层面，指一个人固有的他自己的行为习惯。所谓行为层面，这是说人的行为轨道，相当于一个行为在神经中通过反复运动后，完成的轨道。一个人每天阅读两个小时，阅读训练三千小时，大约七年时间，不断维持注意力，你需要做的就是维持，你就可以成为某个方面的专家。这是一个反复的行为，形成一种习惯。一旦行为习惯养成，相当于建立了一个有效的条件反射。其实，养成一个喜欢学习的行为习惯，一般需要大约二十一天。

事实上，我们总是观念太多，对情感不知，没有有意识地反复行为。成年人听到一个正确观念，只有10%养成习惯，90%的人听完观念就结束了。太多的人停留在观念上，而没有形成一种行为习惯。于是，我们只为我们的孩子准备了足够的物质资料。然后，就不厌其烦地皱着眉头，等待孩子有好的习惯。正确的思想应该是：在教育孩子要好好学习上，重要的是教给他该怎么去做。

一般的孩子六岁上学前班，你告诉他："不学习，你就得捡破烂。"这是观念的东西。一旦孩子学习了，会背一首小诗，你就抱起他，亲他，他就有了动力，这是一种激励他的情绪。孩子会用这种快乐的感觉，促使他一次又一次地做下去。两岁左右，一般的家长都要教孩子认字，读小故事，学写字。这时教会孩子阅读，培养孩子的学习兴趣，都需要情感的力量。对一个九岁孩子的教育，如果家长少说，多做，总是抽出一些时间，和孩子一起写作业，你坐在旁边观看着。你是在重复着自己的童年。这样的事实给我们又有多大的启示？

教育孩子就是在雕塑。这三个方面的完成实际是一个大的方面，要养成诸多的习惯，大多数的人都是只停留在观念层面。一个人在十八岁以前，理性还没有完全成熟，他对他的行为和结果还没有明确的认识。在法律上，十八岁以后，一个人才能听懂道理。孩子的年龄越小，讲道理所能起的作用越小。一个孩子在十二岁以前是基本上不懂道理的，主要靠情感的动力来行事。教育我们的孩子，只有从这三个方面下工夫，才能有效地让孩子的优点得以巩固，使之定型化，从而成为一种优秀的行为习惯。

3. 教育的缓发性

大家都知道，在大海上航行的航空母舰，如果在急速行驶时看见座冰山，要是按照惯性动力，航空母舰是无法停下来的，只有来个 90 度的转弯才能避免撞上冰山。人是一个有机体，不论完成什么动作，都有它的迟延性。只有持续不断地沿着同一个方向，反复强化，经过一段的动作强化，历时一段时间，才能把一个动作在孩子的生命中确定下来。这就是教育的缓发性。

教育不是一朝即成的事。就像是蒸馒头要用锅里的蒸汽来熏蒸一样，如果只想烧开锅馒头就熟了，是非常错误的。孩子不好好学习，也是一个长时间养成的过程。

经过长时间养成的坏习惯，不可能一下子就转变过来。它要经过长时间才能转变过来。学习是一个行为习惯，不学习也是一个行为习惯。日本教育家铃木镇一曾经培养出七百多个神童，经过自己的教育，他得出一个结论：这个世界上是没有神童的，天才是教育出来的。

所以，改正孩子的行为习惯，需要做父母的有绝对的耐心。孩子的毅力只是人们的一种观念。所谓的毅力只是一种不自觉的行为习惯。只要在孩子的心灵镶上一系列的精神软件。纵深的三个方面，要落到行为习惯。这是缓发性的秘籍，孩子是在与父母的互动中长大的。

4. 亮点原则

每个孩子身上都有神性的光芒，只有你用灿烂的眼睛审视他，你就能看到孩子身上的亮点是那么多。在教育中找到孩子的亮点，不断地确认、表扬、鼓励、放大，让孩子找到自我价值，由此引发出成长的动力。

家长们必须明白，你的眼睛如果盯在孩子的缺点上，你下个世纪也无法改变他。我们必须让孩子自己找到自我价值。孩子对外界毫无兴趣的原因——自我价值极低。自我价值能让孩子感觉"我很好，我是有价值的……"这种感觉才让他腰板挺直。之后，他生出一种自我完善的需要，这时候，你教他方法，他才有改变的能力。第一个父母都是知道孩子既有优点也有缺点。你把孩子的优点像根嫩芽一样呵护，时间一长，逐渐放大，把优点固着下来。最后，在他的心理系统会产生自我价值升高的现象，一个人感觉自我价值升高，之后会产生自我完善的需要。就是要让自己有更好的欲望，如果没有这些，我们把眼睛盯在孩子的暗点上，不断地确认，不断地产生一种叫自卑感的东西，这种劣等感，让孩子产生巨大的痛苦，为了活下来，他会拼命地阻

抗别人，为自己辩护，找别人的缺点，以获得心理平衡，怕受伤害。在他的精神境界里，根本看不到自己的缺点，他因为在防护，而这时你和他说什么，越这样说他的自我价值越低。就没有了自我完善的欲望，没有这种欲望就没有动力，好像没有燃油的汽车，根本无法开动。

我们要真的想让孩子改变缺点，就是先强化优点，强化到他自己也认为他有这些个优点，然后，他自我完善的欲望开始产生，自我价值开始升高，这个孩子才产生我想要改变缺点的欲望。这个时候才可以改变。

我在做咨询时，我所做的第一个是转变孩子的观念，问他："你是一个什么样的人？"他自己说完以后，我来一条条破除旧的不正确观念。记忆力不好，不正确；没有理科天赋，不正确；没有文科天赋，不正确……把他错误的自我观念破除。第二个是表达我的欣赏，让他确立自我价值。逐渐这些孩子感觉："我真的挺好的！"

让孩子逐渐找到他的自我价值，你才可以指出他的缺点，告诉他："你必须改变缺点，否则你实现不了你的目标！"他开始想："好，我要改！"这才可能真的去改变缺点。所以要想让孩子改变的话只有遵循这个规律才可以。我做个不太恰当的比喻，七八十年代的植树造林，如果把一棵树移到本地来，这棵树有很多的树杈，都是不需要的。可是移来以后，我们正常的方法，是先把根埋进地里，浇上水，活了之后，枝叶长出来了，这时你才能把杈削掉，加上漆，如果树根还没有长住，就"咔嚓"一下剪掉枝叶，你没有错，树杈是不需要的！可是过早把枝杈去掉，引起水分流失，树也死掉了！这就是我们很多家长不断地批评、苛责、埋怨孩子的结果！你说的都对，可是把孩子自信心打击没了！最后，孩子缺点真的没有了，什么也不想做，不想学习，不想做事……有很多家长对我说："董博士，你说说我那个孩子，人格绝对没问题，但是他天天也不愿和别人接触，也不想学习，这怎么办呢？"

你现在知道这里面的深层原因了吧，如果一个孩子想要跟你冲撞，想跟你逆反心理，不听话，不断的犯错误……另一个孩子啥也不想做了。我问一问各位家长"教练"，你认为哪个孩子是可以塑造的？

我对什么也不想做的孩子，基本上也感到无能为力！如果他能跟我生活在一起，我可以用一个月，把他重新激励起来，重新燃起生命的热望，否则，一次谈话是不管用的。一个孩子不断地犯错误，不断地冲突，他的内心有把火，那是自我价值在燃烧着。还可以做，只不过方向不对，需要调整，校正过来就可以了；什么也不想做的孩子，就像炉子里的火已经灭了！你需要重新燃起他的自我价值，他现在的状态是长时间输入错误信息的结果，现在只

有家长用更长一点的时间输入正确信息，无条件爱孩子承认他的价值，才可以让孩子重拾自信。

第四节　成年人学习的误区

1. 成年人学习的误区

（1）学了不用

法国商学院院长麦克阿瑟说过："我们人类惯常的误区，在于把我们所学的知识或道理，变成我们字典上的词汇或口头的话语，而没有变成我们的生活。"这句话告诉我们：通过学习没有变成自己的生活是没用的。要学以致用，把学习得来知识变成为你真实的生活，不是浮于生活上面的一层油。

很多的朋友听过我在长春已经举办了170期的"博瑞智成功沙龙"讲座，前三年是每周讲一期，一期一个主题。有一次有一个朋友听了之后，我们有了这样一段对话：

"董老师，我这个人真没用。"

"你怎么这么评价自己？我们讲了那么多改变人类情绪、如何社交的方法，沙龙里那么多朋友可以交流，你怎么有这种想法呢？那些方法你都用了吗？"

"我认为没用。"

"为什么认为没用？"

"因为我没用。"

"那就对了，因为你没用，所以它就没用，最后你就没用。"

这不是简单的饶舌。仔细想想，道理如此：有那么多方法，因为你没用，所以就没用。于是，你这个人就没用。你没用是因为你没用。也就是说，我们受教育去学习，我们要知道道理。我们学了方法，你首先要使用。

这些教育方法首先是用在你本人身上，而非用在孩子的身上。对于我们在全国各地讲授的博瑞智家长培训课程中的一些方法，你也必须先融会贯通，才能学会，才能会用。比如说，今天你学了一个掰树杈子的方法。回到家里，你把你的孩子想象成是一棵树。你如何把这个树杈子掰下来？毋庸置疑，你先要加固树根，踩实树下的土，打牢基础。如果底下的地基没加固住，你是没法把树杈子掰下来的。到最后，树会连根倒下，这是一种全局的失败。所

以，我们必须融会贯通。以身试法，在自己身上先行实践。

把思考的方法，思考人生的方法，先用在自己身上，这样才可以。这样它才可能成为你教育孩子时的一个最有力的武器。要学以致用。而现在，大多数成年人学习则是学了不用。

（2）无法忘记过去习惯性偏见

这是我们成年人的最大毛病。真正使我们进步的，使我们成功的，使你教育孩子成功的，不是你在这本书里学到的新知识，是能够忘掉自己的偏见。如果大家能忘掉脑海中的固有偏见，那么成功的可能性就太大了。

我给成年人讲了十几年课，做了十几年的培训，对成年人的教育的最大难点在于：成年人在脑海中有几十年形成的观念，总是不自觉地起作用。"懂了！懂了!"他总是这样说。可是，在生活中，他还会按照自己的理解去做，这个理解里面实质是有一个先入为主的程序在起作用。还是无法真正忘记过去形成的固有的习惯性的偏见。

有家长曾经打来电话问：多大岁数开始受教育？我说："孩子3岁以上，上幼儿园到初中毕业以前。"家长又说："我的孩子才2个月，有没有0-6个月之间的课程。我就学0-6个月之间的知识就行了。"这个家长非常有意思。他的意思是说：学习是一段的知识管一段的。他脑海中学习的概念是：学这段就管这段，学那段就管那段。

也有家长说，几千年了，老祖宗不都是这样教育过来了吗？孩子的教育有什么呢！这是一种典型的习惯性偏见。如果老祖宗都是这么教育出来的话，那么家族里能出多少人才？我们习惯中的偏见是：从呱呱坠地，从1岁到20岁到50岁，都没经过我们刻意地研究怎么教育，可是我们也教育了，所以，孩子的教育被认为是无师自通的。

在脑海中，我们看到了这个世界，就认为这个世界就是这样的。这话不是简单的语言游戏。一个人从小被父母用父母的教育方式教育起来，成长、生存，生命没有突破，大多数的人以为就应该这样。如此，把无意识的教育传承下去。一个从小没看过父母之间有亲密行为的人，不懂他俩之间亲密关系的人，到了成年以后，他会一下子发现男女之间不过如此，这就叫爱。这几乎是一个孩子关于爱的全部理解：能在一起睡觉就叫爱。没有看过，没受过爱情教育，没有受过基本的人与人之间关系的教育，没有受过生存能力的教育，我们很多的家庭内部生存环境就是这样的。

实际上，真正杰出的人家庭绝不会这样的。在平凡的人与杰出的人之间，思维方法和教育方法是截然相反的。我们还以为，我们一面拿自己的习惯性

观念来看，一面却还不知差距何在。还心安理得地认为这个世界就是这个样子，本来没有大的不同。学习最大的悲哀莫过于无法忘记过去习惯性的偏见，还以为自己已经洗心革面了。

（3）过于实用主义

什么有用，我学什么。用着哪个东西就学哪个东西。太多的成年人把学习当成实用手册。这种学习，就像家里买了一台录像机，只要学会按哪一个按钮就行了。能使用就可以了。这就是过于实用主义。

一个人本着过于实用主义的学习态度去学习，他会把这种观念自然地传达给孩子。

有个初中的男孩和我有一段对话：

"董老师，你是老师，你说，学平面几何、解析几何有什么用？学函数有什么用？"

我问："谁给你传递这种观念呢？谁告诉你学函数要上社会上去用呢？谁告诉你的？"

"我们老师说的。将来这些社会上用不上。学古文干什么？谁说话之乎者也呀？"

我说："你觉得有用吗？"

"没用，但老师说，必须学。"

"一点用也没有？"

"没用！"

多可怕的一个观念，学初中课程要到社会上用？现在，我们没听人说："多乎哉，不多也！"这是过去人的语言，现在没人说，这是不错。什么叫舶来品？什么叫中国人的传统？什么叫修养？什么叫人生的事？如果把过于实用主义的思想传递给孩子，不论是你传递的，还是你身边的人传递的，还是你思维里的，这都是非常有害的。学习不像看说明书那么简单，学习是从心灵深处去改变人。

也许，你只是想学点方法，过于实用主义。最后，此种教导之下的结果，肯定是小实用主义者。他不会有真正高尚的人格，不会有真正大度的心胸。

所以，我对那个男孩说："你要是想当大商人，就得到哈佛大学商学院。哈佛商学院毕业了，年薪60万美元。孩子，你要是真有这本事，你就可以那样做；你要是想当个小商人，现在就可以上街摆地摊了。你用不着去学什么数学、物理、化学。当个街头小贩子，摆个摊，你已经足够精细的了。1＋3＝4，十年前就会了，用不着学了。"

这么一说，这个孩子有点想通了。

归根结底，是我们学习的思想过于实用主义。我相信：实用主义思想来自于我们的父母和老师。学习就是我马上能用，这是教育人的人真实的想法。我们不妨设想：如果学校里学的东西要是能化作你的生命，你会这样理解吗？我们理解了，形成我们的观念以后，他才能真正有他的生命，才能真正有用。

我讲的这个课程，有些家长说："我也能讲"。到头来，真的行吗？你真的能生动活泼地讲出来吗？我是把它融为自己的生活，我无限乐趣地去做。许多时候，依葫芦画瓢是不行的。关键在于领悟到其中的真谛，这是你手中一把无形的钥匙，它开启着一扇孩子心灵的大门。

成年人学习过于实用主义。我们是没有办法平心静气地来思考一些问题。思考意义、思考观念，骨子里觉得这都没用。

长春西五马路有一家快餐厅。严格来说，那是一个饼屋。饼屋主人是省吉剧团的一个名角，姓欧阳。70 岁的欧阳退休了，也不唱吉剧了。夫妻二人开了这家小店，烙起了薄饼。媳妇收钱，丈夫烙饼。因为是名角，所以小店里满墙都贴着屋主人当年的照片。小店生意很好，因为欧阳烙的薄饼又薄又香，特色十足，招徕很多客人。可有意思的是，他们夫妻之间几乎是打了一辈子仗。

一天，我们找了个靠角的地方，在小店里吃饼聊天。当时，媳妇招待客人招待好好的，也不知为什么，夫妻就拌开了嘴。这个小店，欧阳是头，因为他是名人！媳妇生气了："你以为这是舞台呀？"

听着欧阳妻子的话，大家都被逗乐了。

这是一个生活中的平凡的幽默。欧阳是小屋的主人，是个名角。"你以为这是舞台呀？"有它的弦外之音。舞台上，他是主角，生活里是这样吗？小店里也是主角？什么都是你说了算呀！

我们很多人认为理论是理论，生活是生活。其实并非如此。我们所说的理论是从生活中来的，就是生活。在欧阳的妻子看来，现实生活和舞台是完全分开的。他们俩一定是干了一辈子的仗。妻子是一个小市民，她心中的理论是这样的，和我们太多的人一样。欧阳是娱乐圈中人，浪漫如戏。一个非常实际，一个过于浪漫。当一个人过于实用时，他就不能考虑到事情的深刻思想。不能举一反三。此人身上的事到了彼人身上，就会有不同的理解。实际上的问题在于此。

（4）自己不想改变，只想改变对方

我们自己不想做深入的改变，深入的反思，是因为，我们已习惯了过去

的方法，我们太习惯了过去的生活。生活的真实是这样的，我们如果想改变别人，必须先改变自己，这是真实的逻辑。

我们的家长太想来这里讨个秘方了。实际真有个秘方，我们现有知识和能力足够使用这个秘方。可是当我们不理解这个秘方，也不理解这种意思时，在脑海中会形成什么样的想法呢？阿里巴巴有他的咒语："芝麻开门，芝麻开门。"门一下子就开了。这种秘方其实是没有用的。

真正的秘方在哪里？在于自己首先做出改变。这个前提下，教育孩子一天就是五分钟、十分钟的事情。家长哪有时间一天不停地看着孩子做作业、看书、写日记。天天不厌其烦地在孩子耳边唠叨。我们没有那么多时间，也不可能那么做。如果那样做的话，只有一种解释，根本不把孩子按"人"的方法理解。这就是秘方。

打开这本书，你想得到一个可解百毒的秘方，如果你的目标是100%，最后你所达到的只能有40%，你会觉得这里的道理很好。很多观念清清楚楚它本来就在你的观念之中，在你的意识里。对你只能起到40%的作用，对孩子来说，就更要打折扣了。如果你是发自内心想改变，我们完全可以把你的孩子在三到五个月的时间，由过去的问题孩子转变到良性发展。你如果急于求成，三天能不能改变？这本书就没有那个魔力了。

现在，借由三到五个月时间，持续地朝着一个方向努力，确认我们的孩子，你一定会达到目的和效果。前提是弄懂这些基本的道理，你就拥有了这个可喜的"秘方"。

现在，我们先假设你有一个秘方：批评。一句话能把孩子批到南墙上去，起到的是反作用；一句话也可以把孩子批评服气。让他觉得自己确实错了，应该做出改变。那么，怎么批评孩子呢？

有时，我们觉得自己是真心为孩子好，恰恰是我们的爱心毁了孩子的一生。不是有的人这么照顾孩子吗？从孩子一生下来，几乎无微不至。你的这种态度，证明你其实是一个十分自私的人。最后，孩子却变成了一个横行霸道的人。在我的价值观中，这样的母亲是应该被吊起来打的。你的这种为了自己的爱，不仅毁了孩子的一生，最后自己还满肚子委屈。如果从你生下来，所有的事情都不让你做，到五岁，到八岁我都不让你刷碗、系鞋带、自己吃饭。为了在别人面前，让人说你是一个有善心、有爱心的母亲，要善意地表达自己内心的爱。否则，你就觉得自己是一个坏母亲。爱孩子，找到你自己的尊严感，找到你自己的价值感。其实，孩子变成了你的小鸟，一个宠物，最后被你玩坏了，原因是你没有把他当人对待。

所以，我们自己不想改变，却希望要得到孩子根本的改变。为了改变孩子，必须唤起我们自己的爱心，你必须先改变。光知道学个秘方，是学不来的。书本里的话和你的话是不一样的。因为我们的孩子、我们的情境不一样。我们怎么瞅着孩子说，我们的眼神与动作是不一样的。

有一次，一个家长领了他的儿子来。那个小男孩简直就是个天才，绝顶聪明。父亲说，上次找个吉林大学的老师给小男孩补课，小男孩就说那个老师不好。后来，接触了我，看来他对我的印象还行！其实，我也委婉地批评了他。但是，我是在保护他的人格、尊重他的人格、尊重他的自我价值的基本原则上批评他的。人是好的，行为上是有问题的。我们讨论的是他的行为，人没有问题。三个月把他的观念调整了过来，开始正常发展。我说："像你这样智商的人应该念哈佛大学。你要有这份雄心和上进心，这对你非常重要。"孩子不正确的观念，不正确的做法，需要探讨。不论这个孩子是一岁还是十八岁，不论他是农民还是将军，如果你能把他当平等的人来对待的话，他肯定会成功的。

（5）认为学习是痛苦的

如果我们家长自己认为学习是痛苦的，你会把这种痛苦的感觉自动传给孩子；如果你认为学习是快乐的，你也会把这种快乐的感觉自动传给孩子。

认为学习是痛苦的，就停止自我生长，这也是多年养成的积习。一个习惯就是你真实感觉：学习是一件痛苦的事情。于是，每到学习的时候，你马上就感觉到痛苦。一旦你有这种痛苦的感觉，你就会给孩子传递过去。这本书会告诉你，让你体会到学习并没有想的那么痛苦。学习是一件快乐的事情。

你认为学习很痛苦，那是因为你的老师太差，你周围的环境太恶劣了。我们设想：假如我来教大家小学中学课程，学习就是太快乐的一件事情，太简单的一件事情。学习有什么难的呢？孩子其实是不了解这个事情的。由于愚蠢的老师和愚蠢的家长把感觉传递给孩子。每次我讲课，大家都不乐，所以我会不敢讲，感到很痛苦。

农村长大的我不懂考大学难度到底多大。当时，我们从来没见过大学生什么样。毛主席逝世的那天，1976年9月9日，从师范学校分配来一个大学生。这是我们那个小学校的一件天大的事。那天，我们全体小学生帮他用小推车推行李。他是学中文的，分到我们厂子去教书。我一边推着车，一边瞅老师，从下边瞅到上边，从左边瞅到右边。看这个老师到底比我们多点啥？那种感觉是：老师怎么和我们正常人差不多呢！

如果我们家长自己认为学习是痛苦的，你会把这种痛苦的感觉自动传给孩子，反之亦然。

1977 年恢复高考，190 分就能上大学。我们整个农场的人参加考试，其中有一个粮站的北京知识青年，他考了 170 多分，没考上大学。据说数学考了 60 分。人们说就那么难！这就是人们观念的传递。

1978 年时，我们老师和我一起考大学。当时，报名费三块钱，我就去了。我是初中毕业，当时也没想考大学，也没有什么包袱。结果，我的数学得了 70 分。初中课程我学完了，考大学的题我就能得 70 分？结果，我信心大增。原来没有人们说的那么难！

然后，我就上了县一中。1980 年，部分老师又和我们一起考大学。我是考了 400 分，我的老师考了 270 分，中专都没考上。和我一起的，并且是教过我的老师。当时，我就觉得：在人们看来，考大学那就太难了，学习简直太难了。

记得有一次，课堂上老师就这么讲："三角函数不好学，同学们要注意！"老师给你的感觉暗示就是：三角函数太不好学了，这东西太不好学了。我的一位高中几何老师，从师大毕业，到我们学校教学。在解析几何课前，他发表讲话："那个解析几何，大家要注意，大家要好好学习！解析几何很难学，高中学生，十个有三个学不会。有三个学好就不错了。"当时，我想，解析几

何真的那么难学吗？开学了，数理化书一出来，8 册书我全买了。解析几何书 360 多页，从第一道题我一直做到最后一道题。解析几何的题，我做的比老师还快。所有高中解析几何题，我没有不会的。我就不信，它能难到哪？不就那么几条线：抛物线、双曲线、椭圆、圆、直线，就那么几条线，然后，用几个方程导出，有什么难的？老师觉得更难，难死了！他一说难，在学生那里是要翻倍的。大家想：我教你们，我要说难，你们会怎么想？人的智力不是这么开发的。老师觉得难，家长觉得难，孩子自然就觉得更难。这种观念的传递在不自觉中进行着，深深影响着我们对孩子的教育。各位家长，在生活中的每一天，你有多少这样的心理暗示在误导着孩子？

一个家长曾和我说："现在小学四年级的孩子课业多重啊！"我说："我想知道你孩子的课业到底有多重？"家长们可曾想过，你说课业重时，会给孩子的心情带来什么样的影响？孩子怎么说的："这不得累死我吗？这么大的小孩能学这么多吗？"我想问你："你的孩子到底学多少是重的？学多少是轻的？"

"拿 15 斤的东西是重的？还是拿 20 斤的东西是重的？多少是重的？多少是轻的？"有的家长说："那你就看他是怎么拿法？他要是觉得这个东西很重，他就觉得重，可能拿不了。"还有的家长说："一个是分谁拿！一个是分怎么拿！"对了。拿 10 斤的东西重吗？假如说一个五岁的小男孩子拿 10 斤的东西是不是太重了？这是分谁拿；再一个分怎么拿。孩子的课业到底重不重，没重到你说的那个程度。正是你的这种态度，让他感到重。

你这么说："课业太难了。"孩子就会本能地感觉到难。感到了难，孩子的学习状态就会受到影响，麻烦就太大了。实际上，他的困难完全是你给造成的。你告诉他，这东西太难了，太重了，他就是难的了，重的了。一个人的潜力几乎是无限的。如果一个人怀着一种非常轻松的心态去学习，学习这件事就太简单了。真正有多少课业？设想一下，中学课程，如果学习得法的话，整个初中到高中课程，一共六年课程，有三年足够把它学下来。孩子的求学道路并不是错的，可他的方法可能是错的。整个中学的课程，哪有那么重？我们把这个观念传递了，这样使得孩子觉得重了。

所以，我们很多家长要改变的话，那么大家要知道成年人学习的五个误区。如果不克服这些，也只是纸上谈兵、坐而论道。

2. 走出成年人学习的误区

（1）走出成年人学习的误区，大家需要突破自己的局限

在过去的几十年中，你形成了自己固有的观念、习惯和看法。要想教育好孩子，必须走出这些固有的观念。在理解这些观念，实现自己改变的途中，你必须把你过去的习惯、过去的经验，先放起来一段时间。在接受一种观念，在一心教育好自己的孩子的同时，你应该全新地接受这些理念。否则，总用你传统的观念来进行对抗，用你习惯的观念来对抗，最后，我给你传授的方法没学会。这样的学习是一种徒劳。

所以，要求大家放下过去的习惯来学习。

（2）走出成年人学习的误区，要学而时习之

"学而时习之，不亦乐乎?"孔子这样教诲后人。意思是，学习了，就要努力地不停地实习、演练学过的知识。这样才是真正的学习，就是学以致用。我讲了一些基本理论、基本手段，大家必须用，一个是用在自己身上，也就是说，你要改变自我观念和改变自我态度，你就可以用。另一个是用在自己孩子的身上，有一些技法的东西，你必须勇于在实际和生活中大胆实用。我让你怎么说，你就应该怎么说。学了之后，就束之高阁，方法就成了文物。接受了我的观点，证明你的方法不对，所以才要学习。从今天开始，按我说的去做。

（3）走出成年人学习的误区，要改变自己

家长教育课程，不仅仅是教育你、教育孩子，首先是成人教育的课程，是成功学的课程，是训练亲子教练的课程。

只有你改变了，你成为了一个成功者，你才能把这种模式传达给孩子。在教育孩子的时候，你一定要知道，你自己必须先接受教育。教育孩子的难度在于，我们欢天喜地地把孩子创造出来了，可培养孩子却需要很长时间。所以，大家在教育孩子的过程中，你自己必须先接受教育。

（4）走出成年人学习的误区，我们必须交流

把别人的长处，别人好的教育方法学来，把别人的弱点避免。也就是说，作为家长，大家要多进行交流，不搞一家一式的家庭教育。所以，在与这本书的互动中，大家必须是自己把真心话说出来，真正地解剖自己，这里没有自尊心的问题，我们只是探讨科学育儿的问题，探讨孩子教育的问题。不是说，他家的孩子培养得好，我家的孩子培养得不好，比他家的差，互相这种比较。面对孩子好的方面，一提起我的孩子这点好，做母亲的就眉飞色舞。我们就造成了一种互相攀比的情形，这都不对。我们要把真心话说出来，真正解决我们面临的问题，这也是我们要走出的误区。

（5）教育孩子其实是其乐无穷的一件事

如果你找对了教育方法，那么，教育孩子是人生最大的快乐之一。

大家设想一下，人生的快乐有多少种？人生的终极快乐就两个：一个是爱情；第二个就是亲情，这是终极的快乐，是永恒的。如果一个人在教育孩子上，包括自己和父母之间的关系上，找不到天伦之乐，找不到亲情，在爱情和激情退潮后，那么人生就太朴素了。如果亲情不稳定，不能体会那种恒久的亲情，那么自己就会觉得活着没劲。活着没劲，就把你的这种观念传达给孩子，孩子活得也没劲，所以孩子才不学习。

我想，会教育孩子的人能体会出在教育孩子中，树立了一个人的自信心那种无穷的乐趣。教育好一个孩子，你就会有一种成就感、尊严感、价值感。这对于一个到中年的人，恐怕是非常重要的人生一面，教育子女是其中最重大的一块。人生成功方面之一，就是教育孩子成功。

教育孩子实际上是非常简单的一件事。简单到什么程度呢？如果你使用对了方法，你好像什么都没做，就伴随着孩子的成长，孩子自然而然地成长起来。好像该干什么就干什么，也没有特意的追求。如果你要是教育不对的话，这个就难上加难了。有的家长说："我都快被他逼疯了。"其实，在教育的互动中，你和孩子的感受大抵相似，我说："你呀，你也快把他逼疯了。"作用力和反作用力是大小相等、方向相反，这绝对是一样的。所以，孩子快把家长逼疯了，家长基本上也快把孩子逼疯了。

苏霍姆林斯基在《孩子的心灵世界》中写到：教育孩子其实是最简单的一件事情，简单到什么程度，如果一个父亲能够把心态摆正，能够正视孩子，能够把孩子当人看，他把这种观念传递给孩子，那这个孩子自然就成长。关键是怎么把心态摆正？什么叫正视？怎么传达这种观念？这是根本。这个说简单就太简单了，要说难就太难了。所以，我们要是把这个方法讲会，教育孩子每天只需要十分钟就行了。其他时间，让他自己做自己的事情。只要每天在他身上投入十分钟就行了。找对方法，这是很容易实现的事。

我和我的三弟，现在任教黑龙江大学的董玉庭博士经常在一起交流。我说，父母教育我们，在我们那个地方，那是个奇迹。对于我们来说，从农村走出来，作为城市人。我们遗传了祖先的优秀基因。但是，随着事业的提高，随着生命层次的提高，我们发现，祖先的观念越来越限制我们的发展。我们必须检索出来，把它克服了，才有可能进步，这是我们经常讨论的问题。

我们的父母在我们身上，留下了很多优秀的东西。随着岁月的流逝，年龄的增长，你会发现有一些他们留下来的观念原来竟是错误的，你需要不断地检索。实际上，人都是这样的。我们的所有观念都是父母传来的。对大家

来说，我们必须把这些东西检索出来，要是学会了这个方法，教育其实很简单。当你知道了哪些是对的，哪些是错的，然后教给孩子，传递给孩子，这也是非常自然的事情。所以，我相信在我这里家长可以学到基本的教育观念，并且会轻松掌握。

对大家而言，假如你真的掌握了这种方法，并学会运用，孩子一出生，你就开始这么教育，那个孩子就太幸福了。假如孩子已经形成了什么样的问题，那就需要我们拿出三到五个月的时间，慢慢把孩子调整过来。我想对大家说，如果你的孩子到了十七八岁再去调整的话，就难了。

3. 博瑞智家长培训课程的要求

我每年会在全国各地举办几百场演讲、家长培训和中学生的潜能训练营（请登录：董博士家庭教育网www. dongboshi. com，咨询电话：400 8800 727），如果你有幸参加了我的家长培训课程，我希望你能做到以下几点：

第一，要参与。我们采取互动的教学方法。在这本书里如果讲十个方法，家长在家做到三个，就很伟大。我们要不停地练习。

第二，要投入。在改变自己和改变孩子这个事情上，你必须全身心投入，才能真正地改变。

第三，要应用。学以致用，是我们的一个最根本的实现方式。

第四，要做出改变。要有改变之心，原来不对的现在就要改变过来。

第五，要说真话，真情实感。

教育人是长期的工作，如果你的孩子是正常人的话，就完全能够教导好。一个为人父为人母的人都应该有这个信心，这样，我们的孩子就一定能够在他未来的人生事业中取得巨大成功！

第四章

学习的五大智慧与教育的天条

第一节　学习的观点

在这一章我准备给大家讲述下面几个观点。

1. 一个人的学习能力，约等于他的生存能力

现在是一个知识大爆炸时代，各种知识和观点层出不穷。所以这是一个需要我们终生学习的时代。我印象最深的就是在我念大二期间，刚刚费了一年劲儿把 ALGOL60 语言学完了。结果到大三呢？ALGOL60 淘汰了。又开始学 FORTRAN77，FORTRAN77 又学了一年，到大四又淘汰了。开始学 BASIC 语言，大学毕业了，BASIC 又淘汰了，开始学 C 语言。到现在，虽然我是专业学数学出身的，对于计算机原理应该还算不陌生，但是使用计算机的技术，和二十岁的年轻人相比还差得还远。这说明什么？说明这是个终生学习的时代。

比如说在很多领域，知识的更新换代简直太快了。我想大家都意识到，就是说你是法学博士毕业，但在你的领域，如果你两年不学习，恐怕就被淘汰了。因为新的司法解释，新的立法不断在产生。也就是说，这是一个知识层出不穷的时代，知识爆炸的时代。在这样的一个时代要求得生存的话，一个人他必须具备基本求知能力。我想所有人都明白，在今天这个时代，学习已经变成一种生活方式。

我想，对于中国人来说，城市居民应该理解一件事，在三十年前，对于城市居民而言，开车是一门职业，是一门固定职业，很专业的职业。而在今天，开车已经变成一种生活方式了。学习，在很久远的年代里边是少数人的特权，少数人干的事情。而大多数人到一定年龄，不用再学习了，可以靠自己的体力或者技能求得生存。而在今天学习已经变成了一种生活方式，是一

个人每天的日常生活。所以作为家长来说，如果在孩子童年没有教会孩子学习，那就等于没有教会孩子在未来求生的能力。现在的孩子因为有应试教育的压力，考试的压力使得家长追求孩子高分。这客观上也没有错，但是大家应该更深层了解这个问题，今天作为家长来说，孩子吸收什么知识其实是第二位的，最主要的是你要培养孩子学习的能力。因为他要终生学习，如果一个人不具备终生学习能力的话，他很快会被高速发展的社会淘汰。所以我希望家长真的把这个问题重视起来。

今天一个人的学习能力，约等于他的生存能力。

要真的重视起来，你就必须按科学规律来教育孩子学习。学习是个高度科学化的东西。关于学习，客观上讲，我们天天在想，天天在讲。中国人喊学习，重视学习，已经两千五百年以上了。可是真正懂学习规律的或者真正教会别人学习的，没几个人。客观上讲，因为学习当中牵扯到复杂的心理认知和人的行为模式，思维模式，这里头牵扯到很多科学的内部的规律。所以，今天我就试图给大家呈现出教育孩子学习的客观规律。家长要是真的重视孩子学习，不单纯是重视孩子的分数。而真正重视的是你如何在你孩子童年时打好底子，就像我们练武功，首先要把基本功练好，将来在这个基础上他才能真的把这个武功练好。如果一个人基本功没练好，他的学习能力没练出来，他即使学习了很多知识，在今天这个时代也很难吸收运用。所以，我希望家长重视这个问题，你真的重视是在根上重视，而不是简单的分数上重视。

我对于这个问题的理解，是在我女儿上初二的时候。有一次考试不及格，

我就问她：你这是好事还是坏事呢？她说：当然是坏事了！我说：我们设想一下，如果改卷时老师不小心误判了你的分数，你实际分数是五十九，他给你判得了一百分。那你觉得这件事是好事坏事呢？她当时木然了。我说：这是大坏事啊！因为你的分数没有把你的实际能力检测出来，把你实际的知识检测出来。而你不知道，你却觉得是好事，你只获得了虚荣。而你真正的知识，哪块有缺陷你不知道这是个大坏事。更重要的是，你在学习上应该重视学习能力的培养，对真知的求索而不是简单分数。分数是有很多个其他的干扰性因素。所以这个东西，它在一定程度上标志人的学习程度，但并不完备。其实一个人得到高分，只能在30%上标志这个人学习到什么程度，而你仍然有70%能力无法判断出来。

所以，一个人如果真的想要学会学习的话，他必须按客观规律掌握学习，按科学掌握学习的规律。这样的话，才能真的能学会学习。所以，我希望我们家长要由过去重视孩子的学习分数转向重视孩子学习能力的培养。这是一个根本性的转变。并且对这个问题要比以往更加重视才可以。这是跟大家沟通的第一个观点。

2. 家长的责任的转变

在传统社会，家长的责任就是教会孩子做人。用我们现在语言叫塑造孩子精神人格。至于孩子学习，学得好与坏，那是学校的事情，老师的事情。在旧社会是私塾的事情，先生的事情。而对于家长来说，并不是他的主要责任。

在今天，教会孩子学习，已经上升为家长的第二责任。在我看来，家长的第一责任是塑造孩子精神人格，第二大责任就是教会孩子学习。大家要注意，今天一个人学什么东西并不重要，学多少也不重要，他要学会学习要比学知识重要一百倍。如果一个真正有智慧聪明的家长，想要你的孩子在十年，二十年后，他真的能在这个高度发达的社会，高度科技化的社会，求得生存的话，你要明白，你现在教会他的知识很快就过时。所以，教会孩子怎样学习，比教会孩子学习什么知识要重要一百倍。所以作为家长来说，要高度重视孩子学习能力的培养，这是家长责任的转变。

3. 要教会孩子学习，家长首先得了解学习的内部规律

第一个基本规律，就是了解真知与符号的关系。作为一个家长来说，你必须要先了解你要教的是什么，你才可以教别人。你教孩子学习，你根本不

了解知识是怎么产生的，那你就没有办法去教。

究竟什么叫知识？我们教科书上的那些个文字、公式叫不叫知识？你问一百个中国人，至少有九十五个说叫知识。因为在我们传统教育体系中，从来就没有分真知与符号。我对这个问题的思考始于在大学期间读的毛主席的一句话，毛主席说：实践出真知。当时我就想，毛主席为什么用"真知"这个词呢？那知识还有假的吗？到了大学毕业才发现，这个世界上假知识太多了。第二个最主要的问题是它为什么说"实践出真知"？到底什么意思？到底什么是知识？后来，我深入研究知识体系才弄明白，很多人把符号等同于知识，其实这是个大误解。

我们教科书上的文字，我们的那些公式，比如说中学课本里的 $\sin^2\alpha + \cos^2\alpha = 1$，$y = f(x)$ 的函数表达式，各种各样的符号，这叫特殊符号。而我们的普通文字，我们大家写的字，我们教科书上的文字，叫普通符号。特殊符号和普通符号，统称都叫符号，它不是知识。它是干吗用的呢？它是用于记录、表述、传承知识的工具。我打个比方，现在我们在河的两岸，我现在有一吨橘子，要运给你。请问用什么工具？大家都知道，我们最好用船运过去。那么，我把橘子比作知识，把船比作文字符号，它是运载知识的工具，它并不是知识本身。我们把符号等同于知识，这是个大误解，这是对知识的误解。

我曾经有一次给一个城市的三千名老师做大型的素质教育报告。我在会上问这些老师，你们教人家知识，究竟教什么了？什么叫知识？大家都是老师，到底什么叫知识？参加会的有三千人，只有其中一人回答对一半。后来我又换个问法，我说，教科书上的文字，我们天天教孩子书上这文字，这是不是知识？有一个年轻的老师说，不是知识。我说，那是什么？他说，不知道。

其实今天我们要谈的第一个问题就是，什么叫知识？知识，就是人类的基本经验。要把它概括一个准确定义，就是人类的基本经验。从我们的祖先到现在，我们探索世界、改造世界，所获得的基本经验，就是知识。我们给它起个名字叫自然科学。由于这类基本经验太庞杂了，为了给下一代人传承下去，我们就对它进行分类，这是人的基本思维模式。

我们把对探索物理变化的这一类经验，给它起个名字叫物理学；把探索物质生成与分解这一类基本经验叫做化学；把这个从物理、化学和其他自然科学中抽象出来的探讨数量与数量关系，图形与图形关系的，组合到一块的基本经验，给它起个名字叫数学。也就是说，今天的家长应该明白，获得一

些基本经验以后，为了传承，为了表述的方便，我们进行一次抽象。把它抽象出来，然后分门别类。就相当我们把这些基本经验开始装筐，这一筐里叫物理，那一筐里叫化学，还有一筐叫数学，叫生物等，这是基本经验。由于这个经验还是过于庞大，怎么办？要想传承下去的话，我们就必须再对它进行概念化，把这个基本概念再抽象一步，进行基本概念的表述，先定义然后再把它进行逻辑体系编排，然后，我们创立了符号。把它表述下来写到纸上，中国人是纸张的发明故乡，写到纸上，让祖先死后，后代人能知道他当年到底看到了什么，探索到了什么。这样一代代传承下来，我想大家都明白了。这是我们在探索自然界中所获得的基本经验，通过分门别类抽象，再通过符号表述，变成了我们现在的物理学、化学、生物学、数学，等等。我们把它统称叫自然科学。

我们在探索人类社会生存法则的过程中，所获得的基本经验叫做社会科学。像我们的经济学、社会学、法学、政治学，我们把它混合统称叫做社会科学。同样的道理，也是对它们进行分门别类，然后抽象化，概念化，再用符号表述。

把探索人的自身，人的心灵世界所获得的基本经验叫做人文科学。比如像哲学、心理学、文学、艺术都叫做人文科学。

也就是说，到现在为止，我们把庞大的知识进行了三个大的分类：第一自然科学，第二社会科学，第三人文科学。那么大家都明白，道理是一样的，所有的这些基本经验，通过抽象，概念化，然后用符号表述出来。那么，像刚才我们叙述的，也就是让家长们了解一个概念，什么叫知识？知识，就是前人探索自然界、探索社会、探索人的心灵，所获得基本经验。然后通过概念化，抽象化，用符号表述下来。

那么，我们在教育孩子学习，教育别人学习的时候，容易犯的一个最基本的误区，就把这个符号当做知识，久而久之，我们就忘了，前人到底是怎么探索的了？我们跟这个基本经验脱离，跟真知脱离了。那个基本经验叫真知，而我们用符号表述。特别是中国人，我们的文字很难懂，我们古代的人创立的这个文言文，实际上是贵族语言。少数人占据的这个领域，而普通人没有这样的受教育的机会。在普通人眼中，会说之乎者也，就叫有文化，就是有知识。其实，这造成个重大误解：就是很多人在教育孩子学习，让孩子单纯背符号，把符号背下来，然后写上去完事了。他是否真的了解符号后面代表的真知？他可能并不了解。

仅仅凭着一张考卷来决定一个人的命运的话，这个离真实的情况就差太

远了。因为一个人可能有高学历，但他没有真知，没有真的学问，没有真的知识，这样的人太多了。实际上鲁迅先生早就已经意识到这个问题，他只是研究的不是很深入。他写了篇小说，讽刺这种人，就是只有符号没有真知的这类人。这个小说的名字我相信大多数人都看过，叫《孔乙己》。他会符号，他没有真知。所以他一生过得失败，贫穷破落，成为大家嘲笑的对象。

在现实生活中，你会看到很多这样的人。他大学毕业，研究生毕业，甚至博士生毕业了。分到一个单位，他在那说话的时候满口咬词，大段大段背名人名言。然后他一做点真事，做点正事，做点现实事，就什么也不会做了。然后，他自己还觉得生不逢时，怀才不遇。就觉得自己不被重用，其实这种人是教育的废品。从严格意义上讲，一个人他的学历越高，他的赚钱能力应该越强，这是成正比的。如果一个没受教育的人，他的生存能力反倒比受过高等教育的人的生存能力还强的话，那么，我想教育本身的整个功能就没有了。教育承担两个功能：一个是人化，把一个动物变成人，把它变成按人的方式思考，人的方式感受，这是它的基本功能；第二个功能就是培养它的求生能力。同样一个事物，受过教育的人怎么判断？没受过教育的人怎么判断？如果一个受过教育的人，还不如没受过教育人会判断的话，那说明什么？说明这个人就是教育的废品，这种人还不如不受教育。

所以作为家长来说，你要想教育好孩子的话，你必须了解真知与符号的关系。要想教育好孩子的话，我们人类只能通过符号来表述、记录、传承真知，这是人类的基本手段。所以，要后代人学习前代的经验知识，你就必须用书籍，或者其他手段，用这些符号作为承载方式，借助媒介来了解真知。如果你不明白这个关系，很可能你让孩子走向一个误区，他把符号就当真知。所以家长要想教育好孩子学习的话，让你孩子成为一个有真才实学，有真正能力的人，你必须在孩子童年就让他了解符号与真知的关系。你教导孩子，首先你自己得了解真知与符号的关系。

一个人把一首诗背下来并不一定理解这首诗，也不一定明白诗所代表的意境和表达的思想感情。比如说，一个五岁的孩子，用十分钟时间，他肯定可以把"白日依山尽，黄河入海流。欲穷千里目，更上一层楼。"这首诗背下来。他把符号背下来了，他能不能了解这首诗所传达的意境，所表达感情，所表达的思想？答案是不可能的。如果他在童年的时候，把这首诗背下来，就会获得高分，获得家长老师表扬的话，这孩子很可能滑入一个错误的轨道，就是他以后把符号当真知。在宇宙中有个最基本的法则：投入最小，利益最大化原则。那么一个小孩子，背符号对他来说当然简单。只要死记硬背，背

下来，写上去，我就会获得高分，就会获得老师表扬。这样的话，他大脑会形成一个习惯性通路，他以后所谓的学习就是背符号。他把符号背下来，他就以为他把它学完了。这样的人，受的教育越高越愚蠢，这是教育的废品。

所以，我们今天讲到第三个话题，就是了解真知与符号的关系。希望家长们在教导孩子学习的过程中要知道让他透过符号理解真知。真的掌握真知，这才是一个人学习的必由之路，将来他才能成长为一个有真才实学的人。

第二节　学习的智慧

大多数人，都知道学习的重要性，特别是我们成年人。很多人已经成了学习的专业户，天天学，他知道一个人要终生学习。可是，大多数人学来学去他只是在他大脑的资料库中增加了一些资料，他并没有真的掌握并运用这个知识。原因在哪里呢？他不了解学习的智慧。学习是个高度复杂，高度技术性，高度科学化的东西。所以，一个人要真的想终生学习，你要把知识变成你生命的一部分的话，那你必须具备学习的智慧。在这点上，作为家长，不论是你本人，还是你教育孩子，你必须了解学习的五大智慧。这样你那个学习才能真的给你带来正面的价值。很多人学习已经变成负面价值，他学了很多，但他只是简单机械地照用。比如，一些企业老板学习了很多管理企业的原则，学完之后用到企业管理上，结果企业越来越糟。为什么？因为并没有真的把知识学会，没真的把别人讲授表达的东西理解明白。要真的想教会孩子学习，不论是家长，还是自己本人，都必须了解学习的五大智慧。

1. 第一大智慧：听清或者认清符号

人类是通过符号来表述传承知识的。所以，我们只能是借用符号这个媒介来掌握知识。不论是教导孩子学习，还是我们自己学习，我们都要听清楚那个主讲人讲的是什么符号，到底是什么意思？

比如说，我们说权利（权力）这个概念，我现在用声音语言传达给你们叫权利（权力），就我们汉语而言，有两个权利（权力），一个是力量的力，一个是利益的利。这两个权利（权力），都叫权利（权力），但它有本质的区别，学过法律的人那明白。比如说"屹立"，屹立不倒，你这个人真有"毅力"。那么，他到底是要说的符号是什么？像这类同音词，汉语里太多了。所以你要想通过学习，通过听课的方式学习，你必须先听清学习的词汇到底是

学习的五大智慧：1．听清或者认清符号。2．理解意思。
3．体会与想象。4．实践与观察。5．反思与总结。

什么。那个词汇是符号，它到底说的是哪两个字。要是看书的话，通过阅读，你必须要看清楚它到底是哪两个字。这两个字，这两个词汇表达是什么意思。大多数人学习喜欢先入为主，他先自己建立一个信念，他听的时候心不在焉，他以为对方就是那么说的。如果我们把一个人的讲话录音反复听十遍。你会发现，你每次都能听到新的内容。因为我们人类的大脑，在接受信息的时候会自动取舍。我们对两种信息敏感，第一对你有利的，第二对你有害的。这是人类最敏感的两种信息，而你会自动舍掉那些你认为的，你大脑潜意识里认为不重要的事情，不重要的信息。所以孩子在听老师讲课，或者是我们成年人在听课的时候，我们的大脑会自动漏掉大量信息。大家可以回家去做个实验，你把一个人的讲话录音，然后反复听十遍，包括我原先的录音，你也反复听十遍，你每次都能听到新的内容。那原因是什么？大脑的自动结构功能：第一，大脑重视对它有害的，这是大脑潜意识的基本搜索功能，它会删除掉这个信息。第二，对它有利的，留下，存储。

所以一个人学习的时候，你没听清他到底说的是什么话，到底说的是哪句话，大多数人心不在焉，就会产生误解。所以，你教导孩子学习的时候，第一条认真，把那个符号，也就是词汇听清楚，他说权利（权力），根据上下

文，他说的是那个权利（权力），到底是利益的利，还是力量的力。那么他说这个毅力（屹立），到底是哪两个字？你要把它听清，这是第一大智慧。

大多数人不是这么做的，大都心不在焉，先入为主。他以为自己听清了，实际上，说者和听者，这两者理解的意思差别太大了。其实夫妻之间吵架，大多是没把对方的词汇听清楚，然后我们先入为主：你就是那么说的！结果会导致因为没有证据，双方打起来了。我建议大家，夫妻吵架之前先把录音机放上，等录完之后再去听，你才能发现对方说的话根本不是那个意思。他说的那个词汇也不是像你想的那样，我们大脑会自动把漏掉的信息，通过想象把这个词汇加上去，这样的话，其实对方根本没有说这个词，表达的也不是这个意思。

大多人学习，他为什么终生没有成就呢？因为他没有听清对方到底说的是什么，没把那个符号听清楚。对于没听清的词汇，他就先入为主，最后误解越来越深，他每天都在学习，其实越学越糟。他缺乏认真和听清的第一个智慧。只有这样，人家说话的时候，到底说的是什么词汇，你才能明白。这是第一大智慧，听清符号，或认清符号。

2. 第二大智慧：理解意思

理解意思，就是联系上下文，想想对方到底说的这个是什么意思？因为我们人类，是通过声音、图像等这些符号来传达意思的，这个意思就是所谓的知识。一段话到底是什么意思，它必须放到一个背景中去才能够有确定意思。

比如，我说一句话你觉得这话什么意思？我说：他是个老师。想一想是什么意思？我们设想，假如我们同学聚会，大学毕业十年，有一个同学做中学老师，其他的成了大款。同学聚会吃完饭，说每人交五百块钱，AA制，咱们去唱卡拉OK。同学聚会要联络感情，结果有人说，我忙着回家，我还有事，那我不去了。后来，有人说，行了，你的钱我给你交了。结果他就跟人去了，到那里唱得比谁都欢。结束他走了，有人说：他是个老师。这句话什么意思？说明这个人吝啬，缺钱，混得不咋样。那我再反过来，假如马路上一个开飞车的人，把一个老大爷给撞了。他开车跑了，很多人围观但没人管。一个戴眼镜的年轻人过来了，把老大爷扶起来送到医院，交完钱走开了。事后人们发现，说：他是个老师。这话什么意思？说他有极高的教养，说他有人文精神，对生命尊重。我是律师，他是老师，这话啥意思？这句话描述的是职业。各位同学我们现在讲语文，什么叫陈述句呢？他是个老师。请问这

话什么意思？这只是个陈述句，并没说谁是不是老师的问题。想一想，一个人能不能理解人家说的话，你必须得察言观色，通过各种手段，把他的话放到他讲话的情境中去，才能理解这个意思。古代人产生的文字狱，就是把一句话，从他的情境中抽象出来，可以任意解释，可以表达正面含义，也可以表达反面含义。所以一个讲演者，一个老师，他讲课的时候，他当时到底传达的是什么意思？要是孩子心不在焉，只低头记笔记，他没有观察老师的表情，没有观察老师的眼神，没有跟他的讲课的情境连在一块，他可能话都听了，但是他并不知道他理解的意思跟老师的意思可能完全不一回事。

各位读者，我问：她是个女人。这话什么意思？如果我们三男三女，大家约好了出去野餐，告诉大家，说好了每个人带自己的饭菜，我们去野餐。结果三个男的到那儿傻了，塑料布没带，餐具没带，只带了点儿吃的。人家女人过来了，说我们都带好了，餐具帮你们准备好了，大家一起来吃，一会把场子也收拾好了。有人在那儿发感慨：她是个女人。这话啥意思？女人耐心，有爱心，细心。那我再问你，夫妻俩一起请人吃饭，朋友都坐好了，老婆点菜，瞪眼珠子攥着那个菜谱不撒开，专捡便宜的点。老公想发作，没法发作，到厕所里去了。就在那儿憋气说：她是个女人。这话啥意思？女人小气，吝啬，我不给她一般见识。同样一句话，在不同的情境下完全可以表达不同的意思。

如果我们作为家长的不明白这个道理，就没办法教育孩子学习。他只是把符号记下来没有用，他是否真的理解了？老师讲话是这个意思？还是那个意思？这个知识是不是这样的？那可能差十万八千里。作为一个学习者，你单纯地低头听，只是把他的话给听下来了，然后你以为他就是这个意思，你没有把它联系到他说话的那种情境中去的话，没有察言观色，看他的眼神和表情，你很可能误解他的话的意思。这样的话导致学习出现偏差。

所以学习的第二大智慧，叫做理解意思。它的要点是意思是知识，要点是你必须把他的话，还原到他讲课的情境中去，然后联系他的前后文，联系他的前后情境，理解这句话的意思。这样你才能准确地把那个传达者所传达的知识接收过来，否则，你会出现偏差。

3. 第三大智慧：体会与想象

对于一个学习者来说，在我看来，根据我的经验，大多数人所谓的学习，就到前两个智慧就结束了。其实，前两个学习智慧，表示你才刚刚开始。因为我给大量的硕士生、本科生讲课，讲了 20 多年。我太了解大多数大学生和

研究生了，很多人到了前两步就算结束了。其实前两步刚入门，还没真正进入知识的殿堂。真正入门是第三步，叫体会与想象，也叫还原回生活。前面我们讲真知与符号的关系，我们知识怎么来的？我们是从这些庞杂的经验中抽象出来的。先分门别类，然后再抽象一步，对它概念化，然后再用符号表述，这么过来的。如果你单纯就符号与符号之间的对接，在逻辑层面上理解那意思，可能跟真知差了十万八千里。

现在想象一幅图：一个动物在吃一种植物。大家想一想，你脑海中的形象是什么样子？有个笑话，在七十年代，有个五谷不分，四体不勤的教授到农村去改造。他不认识驴，他又不认识麦子。结果他看到那个驴跑到麦地里吃麦子，他没办法，他就找那个农民大喊："你家的动物在吃你们家的植物。"这句话给我很大启发。我现在问：一个动物在吃一种植物。你脑海中这个动物应该是啥？有人想可能是大象，有人想可能是牛，有人想可能是马，有人想可能是驴，有人想可能是羊，有人想可能是猪。那你脑海中这个植物呢？可能是白菜，可能是小草，可能是玉米，可能是黄豆。如果每个人把这图给画下来，你会发现这里头，每个人画的图是不一样的。同样的一句话：一个动物在吃一个植物。在每个人心中意思是一样的吗？我到底要描述什么？我可能说的是羊跑到麦地去了，把人家的麦苗给吃了。那你可能理解是牛跑到玉米地去了，把人家的玉米给吃了。他理解的可能是猪跑到人家葱地去了，把葱给吃了。我传达的意思本来想说，是羊把麦子给吃了。结果你理解的是猪把葱给吃了，他理解的是牛把草给吃了，或牛把玉米给吃了，他理解的是这个驴把这个高粱给吃了。

各位家长，想一想我的话，如果你真的想学会知识的话，你必须把你学到的从符号意义上理解的那个知识通过体会，问自己个问题：生活中是不是这样的？通过体会，把它还原到你的生活。其实一个真正能从生活中体会出知识的人，这个人才是真的学会了知识，学会了学习。你把你学到的东西，还原回生活中去。因为它是从生活中抽象出来的，返回去这叫体会与想象。

有些东西，比如哲学、艺术和社会学，你想怎么学，怎样体会与想象？假如说，我们讲马基亚维利的君主论，讲亚里士多德的政治学。你又不是搞政治的，你不是国家领袖，你没办法去体会当一个领导他应该怎么对待员工，怎么对待下属，怎么对待他的臣民。你没法体会，那你可以去想象。通过训练你的想象力，你可以想象这个东西在真实的情况下是什么样的，把它还原到生活中去。假如说这句话：如果没有法律，那没有国家。国家是一个抽象符号，它表述的机构是军队、警察、法院、检察院，等等，这是国家机器。

假如我这样说：没有法律，没有国家，那就是一切人跟一切人战争。这个你永远没法体会，因为我们生下来就在国家里边了，那你就是在这样的固定的社会制度中了。那你能发挥你的想象，假如现在没有了法律，没有了警察，没有了军队，没有了法院，没有了检察院，所有的都没有。人和人之间的那个关系会是什么状况？你能通过想象知道，那就是谁的力量大，东西就都归他所有。因为没有人管，没有了法律，没有了规则，那就是一切人对一切人的战争。它是一种假设，这种假设你永远无法验证，但是你可以通过想象，体会他这句话到底是什么意思。

比如卢梭的《社会契约论》中，他说，我们的社会实际上是个观念共同体，是相当于一个种族，在一个区域里生活的人群，共同签了个大合同一样。我们来组成国家，建立军队警察，制定法律来一起生活。这东西你没办法去体会，你只能通过想象，想象我们如果没有军队，没有法律，所有都没有，要活下来，那我们怎么办？就像美国建国的"五月花"公约一样。大家一起来了，那我们必须先制定个规则，我们怎么生活。如果没有规则，人们将陷入混乱，甚至发生战争。一切人对一切人的战争。当你通过想象，感觉这话说得是对的，你就具备了学习的第三大智慧，才叫真正踏入学习之门。你把你从前，以符号意义上接收来的知识，把它还原到生活中去。

还有一部分知识是在思想层面上的知识，最主要的是在生活中的知识。凡是在生活中的知识，你都要在你的日常生活中去体会。这句话说得到底对不对？它到底说的是什么意思？那么我的生活中能不能验证这个知识？大多数人没这概念，所以，这个世界上有真才实学的人太少了。因为他只是在观念层面上受过高等教育，却是个自命不凡的人。他在观念层面上，从A到B，B到C，每个意思都理解，然后，再组成逻辑链。我最初对这个问题的思考是来自于读硕士研究生的时候，在学法律的时候。美国有一个著名的法学家，说了一句话：法律的精髓不在于逻辑，而在于经验。当时我就想，他说的话到底什么意思？因为我本科是学数学的，崇尚逻辑，所以无法理解。后来，突然才发现法律是解决人们日常生活权力分配问题的，等等。那么它的真正的精髓在于经验，而确实不在于逻辑。这对于一个崇尚逻辑的人，是非常难以理解的。在逻辑上完全成立的法律，在现实生活中根本行不通。原来我们的生活，你单纯从逻辑层面上看一个事物完全合情合理，前后一致。但是事后证明这是个假知识，并不是真知识。所以，第三个阶段就是验证真伪。通过体会与想象，把你从书本上，从别人那里听到的知识来验证真伪，也叫去粗取精。大多数人学习，没有这个智慧。

毛泽东是伟大的军事家，政治家和历史学家，到现在没有人超越他。因为他一直是在真知层面上学习。那个时代很多人一些所谓的知识分子，他们一直在符号的层面上学习，在观念层面上学习。所以，毛主席后来说了一句话：实践出真知！小平同志也说了一句话：实事求是，从实践中来到实践中去。其实表达的都是第三个含义，就是验证真伪，也叫去粗取精。但真正具备这个智慧的人太少了，所以你作为家长想教孩子学习，从现在开始你就要引导你的孩子透过这个符号，理解真知。别人说这句话，那你问他真的是这样吗？事情真实情况是这样吗？你根据你自己的经验能验证吗？如果你的经验验证跟他相反的话，那就可能两种结果：一个是你的经验错了，你的观察错了；还有一种结果，也可能是前人错误。

我在念大学期间，吉林大学有个著名的教授，他讲了这样的话：大学如果没培养出大学生的批判精神，就不叫大学。当时听了这句话我很震惊。我也想去批判别人，但明明觉得人说得挺对，说得挺有道理，我为什么批人家？后来，我慢慢地发现，大多数人是为了批判而批判。为了表现自己特立独行，为了表现比别人特别，才去批判。这实际上是流俗。真正的批判精神就是把别人所传达给你的知识，也就我们说的人类基本经验，还原到你的生活中，体会它是不是这样的，现实生活中是不是这样的。如果你没法通过你的体会，那你就想象，把它你通过你的想象力，把它说的事情，通过在大脑层面上，把它放在应该的位置上，然后你看它是不是这样子。这样你才可能抵达真知的层面，这个主要的目的叫验证真伪。很多人学了一辈子没达到这个层面。

4. 第四大智慧：实践与观察

实践与观察，就是你主动去用。

我在想象层面上觉得是对的，我这个自我体会也是对的，我明白这个道理了，我在生活中去使用。去用的过程中你可能会发现，依靠你第二，第三个层面，还不一定是对的。当时在你的想象层面是认为对了，根据自己体会你是对了，但是通过你的实践，你会发现真实生活并不完全是这样的。这样的话，你才能发现问题所在，在你的实践层面上，主动去验证的时候，主动去做，这个叫实践。

还有一些东西没法做，比如说，一个国家领袖他们怎么去管理这个国家？你又不是国家领袖，你可以去观察。现有的全世界的各个国家领袖，他们在开会的时候，他们怎么说话，他们怎么制定法律，他们怎么发号召，你去观察。观察的结果，可能跟你第三个层面上体会到的真知，又会出现差别，出

现问题。这时候你会发现，可能你的体会或者你的想象，或者原来你从接收的符号意义，接收传来的所谓的知识，可能还是有存在差别的。第四个层面，你主动去实践，去实践的过程中去观察。有的东西是实践的时候观察，达到去粗取精，发现问题的。

5. 第五大智慧：反思与总结

你学到的东西，经过了前四个程序，现在在你心中已经成了固定的知识了。然后，你再反思，学习所有知识中间哪些是对的？哪些是错的？哪些还是模糊的？总结一下，我有哪些东西需要再去搞清楚，需要进一步去探索，需要去接受哪些新的知识。这样的话，你才达到一个升华，这部分知识才变成真知，变成你生命的一部分。另外存疑的，存在问题的叫做存疑问题，还可以鼓励你去探索新的知识，扩大你的知识面。这样你才具备了基本的学习智慧。

所以作为家长来说，无论是你个人成长，还是你教导孩子学习，从小要培养出学习五大智慧。这样你的孩子将来长大他一定是个人才，他一定成长为一个有真才实学的人。这些智慧，不论是对我们家长来说，还是对我们教育孩子学习来说，至关重要。中华民族要崛起，我们必须培养出大批的这种有真知灼见，有真才实学的人才，这个民族才能真正地实现腾飞。

第三节　教育的天条

我们家长要教育孩子学习，还得了解教育的最基本规律。过去很多人对教育有一种比喻，叫老师或者家长是知识的传输者，相当于茶壶，孩子相当于茶碗，我们把茶壶里的水，这个知识，倒进孩子茶碗里就行了。这个比喻是错的。实际上它把那个被教育者的主体性给抹杀了。这个比喻延续了上千年，很多人到现在还在沿用这个比喻。其实这个比喻是完全错误的。我们首先要明白，你的教育对象是人，他和茶碗不一样。要明白他是一个主体，跟你这个教育者，在人格上是平等的。你的被教育者他是有自我意识的一个生物，他不是没有自我意识的生物，他不像是机械，没有自我意识。

过去很多人对教育有一种比喻，叫老师或者家长是知识的传输者。老师相当于茶壶，孩子相当于茶碗。我们把茶壶里的水，这个知识，倒进孩子茶碗就行了。实际上。它把这个被教育者的主体性给抹杀了。

比如，你作为一个机械师，作为一个工程师，你不用考虑你对宝马汽车，奔驰汽车等各种高档汽车有感情，只要了解它的规律就行了。假如说一台汽车坏了，我想把这个汽车修好。我只要了解它的原理，了解它的电路原理，油路原理，整个机械原理，我看一圈，就可能大概知道问题出在哪里。把这个件换下来，或者把哪块修好就可以了。而作为教育者和被教育者，不是这么简单类比，他实际上是两个平等的主体的合作关系。如果作为教育者不明白这个道理的话，你的角色定位就错了。很多的人，为了表达对老师的感激之情，说要感谢老师。这没错，感谢你生命中每个对你有恩的人，这都正确。但是他的理由不正确，如果没有那个老师的话，你就是文盲？这个理由是绝对错的，没有那个老师你可能自学，或者还有其他老师。即使有了这个老师，如果你不学你还是文盲。所以，这个比喻是错的。很多人夸夸其谈是为了煽情。说没有了老师，他就没有知识没有文化，真实情况不是这样的。老师起了一部分作用，学生自己起了一部分作用。这是两个主体的合作，单方是绝对没有办法完成知识的传承的。

所以，作为家长在教育孩子学习的问题上，你先要明确你的角色定位。你跟你的被教育者，你俩是两个主体的合作关系。如果不明白这一点道理的

话，你认为他是一个容器，你是一个往容器里头装液体的这样的主体的话，你在扼杀他的主体性，你完成不了教育任务。

要明白这个道理，就必须明白教育的三个基本规律。

1. 转变的天条

这句话说的是：我们每个人都守着一扇由内开启的转变之门，钥匙在我们自己手里，不经过我们同意，任何人无法使我们转变。我由不愿意学习到愿意学习，由不想学习到想要学习，要完成这一转变的话，只有我自己想才能办得到。

最早发现这个规律的人应该是诗人米尔顿。他在诗中写了这样两句话：心灵是自我做主的地方，在那里地狱可以变天堂，天堂可以变地狱。其实这也是我们地球人的一个根本性的规律。也是我们地球人的一个大特点。

真正让这个道理在全世界公之于众的人，应该归功于奥地利心理学家维克多·弗兰克。他在三十岁的时候，已经是奥地利很有名的心理学教授。二战开始后，因为他是犹太人，他被纳粹抓起来，纳粹知道他是高级知识分子。为了折磨他，羞辱他，为了把他击垮，当着他的面，把他的爸爸、妈妈、妻子和两个孩子枪毙了。就想在精神上把他击垮。然后，又把他投入到奥斯维辛集中营。我们都知道，奥斯维辛集中营是人间地狱。那里简直是杀人工厂，人在奥斯维辛集中营中失掉了任何的权力。做人的尊严被剥夺，人被当做动物。纳粹把犹太人叫"犹太猪"。他们真是用对待猪的方法来对待犹太人。人的任何权利被剥夺，任何自由被剥夺，人的资格被剥夺，人被当做动物。在这种极端情况下，维克多·弗兰克发现有个规律，不论敌人怎么强大，有一个地方是敌人永远无法进入的，那就是人的心灵世界。他发现：我可以排斥，永远拒绝你强加给我的东西。你想让我悲哀，想让我痛苦，你当着我的面把我的妻子孩子杀掉，把我父母杀掉，我可以不悲哀。因为他发现当敌人往他脸上吐痰的时候，羞辱他，希望他受到伤害，希望他受到屈辱，但他可以不感觉屈辱。他可以在脑海中回忆自己童年的时候，在家乡山川河流上玩耍时的情景，让自己沉浸在那个世界里边。当敌人很残酷用鞭子打他的时候，想让他受到屈辱和痛苦时，他可以不痛苦。他背上承受敌人的鞭子，在脑海中回忆自己初恋时的情景，甚至让自己内心可以幸福地度过。敌人无论怎么强大，我的内心我做主。就像我是皇帝，我不开门你永远无法进来。你可以剥夺我生命，但是你不能转变我的意志。我不想同意你的观点，我不想要你对我强加给我的东西，我永远不让它进来。在奥斯维辛集中营中，二十五个人

中，会有一个人会活下来，活下来的人有两个共同特点：第一，就是不放弃自己生命的主控权，我的外在所有权利被剥夺了，但是我内心是自由的。我内心我是皇帝，我不想承受你给我强加的苦难，我的内心里依然可以平衡度过。第二，在生命中找到意义，在奥斯维辛集中营中，所谓找到生命的意义，就是去帮助那些濒临崩溃的人。后来他逃出了奥斯维辛集中营，他写的第一本书叫《最后的自由》。第二本书叫《人类对意义的追寻》。接下来写的一系列著作，是把他在奥斯维辛集中营中所做的观察笔记整理成书。他创立的一个心理学流派，叫弗兰克流派，也叫意义学派。如果你翻过意义学派的书你会发现，其实是维克多·弗兰克的人生经历，给我们揭开了一个宇宙真理。那就是我们每一个地球人都生活在两个世界里：一个是我们的外在世界，这个外在世界有国家、民族、种族、法律、军队、警察；一个是我们内心的世界，内心世界里我自己是皇帝，我不想接受你强加给我的观点，你就永远办不到。你可以消灭我的肉体，但是你无法让我接受你强加给我的观点。

其实，毛泽东主席也意识到了这一点，他在延安整风的时候说了一句很沧桑的话。他说：看来有些人是注定要带着花岗岩的脑袋去见上帝了。即使毛泽东这么伟大的人，也有人不同意他的观点。那就是说，作为每个地球人，他如果不想接受别人的观点，你没有办法，任何人没有办法，除非他自己想接受。这就叫转变的天条。

如果一个家长明白这个道理的话，我想你绝不会逼迫孩子去学习。因为什么？我们把一个不爱学习，爱上网的孩子，从网吧抓回家里，他的心不在学习上，还是会想任何办法往外跑。你也可以把他捆起来，锁到房间里，那又有什么用，他还是不学习。如果他打从心里讨厌学习，你再逼迫他也没用。

作为家长你要把孩子当人来培养，当人来教育，而不是当做动物来训练的话，那你要明白，你要想让孩子开启这个心灵之门，他由不愿意学习到愿意学习，由不想学习到想学习的，你必须通过间接的手段诱导他。让他自己完成转变，他想要学习才能成为可能。而你通过外在的强力去做的话，你断然失败。并且会对孩子造成恶性伤害。

所以，作为家长来说，你真想教会孩子学习，你首先要明白转变的天条。

2. 教育者的天条

教育者天条是指：你永远无法改变别人，你只能影响别人做事的动机。也就是说，作为一个教育者，当我们把自己放在教育者的这个角色定位上，你应该有一份明智：你不是上帝，你不可能左右任何人的命运，你永远无法

改变别人，你只能影响别人做事的动机。

我们每一个人，在做一个外在的事情的时候，我们都有一个心里的理由。这个理由，在心理学上叫动机。心里的理由，决定了我们外在的行为。心里的理由是原因，而我们外在的行为是结果。

你要想让一个人的外在行为有所改变，你必须改变心里边那个原因。你要把那里边原因改变了，里边那个原因恰好是心里边的世界，是由他自己做主，他自己改变了，他才可能在外在行为上有所改变。你作为一个教育者，你要明白你不可能通过外在的行为，强制把它改过来。如果你强力取消它，它会反弹，你就没有办法把它外在行为改变。所以你只能影响他心里边那个理由，就是他的做事动机。你要影响的话，你只能通过间接的手段。我们教育人可以使用的间接手段有三大类：第一叫讲道理，我们就叫做晓之以理；第二用感情打动，也叫做动之以情；第三，行为示范；第四可以演示。比如说，你想让孩子产生上大学的欲望，你可以领着他到清华大学、北京大学、吉林大学参观一下，看看大学生的生活，这叫演示。这个是我们在影响一个人动机的时候可以使用的几类方式。如果你这四条都做了，他还没有转变，还不想学习的话，你必须等待机会。继续通过间接的手段影响他，直到最后他做出选择，由不学习到学习，由不想学习到想学习，完成这转变。你不能通过外在强制孩子。如果通过外在行为强制的话，比如通过打骂把孩子改变，让他由不学习到愿意学习，最后你就是越线了。而你给他造成的伤害是恶性的。

所以，作为一个教育者，不论你是老师还是家长，你要教育别人学习的话，你要明白第二个规律，叫做教育者的天条。所谓的天条，这是一个古代人的说法，就是天规，也就是自然规律。古人讲："违背天条将遭天谴。"所以，在我的教育理念中打骂孩子是绝对不允许的，你会对孩子造成恶性伤害。

3. 做事成功的天条

这个规律说的是：要事情变好，你自己必须先变好。

最早发现这个规律的人应该归结为托尔斯泰，他在他的作品中说过这么几句话，他说："在这个世界上，绝大多数人都想去改变别人，很少有人想去改变自己。"其实如果我们知道了第一个规律，叫转变的天条。实际上，在这个世界上你无法改变任何人，你所能改变的惟一一个人是你自己。也就是说，想要孩子学好的话，作为家长的你不学习，然后你硬逼着他去学习，他也不可能学好。这个孩子他在他的经验系统中，发现学习并不重要。因为如果那

么重要你为什么不学习？

在这个世界上，绝大多数人都想去改变别人，
很少有人想去改变自己。

——托尔斯泰

在孩子的感性经验中，如果你给他讲了很多大道理，可是在他的感性经验中学习并不是一件好事，如果是好事的话那你为什么不学习呀？为什么逼着我学习呀？所以，我们很多家长干巴巴给孩子讲大道理是行不通的。孔子说过一句最基本的道理，叫做"身教胜于言教"。也就是说你的行为举止，你的榜样作用，远远胜于你对孩子讲的道理。

要想孩子学习好，家长首先要成为一个爱学习的人，你首先要有强烈的学习意愿，这是最基本的要求。其次，你要有基本的学习智慧。如果你没有具备学习的智慧和学习能力，你怎么能探讨教导孩子学习？我们都知道"名师出高徒"这句话，所谓名师就是必须在某一领域是专家，才能去教导别人。如果你自己不学习，也不会学习，也没有学习的智慧和学习的能力，然后你天天打骂孩子，这等于缘木求鱼，根本没有办法把孩子教育好。所以作为家长来说，如果你真想成为一个教育孩子学习的专家，真想把你孩子学习搞好的话，你自己必须先是一个学习的人。第三，你要成为一个具备学习能力的人。成为具备学习能力的人，就要把这个学习的规律融会贯通。你要先明白：第一个层面叫做听清，第二叫做理解，第三叫做体会与想象，第四叫实践与观察，第五叫反思与总结。作为家长来说，你要把这五个基本步骤，基本智慧变成你的口头语。你想成为教导孩子学习的专家，在孩子学习的时候问他五个问题，第一个问题，听清没有？第二个问题，你理解没有？第三，你体

会是不是这么回事，你想象的是不是这么回事？第四，你去实际做没有，实践与观察了吗？你观察生活中是不是这样的？第五，反思总结了吗？把它变成每天的日常生活，把它烙印到你神经系统中去。那么教导孩子学习的时候，你俩就形成一个共识。这样的话，你孩子从初始化的过程中就进入到真知系统。这个孩子长大了才渴望成为一个有真知的人。也就是说是一个既具备学习能力又具备真才实学的人。

所以我们家长，要想事情变好，你自己必须先变好，你自己变成一个学习的人，变成一个懂得学习规律的人，你才能把孩子教育好。否则的话，你在那干讲大道理，对孩子来说，基本等于没有任何作用。

第五章

孩子学习不好的原因

第一节　观念的局限

一个人的自我观念就是一个人对自己综合评价的总和。

这个概念大家可能很陌生，它就是在人们心中"我"的那个概念的诞生，人在两岁以前"我"的概念还没有诞生。大约在 3 岁时诞生了"我"这个观念。如果孩子自己感觉到："我聪明，我漂亮，我是个天才，我有能力，我被爸爸妈妈爱着。"如果他完全是正面的观念，这就是一个天才的孩子的心智状态。相反，如果孩子天天想："我笨蛋，我是丑小鸭，我什么都不会，我没有能力，没有人喜欢我。"完全都是反面的观念，他的潜能就处于埋没状态，这就是笨者的心智状态。99% 的孩子都即有正面又有反面的观念，如果一个孩子在他自我观念中有关他自己学习或个人成长上有错误的观念，那么他的潜能就没办法释放出来。这才是真实原因。

小虎鲨长在大海里，当然很习惯大海中的生存之道。

肚子饿了，小虎鲨就努力找大海中的其他鱼类吃。虽然有时候要费些力气，却也不觉得困难。有时候，小虎鲨必须追逐很久，才能猎到食物。这种困难程度，随着小虎鲨经验的长进，越来越不是问题，猎食的挫折并不给小虎鲨带来困惑。

很不幸，小虎鲨在一次追逐猎物时，被人类捕捉到了。

离开大海的小虎鲨还算幸运，一个研究机构把它买了去。放养在人工鱼池中的小虎鲨，虽然不自由，却不用费力捕猎食物。研究人员会定时把食物送到池中，都是些大大小小的鱼食。

有一天，研究人员将一片又大又厚的玻璃放入池中，把小池分隔成两半，小虎鲨却看不出来。研究人员又把活鱼放到玻璃的另一边，小虎鲨等研究人员放下鱼之后，就冲过去，结果撞到玻璃，疼得眼冒金星，什么也没吃到。

　　小虎鲨不气馁，过了一会儿，看准一条鱼，又冲过去，这一次撞得更痛，差点没昏过去，当然也没吃到。休息十分钟之后，小虎鲨饿坏了，这次扑看得更准，盯住一条更大的鱼，又冲过去。这次情况仍未改变，小虎鲨撞得嘴角流血，它想不通这到底是怎么回事？小虎鲨瘫在池底思索着。

　　最后，小虎鲨拼着最后一口气，再次冲过去！但是仍然被玻璃挡住，这回撞个全身翻转，鱼还是吃不到。

　　小虎鲨终于放弃了。

　　研究人员又来了，把玻璃拿走了。然后，又放进小鱼，让他们在池子里游来游去。小虎鲨看着到口的食物，却再也不敢去吃了。

　　是什么东西限制了小虎鲨，让到口的鱼食都不敢去吃呢？是限制性信念，限制性指令，生活中的常规，过去负面经验总结，习惯的思维定势等限制了他们。一个人在成长过程中很容易被过去的经验所限制，有时候我们的孩子会不会也像这只小虎鲨呢？

　　在理论上讲，任何一个孩子的潜能都是无限的。他们可以轻松愉快的学会任何学科，而不会遇到障碍。然而在现实生活当中确实有一部分学生，他们在学某一学科时遇到巨大障碍。表面上他们也认真学习，但是他们却学不会。

　　心理学家最初的研究认为，没有学不会的学生，只有不会教育的老师。他们得出这个结论以后，他们就把某一学科学不好的学生集合到一个班。改由数学家来教他们，心理学家在一边观察他们的学习状况，一个学期下来。再次测试的结果还是很多人不及格。这就说明不是老师的问题。在这半年的观察中心理学家吃惊的发现，在这些学不好的学生的大脑当中都存在着一个错误的观念。这些错误的观念用语言表述出来就是：一是数学很难，二是数学很无趣，三是我没有数学才能，四是我学不好数学。他们对这些信念坚信不疑。当数学家在前面讲数学的时候，他们眼睛盯着数学家，心里在想："哇塞！又来了。这数学很难，这数学很无趣，我没有数学才能，我根本无法学好数学。"当他们一这样想的时候他们的注意力焦点就处于涣散的状态。人的大脑只有注意力焦点集中才能把知识装进大脑。如果涣散，就是平常所说的"溜号"。他们这样一想，虽然眼睛还看着数学家，但是心里却在想着操场，想着回家，想着游戏。数学家讲的数学根本就无法装进他的大脑。当心理学家发现了这个天大的秘密，就停课一个月，改用心理学家来上课。而心理学家根本就不教数学，心理学家先教他们紧张，放松，进入催眠状态。进入催眠状态的人的 α 脑波开始减弱，外界的信息可以直接进入大脑的潜意识。当

他们经过半个小时的放松以后，大家进入催眠状态，心理学家对大家做心理暗示，暗示他们数学很简单，数学很有趣，我是数学天才，我一定能学好数学。反复这样暗示，然后引导学生进行自我暗示："数学很简单，数学很有趣，我是数学天才，我一定能学好数学。"每天半个小时的心理暗示，半个小时自我暗示。每天一个小时，这样做一个月，改变自我观念。这些孩子原来大脑中数学很难，数学很无趣，我没有数学才能，我学不好数学的观念被刷掉了。现在的观念是，数学很简单，数学很有趣，我是数学天才，我一定能学好数学。然后再请数学家来教数学。结果年底一测试，没有一个孩子的成绩低于 90 分。

这就说明控制我们孩子潜能释放的最大原因就是他头脑中错误的观念。

在印度有一个驯象师，在小象一生下来就用一根 10 米长的铁链拴住它的右后腿，小象当时很小无论它怎么跑也无法挣脱，时间一长这个小象就习惯了。当他长成成年大象时，它心中牢不可破的信念是我无法逃脱这个铁链，我无法逃脱这个 10 米半径。驯象师发现了一个奇怪的现象，只要它右后腿的铁链一吃力它就不向前走了，要是野生的同样体形的大象被四根这样的铁链锁住，只要它轻轻一用力就断了。而被从小训练过的大象会认为它无法逃脱这个铁链，无法逃脱这个 10 米半径。所以它就放弃努力了，它就不再想办法解决了。

如果我们的孩子认为某个学科很难，他坚信这个想法，他就放弃了努力。这就是影响我们孩子学习的第一大原因。我给中学生做潜能训练已经有八万多名了，做这个培训九年。第一次做潜能训练营的时候，我就问他们，认为自己很聪明的请举手，几乎所有的人都举手了。我说认为语文难学的请举手，有一半的人举手。我说认为数学难学的请举手，又有一半。我说认为外语难学的请举手，结果有三分之二。各学科都问完了，大家把手都放下了。然后我说："你们不觉得的这有点滑稽吗？"好像很多学生没觉得滑稽，我又说："你们没觉得有问题产生吗？如果你认为数学很简单，你就是聪明的。你认为数学很难，你就很笨。"我们有一种虚荣的文化，一个人一旦承认自己笨，就会认为自己会被人看不起，所以他们宁可说自己聪明，就是不愿意去学。这是一种虚荣的表现，一个人真实的自我观念就是一种感觉。如果他学习的时候东张西望或有为难情绪，那就是在他潜意识里认为这很难，无法学会。

自我观念是以感觉的形式存在于大脑之中的。所以在现实生活中你要问他聪明吗？他一定会说聪明。他为了怕别人看不起他，他就乱说。其实他学习的时候产生的为难情绪使他认为自己学不会，自己笨。但是要说出来的时

候他不能这么说，怕被人看不起。其实这些都是在告诉大家，这就是让孩子学不好的真正原因。遗憾的是百分之百的孩子都存在这样的问题。那么这些原因源自于谁呢？就是源自于我们的家长，我们的社会，我们成年人。我们有多少家庭在孩子童年的时候对孩子说："你怎么这样笨呀。"

有一位男士在街上推着婴儿车，小家伙在车里大哭大闹，吵闹不止。男士低声说道："大宝，千万别着急，千万别生气，会好的，就会好的。"一个女人看到了很是感动，上前说道："先生，你真伟大，这么温柔地跟孩子说话，男士很少有你这样又体贴又有爱心的。"然后她俯下身，对孩子说："大宝，别哭了，你爸爸多爱你啊！"男士说："对不起，我想你误会了，其实我才是大宝。"当你在教育孩子遇到问题需要自己冷静和放松的时候，不妨学学这位父亲的做法，也许事情会有新的转机。

我们有一个课程代理商，她自己是大学毕业。在她儿子小学二年级的时候，一次遇到一道数学题不会做，这个妈妈非常怪，她会把她的儿子叫到身边拍着孩子的脑袋说："你怎么这么笨呀！你这个脑袋怎么像个木瓜呢？"每天都这样重复几次。结果过了三年，孩子的脑袋真的像个"木瓜"一样。我们有多少人用自己年龄的尺度来要求孩子，然后孩子会感觉到我不行，我不是学习这块料。

三年前我在南方一个城市讲课的时候，有一对夫妇，男的是某大学数学系毕业的，在某高中教数学，女的是某大学中文系毕业的，在同一所学校教语文。有一次他们在上小学四年级的儿子有一道数学题不会了，就去问他爸爸，他爸爸一看，啪！啪！就是两个耳光，然后说："这么简单的题都不会做。"这时他母亲过来了。一看题，啪！啪！又是两个耳光："这么简单的题都不会做，我都有十年没做数学了，我都会做。"那个晚上他们的孩子真是倒大霉了，实实在在的挨了一顿"男女混合双打"。他们来听了我的两天两夜的家长训练课程以后终于明白了不能用自己年龄的尺度来要求孩子这个道理。我开玩笑地问她："你十年没学数学了，小学四年级的题你还会做呢？你真是太了不起了！"她当时真是羞愧难当。

我们的孩子通过种种类似这样的事情，使他们自己找到了自卑感，使他们感觉到了我父母行，我不行。正因为这样他们的潜能才没有办法释放出来。这才是导致学习不好的第一大原因。

第二节　方法不得当

孩子学习必须找到方法才能事半功倍。找不到方法他累死也学不会，而且还会自我否定。

这点上我应该有一点权威性。因为我们给八万名以上的中学生做过两天三夜的潜能训练营。每次讲方法的时候都讲4个小时。在每次讲之前我都会问他们："理科怎么学？"很多学生都举手说："老师，两个字——做题。"我说："文科呢？"他们说："一个字——背。"如果你的孩子采用这种学习方

孩子学习不好的原因：1. 观念的局限。2. 方法不对。
3. 基础知识不牢。4. 没有学习兴趣。5. 缺乏激励因素。

法，那么我可以告诉你，你的孩子断然考不上北大、清华这样的重点大学，断然成不了才。你要知道，如果靠死记硬背，他肯定学不到真知。如果单靠题海战术，他浪费了大量的时间和精力，并没有达到融会贯通，结果是他付出10倍的努力连3分收获都没有。由于应试教育的逼迫，老师把98%的时间用在了知识的灌输上了。这是中国现在教育上存在的大问题。一个中学老师他应该用35%到40%的时间讲学习方法，用60%左右的时间讲知识。而我们98%的时间都在讲知识。我们的孩子因为没有正确的学习方法，即使他们付

出了 10 分的努力，连 3 分都未收到。

如杲找到了方法，它的难度系数会降低四分之三。有太多的孩子在用"做题和硬背"的方法，这样的孩子在到初中二年级的时候就跟不上了。因为初二时候就开始动脑筋了。他在小学的时候靠原来的方法可以拿双百，但是现在需要用学习方法了，他们就跟不上了。

我将会在后面的章节中重点叙述关于文科、理科、外语的正确学习方法这个问题。

第三节　基础知识不牢

学习的知识不是孤立的，我们刚开始学习知识的时候，会觉得很难。当基础知识记得越来越牢，学习的难度系数会递减。

比如说，我们读大学的时候，读一本书需要一学期，读硕士的时候需要一个月，读博士的时候需要一个星期，到今天只需一天。难度随着你背景知识的增加而递减。当我们孩子的基础知识掌握得不牢，那么他想，上学就没法学了。比如在初一的时候，一元一次方程没学会，以后一元二次方程没法解，一元二次方程不会，二元二次方程没法学。这样下去他就没有办法往下学了。他在课堂上根本就听不进去。老师每天都在用旧知识推导新知识，由于旧知识不会，他又把不会的新知识变成了旧知识。就像滚雪球一样，不会的知识越来越多。在课堂上学不进去，他就有巨大的挫折感，自我否定感。那么他就会产生恐惧，压力，痛苦。这样他肌肉一紧张，太难受了，他就会做一些小动作。最后没办法，就到网吧里去了。因为人是"逃避痛苦，追求快乐"的生物。

如果基础知识不牢，这个孩子是没有办法往下学的。在初中，如果基础知识不牢，一个男孩子至少需要半年的时间才能把它补回来。女生则需要一年的时间。我们想继续学习就必须把它补回来。理科是这样，那么文科呢？如果基础知识不牢，这个题就没有办法解答。

1980 年，我上大学的时候，我的家乡招收民办教师。其中一道语文题是这样出的：请你填写出《母亲》的作者是谁？有一位考生竟然填写的是《母亲》的作者是——姥姥。在当时是我们那个地方一个流传了很久的大笑话。

基础知识不牢是我们孩子学习不理想的第三大原因。你到学校调查一下就知道了。如果在学习过程中知识欠的过多，包袱过重，这样就压垮了我们

的孩子。再讲新课的时候，他根本就听不进去，最后他太痛苦了就跑到网吧里去了。

第四节　没有学习兴趣

我再强调一点，如果人的大脑在学习过程中找不到快乐，它就不支持学习这种行为。

各位家长你一定有这样一种感觉，某一天你的大脑会非常灵活，办什么事都顺，学什么都会，反应又非常快。某一天又会非常愚笨，喝口水都塞牙，说话笨嘴拙腮，非常麻木，什么都反应不过来。为什么同一个大脑会有相差这么大的两种感觉。如果你理解了我前面说的话，你就会知道，你不是真笨或真聪明，而是因为某一天你的大脑进入了聪明的状态，你的大脑能量释放出来了。相反某一天你的大脑被卡住了，大脑能量没办法释放出来。如果孩子怀着痛苦的心情去学习，他的大脑细胞处于抑制状态，他的脑能就没有办法释放出来，他就没法学习。当他怀着兴奋状态的时候，大脑细胞被激活。分泌大量的记忆物质，大脑的能量会被迅速的释放出来。孩子在学习的时候，我们现在一定要想办法让他把学习变成一件快乐的事。所以孩子在学习上找不到快乐的时候，你越对他进行批评，打骂，都只能加深他对学习的痛苦。

我每次演讲结束以后，都会有家长上台来，泪流满面地对我说："我的孩子都要失学了，你说怎么办？"如果孩子已经是这种情况，光说道理是没有用的。那得需要训练了，所以在广大家长的要求下我们开设了博瑞智中学生潜能训练营，最后一发而不可收。现在有七十多个城市在举办我们的中学生潜能训练营。

我每三天会去一个不同的城市演讲或培训，一天都不能停的，天天如此。有时候一连25天都不能回长春的家，这种状况有将近九年的时间了。为什么会这样呢？因为太多的家长想让他们的孩子通过训练改正过来，那最少需要两个月以上的时间才能把他们大脑中"学习等于痛苦"的那个连接剪断，把"学习等于快乐"给他连接上。

如果你有一个天资聪颖，接受能力强，打球、跳绳、跑步样样在行，并且为班级争得不少荣誉的孩子。可就是贪玩、不爱学习，上课经常打不起精神，作业也常常拖拉不做。下课铃一响，他一溜烟就跑得无影无踪了。说起玩来，头头是道。老师多次与他谈心，结果还是左耳进、右耳出，一玩起来，

就什么都忘了。孩子对学习没兴趣，学习成绩很差，那么此时的家长应该对学习兴趣积极性的意义要了解。

几乎所有的人在理论上都知道，学习要有兴趣，兴趣是学生最好的老师，要注意培养孩子的学习兴趣。老师在讲，报纸在讲，刊物在讲。但是，真正能够领会这一点，懂得这一点，运用这一点，掌握这一点的家长和老师并不是很多。

学习成绩反映了学习的兴趣。孩子学习不好，一个重要的原因是孩子的学习兴趣不够。孩子所以学习好，是因为孩子学习兴趣高。在这里给家长提供几个帮助孩子提高学习兴趣的方法：

第一，要使孩子获得成功感。兴趣总是和成功连在一起的。要提高孩子的学习兴趣，首先要使他尝到成功的滋味。家长要耐心引导，具体帮助，使孩子体验到克服困难获得成功的乐趣。如孩子的数学好但语文差，做功课时，安排他先做数学，然后才做语文。如果程序相反，一开始就碰到了困难，后面的就没心劲了，不但语文做不好，连数学也难取得进步。指导孩子做作业时，先让他做一些简单的题目，肯定他的微小进步，表扬他某一方面的成功，使其增加信心，然后再让他做些较难的。一旦学习方法改进了，成绩有所提高，原来减弱了的兴趣又会增强起来。

第二，合理安排孩子做功课的时间。刚开始时，时间不宜过长，中间一定要有几分钟休息，让他活动活动，休息一下，放松头脑和心情。在孩子学习时一定要让孩子保持心情愉快，这样他的身心才能进入兴奋的状态，学习才能逐渐变成简单的事情。

第三，做功课时，不要让孩子依靠父母的帮助解决困难。应让他从经验中吸取教训，有困难的时候，家长要采取积极的态度去鼓励他独立思考，不要养成孩子的依赖性。

第四，不要急于求成。俗话说："欲速则不达。"不能强迫孩子学习，逼得太紧的话，孩子会变得焦虑、不耐烦，使他感到学习是件"苦差事"，潜意识中产生反抗的情绪，因此变得善忘，一下子就会把刚学过的全部遗忘。若家长再加以责骂、鞭打，"火上浇油"，就会大大打击孩子的学习情绪，乃至对整个学习生活失去兴趣，其后果不堪设想。轻者会影响孩子良好性格的形成，重者会导致孩子出走、轻生等事件。做父母的要及时发现孩子的兴趣，从孩子本身的爱好出发，并按照孩子自身学习兴趣发展的规律，因势利导地加以培养。当孩子学习遇到困难、成绩不好时，想方设法给以鼓励、引导，提高其学习积极性，让孩子保持浓厚的学习兴趣。

教育孩子其实很简单，只须把心态摆正，能够正视
孩子，把孩子当平等独立的人相处，就完全不一样。

第五，不要与别人攀比。当孩子取得一点进步、成绩有所提高时，要善于表扬，不能吝啬赞美的语言，更不能与别人攀比，否则孩子会产生反抗心理、自卑心理，总认为自己不如别人，不自觉地放弃进取。

第六，为孩子布置安静、舒适的学习环境，使他不受干扰，安心做功课。父母也要以身作则，为孩子树立榜样，喜欢看书，不断学习，经常带孩子看看书展、逛逛书店，不时买几本自己喜爱的书或为孩子买几本适合孩子阅读的书，这样有助于增强孩子的学习兴趣和信心。

第五节　缺乏激励因素

有一些孩子在学校发愤图强，努力用功。可坚持不到三天就萎靡不振，消极怠工。其实，这是完全正常的现象。我们有些家长会说："我的孩子怎么是三分钟热血。"其实有哪个孩子不是三分钟热血。人家的孩子在不断地努力学习，那是人家的家长在后面不断地激励他。而你却在又批，又打，又骂，把孩子的动力打没了，把孩子给毁了。一个孩子要想取得优秀的成绩，在他背后就必须有一双手推动着他，那就是父母的不断鼓励，表扬和欣赏。如果

生活中缺乏这些东西，父母不会鼓励，表扬和欣赏他们。你的孩子今天豪情万丈，明天可能就会萎靡不振。所以有的孩子之所以有稳定的学习动力是因为他们的父母所做的事情跟你做的事情不一样。

我之所以会有这种感受，是因为我的爸爸妈妈。我的母亲在我看来是绝对偏执的人。在我小的时候，不论在人前人后，我就从来没有听见她说过我不好。她不断说我儿子聪明，我儿子是天才，儿子能干，怎么怎么有能力，她甚至说我长的非常漂亮。

1997 年在长春市青年宫，我举办了一次成年人潜能训练营。三天的时间，参加的老师和学员有一千多人。开始时有两个小时的开篇演讲，当时场内就沸腾了，有一个女孩当时就很激动的对我的助理说："一会我可不可以拥抱一下董博士。"我的助理说："这我做不了主，我得去请示一下。"中间休息的时候，我的助理跑过来对我说了。我开玩笑地问："男的？女的？"助理说："女的。"我说："OK！让她过来吧！"不一会我看见从最后面跑过来一个女孩子，当她跑到离我不到一米远的地方突然站住了，并且大声说："哎呀妈呀！你咋长这样呢?!"你说我长成这样了，我的母亲还说我长得漂亮。她这样做让一个孩子从小产生了自信心。这才是教育孩子的真正秘诀。

我 16 岁就在草原上打羊草，刀把腿都割破了，我就用布包上继续打草，硬是坚持了 15 天没有回家。"男人就应该奋斗，你是一个男人，老爸看好你了。你一定有出息。"我父亲每次喝完酒之后，借着酒劲就这么说。一说两个小时，酒劲一过他睡着了，没事了。你知道我当时是什么状态，我回到自己的房间，对自己说："我一定要好好学习，我一定要好好学习。"一学就到凌晨两点多钟。

一个孩子的动力最多能够保持两周就不错了。两星期以后，劲头又下来了，又开始贪玩了。可我父亲又喝多了。每次都会这样，讲同样的话。他的这种做法在客观上起到了绝对的激励作用。他把学习变成了我自己的事。

如果你的孩子真不学，那他就是真不学，他将来要去干什么，就去干什么。这样他就会自己面对了，然后你再去鼓励他，表扬他，激励他。这样他才能找到成长的动力。所以说如果你的孩子背后没有人在不断地激励他，他不会有主观的学习动力。这是我们家长应该做的事，但遗憾的是有 85% 到 90% 的家长都没有这样做。我们却埋怨孩子，说孩子三分钟热血。

第六节　情绪问题的困扰

什么意思呢？

假如把我们的身体比作汽车的话，我们的理智系统就好比是方向盘，就是控制系统。而我们的情感才是汽车的发动机和燃油。也就是说一个人要去做一件事，就要有情绪的作用，是由他的情感来控制的。如果他的情绪处理不对，处在消极的状态下，就相当于发动机漏油。油箱中没有油，汽车是不会走的，因为没有提供它动力的油。

当人在遇到外界的刺激时，都会有"不愉快"或者"愉快"的心理体验。人们往往认为，这只是一种抽象的思考，"不过是想想而已"，不会造成任何精神负担。其实，这种随心所欲、自由自在的"想想"，都会在大脑里变成物质，进行化学反应，使身心产生某种变化。因为，任何思考都需要消耗能量。在消耗能量的时候，大脑内一种被称为 ROM 的蛋白质会在脑内进行分解，并根据"愉快"或"不愉快"的不同情绪，采取不同的分解方式。

在孩子情绪"愉快"的情况下，能够采取乐观、大度、向前看的态度，泰然处之，蛋白质就会分解成副肾皮质激素和 β－内啡肽。前者可以起到解除孩子躯体紧张的缓和剂的作用，后者则可以解除孩子精神上的紧张。

相反，在情绪"不愉快"的情况下，蛋白质会加速分解成肾上腺素和去甲肾上腺素，还能产生活性氧。它们都会对身心造成极大的损害。

因此，当孩子在生活中遇到非常影响情绪的外界刺激时，如何看待和处理这些事情的本身，就会直接在大脑中产生截然不同的物质，影响脑力潜能的发挥。

孩子情绪好，他就不会紧张，必然会有好的结果。它诱发产生的物质不仅有利于身体健康，而且也能极大地促进大脑活力的增加。如果情绪消极，这对孩子自己的身心健康有百害无一利。在现实生活中，有 70% 到 80% 的孩子有着习惯性负面情绪动因。比如，在回答问题的量时，总爱说："还剩这么多"，而很少会说："哇，还有这么少！"；在旅游登山途中，总爱说："我们才到半山腰"，而很少会说："我们已经到了半山腰了。"如此这样的话。尽管事实本身不会发生任何变化，但不同的回答却能产生两种截然不同的心情。这可能是人天生的一种求稳本能所决定的，但是这样会给孩子的情绪带来负面的影响。

人是一种有高级逻辑思维的动物，并对发生在周围的任何事情都会表现出不同的情绪反应，但这些情绪反应都是经过"思考"之后的结果。

一般而言，人在把个人的欲望层次由本能逐级提高到安全，直至高层的爱及实现自己的境界时，无论其理想多么崇高，如果不能从中获得快感，那么他断然不会付诸实施的。如果他想到现在所做的事是为了某个人、某个组织将来幸福和快乐，他就有了自我价值感，他就会想象或联想出快乐的感觉，那么，无论多苦多累他也会心甘情愿的，因为他想象到的未来的成功快乐远远超过了他现在感觉到的苦与累。这时大脑就会源源不断地分泌 β - 内啡肽。因为掌管体内大部分神经系统的关键性物质就是脑内的 β - 内啡肽，人的精神活动是良性循环还是恶性循环完全可以由自己的思维和情绪决定。

消极情绪对孩子身心健康有百害无一利。要引导孩子无论在任何情况下都要保持积极的情绪，别被"我真笨""我真倒霉"等恶性情绪控制。

所以，要引导孩子无论在任何情况下，都要保持一种积极的情绪，把

"我真幸福""我真高兴""我一定能做更好""我是最好的""我是最棒的""我一定能找到成功学习的正确方法"等语言变成一种心理暗示。这样，就会进入一个 β – 内啡肽的世界，并能够经常维持大脑活力，保持一种健康的人生。如果动不动就觉得"我真笨""我真倒霉""我真痛苦""我真不幸"等等，这样就会总感到身心不快，大脑就会受到压抑，以至灰心沮丧，从而引发恶性情绪，导致失败与挫折。

在现在中小学生的大脑中，他与老师的关系，与男女同学的关系，与朋友的关系，与父母的关系，就是他的自我情绪的爆发点。不论是哪一件事都会引发他的消极情绪或者快乐情绪。消极情绪产生时，他会生活在紧张、焦虑、烦恼当中，如果他被这种情绪主宰，那他就没有办法去学习。当孩子受到这种情绪控制的时候，需要家长来帮助他，鼓励他。把他从这种状态拉出来。这就相当于他发烧，需要我们帮助他一样。遗憾的是我们有85%的家长不但没有帮助他，反而去批评他，使他的情绪"雪上加霜"。当快乐情绪产生时，孩子的大脑会进入一种"我无所不能"的境界，这时候孩子学习任何科目都会既兴奋又迅速。

第七节　用功程度不够

学习确实要非常用功，才能达到一定的强度才能彻底的掌握。这没错，需要努力学习，但是这里强调的努力用功是快乐的用功，不是痛苦的用功。大多数孩子用功程度不够，其原因有三分之二是不知道怎么用功，不懂得学习方法。有三分之一是自我观念的问题，是他自己的原因。

很久以前，一位英明的老国王把他所有的谋士召集到一起，交给他们一项任务："我想让你们替我编纂时代的智慧，把它用书本的形式记载下来，以便我们的子孙后代能看到它。"这些谋士开始着手这项工作，花费了很久的时间才完成。后来他们带着12册巨著返回，骄傲地宣称这是真正的"时代的智慧"。国王看了一眼这12册巨著，说道："先生们，我确信这些是时代的智慧之结晶，囊括了各种各样的知识，值得流传后世。但是，它太长了，我担心人们没有耐心读它。缩写一下吧。"谋士们又花了很长时间，费尽心力，最后把12册巨著缩写为一册，带到国王那里。可是，国王还是觉得太长，他要求谋士们再一次缩写，尽量简短些。谋士们这次把一册内容删减为1章，然后删为1页，又删为1段，最后概括为一句话。这位英明的老国王看到这句话，

他非常地高兴，说："先生们，这确实是时代的智慧，一旦所有的人都知道了这个真理，我们的大部分问题都迎刃而解了。"这句话仅仅只阐明了一个事实：没有免费的午餐——肯定没有。

有成功经历的人都会同意这样的说法"没有免费的午餐""不耕耘就没有收获"。可是人们常常又会出钱搞投机，参加合法的赌博、跑马、赛马和购买彩券，希望幸运从天而降，从而达到不劳而获。一位智者通过观察发现：成功的家庭里，往往父亲工作勤奋，母亲正直诚实。如果你的孩子可以与父母友好相处，与家庭里其他人愉快相处，他就会真正明白，没有不劳而获的事情。

我们要告诉我们的孩子：用功努力的程度是学业成功的基础，天下没有免费的午餐，只有不断地努力学习才可以使我们自己飞速进步，最后才能取得人生与事业的大成就。

第六章

掌握学习十二大规律

家长要想辅导好孩子学习，就要掌握学习的十二大规律。

第一节　人的潜能是无限的

很多人会说，这也叫规律吗？我要告诉大家，如果你坚信孩子的潜能是无限的。你要把你的这种信念传达给孩子，你要告诉你的孩子，他的潜能是无限的。当孩子产生这个信念时，他的自信心才会出来。问题是我们坚信这个信念之后，要想办法把他的潜能开发出来。这是家长应该做的。不要怀疑孩子的学习能力。

1981 年，从事了近四十年人脑研究的 R·H·斯佩里教授获得了诺贝尔生理医学奖后，引起了全球脑科学研究者的强烈共鸣和深入研究。

近几年，有人提出 EQ 的重要性，其实 EQ 就是右脑开发的产物。随着世界日新月异的变化和科技的发展，人类将要用尽了左脑。就像在地球能源快耗尽之际发现了无尽的新能源一样，在左脑即将耗尽之际，却又发现了新的"能源"，便是右脑。原来左脑可用的只占 5%～10%，还有 90%～95% 的潜能没有开发。

人类潜在的智商都有 2000，但现代人一般是 49 到 152 的智商，一个人智商若在 140 以上，便可被称为天才，所以智商达到 200 更被捧为超级天才，可是离潜在的 2000 智商也不过一成而已。

研究发现，我们的孩子只要经过训练便能发挥应有的智商。如美国、日本专家对有智力障碍的孩子进行右脑开发训练，不但使其恢复智力，而且学习成绩也可优于一般未受训的学生。

在我们某省电视台举办过一个"绝活宝宝"的节目。其中几个三岁多的孩子腾空打算盘，以不到十秒的时间计算出十几组七位数相加之和，他的计算速度竟比计算器的速度还要快；一个四岁的小女孩，能把我国的《三字经》

《百家姓》《弟子规》等一字不差地背诵出来，其记忆力竟比大学生还要高；还有一个四岁的小男孩，竟然能准确地画出全国各地电视台的台标；一位音乐教授听了一个四岁孩子演奏钢琴后，竟然不相信自己的耳朵，因为这样的演奏水平起码也要十年的演奏经验，而这位教授的眼睛却告诉他，演奏者确实是一个只有 4 岁的孩子。

如果你了解了大脑的秘密，你就会明白，这些表现对于一个孩子来说简直是一个非常简单的事情。作为父母，我们首先应该了解孩子的大脑为什么具有无限潜能。怎样开发大脑的巨大潜能，要去了解 300 万亿个大脑神经细胞间的复杂联系，这些复杂结构又是怎样产生思维意识和学习记忆能力的。

要弄清这些问题，需要重新来认识一下孩子的大脑组织和功能。

人的大脑是一簇由 1000～1500 克重，1011 个神经元组成的活物质，它的功能可以说是奥妙无穷的。人脑的功能首先是内部调节功能，大脑时刻从体内环境中接收信息，加以处理后再发送给有关器官，加以调节。例如，大脑所需要的营养不足，便马上发出饥饿的信号，指令进食器官多吃食物；如需要多供应血量时，便马上命令心脏加快收缩，导致血循环加快。大脑的这种调节功能使有机体始终保持完好的内部平衡。

其次，人的大脑也能随时从外界环境中接收信息，加以处理，并用此调节整个身体的状态，以保持和外部环境的协调与一致。比如，向前急驰的人，突然看见地面上有一条水沟，大脑便把视觉收集到的水沟信息加以处理，做出判断，命令腿部有关肌肉收缩用力，跳过水沟。

人的大脑不仅可以存贮大量模式的信息，而且还可以把任意两个或两个以上模式的信息分离开来，加以比较，然后把这种比较结果用一种更高级的"模式"来表示，这就是概念。人的大脑还能把许多概念加以比较，建立联系，有时还能纳入完整的逻辑体系，这就是理论，就是新的科学思想。

众所周知，爱因斯坦的大脑产生了狭义的相对论和广义的相对论；普朗克和玻耳的大脑产生了物理学中的量子理论；维纳的大脑产生了控制论。这些科学理论和科学思想的创立和发展对当代历史产生了重要影响和推动作用。人们试图从爱因斯坦、普朗克、维纳这些自然科学巨匠的大脑中寻找与普通人的大脑所不同的东西。美国普林斯顿大学的脑研究中心，前苏联的列宁格勒脑研究所，分别对爱因斯坦和列宁的大脑进行了仔细研究，制成了几万张切片，在各种特定的先进仪器上仔细分析。结果是，爱因斯坦的大脑重 1240 克，列宁的大脑重 1280 克，都和普通人大脑没有什么区别，而且也没有找到结构上的任何不同。那么，到底为什么爱因斯坦和维纳等科学家会创立这样

伟大的科学理论呢？从大脑的结构上，谁也说不清原因。我们只能用一句话来概括，那就是人脑的功能真是奥妙无穷！各国的科学家们都在从自己的研究目的出发，孜孜不倦地探索着大脑的奥秘。

那么，人的大脑到底有哪些奥秘呢？

脑科学研究的基本内容是阐明大脑的结构与功能，提示各种神经活动的规律，在分子、细胞、整体乃至心理等方面研究其机制，以及对大脑系统种种疾患的预防和诊治的探讨。由于大脑结构的复杂性及功能的特殊性，给这一器官的研究带来相当大的困难。试想，大脑上有300万亿个神经细胞，而且每个神经细胞又可能与其他15万个细胞相连并形成极其复杂的神经交互网络，它们之间又利用千百种的生物化学物质或活性因子进行彼此间的通信联系，在这样的基础上对人类智能之源的探索，科学家所面临的挑战是何等的艰巨。

如果以20岁人的脑重为100%，刚出生时的脑只有10%左右，到了两岁时约为50%，到了3岁时约为80%左右。可见，孩子时期脑重已接近成人，虽然此时体格的发育还不及成人的一半（40%）。到了13岁时，普通脏器和生殖器才开始快速生长。即人体的成长是以脑、普通脏器、生殖器官的顺序依次进行的。

一般人脑重约1300～1450克，女性比男性稍轻。出生时脑重约400克，1岁时800克，3岁时1100克，4岁时1200克，6、7岁时脑的大小与成人无异。从人类大脑的重量来看，在人的一生中，脑细胞重量的变化是不大的，大脑重量的增加，意味着脑细胞之间的突触联系增多，这样便增加了记忆信息储备能力。由此可见，早在孩子时期人的记忆和智力水平已具相当大的潜力了。

从脑科学的研究来看，人的大脑先天的差别并不明显，就脑重来看，只要男性脑重不低于1000克，女性脑重不低于900克，就不会影响脑的机能和聪明才智的开发。

从大脑的结构来看，天才人物的脑结构与一般人的脑结构也未显出重大的差别。爱因斯坦于1955年逝世后，美国新泽西州普林斯顿医疗中心的首席病理学家汤姆斯·哈维博士研究了他的大脑，研究工作持续了24年，直到1979年。哈维说："到现在，研究结果表明，爱因斯坦的脑子不比他人的脑子大，而他脑的重量也不比他人的脑子重。脑内的有些变化是随着年龄发生的，他的脑子也是如此，不比普通人变化多。"

法国生物学家拉马克曾经说："用进废退就是对大脑发育的规律概述。"

每一个孩子，只要大脑发育正常，都可以发挥聪明才智。有人说，人的大脑每小时有 1000～1200 个脑细胞衰亡。照此推算，即使人活到 100 岁，也才损失 10 亿个左右的脑细胞。这说明，我们脑细胞的死亡不过只占其全部脑细胞的一小部分；而且脑细胞越用越发达，代谢旺盛，负责传递和贮藏记忆信息的化学物质也越多。有人担心多用脑子会加速脑细胞衰亡，会损伤大脑，其实，这完全是"杞人忧天"，是没有科学根据的。相反，科学实验和日常生活中的现实表明，人的大脑如果长期废弃不用，反而要衰退。

以上的研究资料说明，人的潜能是无限的，尤其是我们孩子的潜能，只要我们用心去开发，每一个孩子都会呈现出天才的特质。

第二节　学习是人的本能行为

学习没那么复杂，它就是人的本能行为。我们没有找到这个规律是因为我们把学习这个行为给它神化了。

当我儿子 32 个月时，我从家里出来的时候，他抱着我的大腿说："爸爸，再陪我玩一会儿，再陪我玩一会儿。"说实在的，我看见我的儿子，我真的很心酸。他现在是最需要我陪在他身边的，然而我现在却是每天在各个城市演讲。如果我花更多的时间培养我儿子的话，我可以肯定的说他一定是一流的，他现在完全是按照我的训练理念进行学习生活的。他 10 个月的时候，我抱着他到墙上去按开关，只要一按，他马上会回头一指天棚上的灯。要知道一个 10 个月大的孩子，他就能把开关这个事物和灯之间的因果关系搞清楚。你不觉得我们人类是天才吗？学习是人的一种本能行为，任何人都可以学会。孩子刚生下来除了呼吸是天生的，他什么也不会，可是一教就会，就是这个原因。

你有没有想过孩子在三岁以前，就可以学会世界上最复杂的一门学问——语言，你不觉得奇怪吗？如果你的孩子一生下来，父亲只跟他说汉语，母亲只跟他说英语，爷爷只跟他说法语，奶奶只跟他说日语，外婆只跟他说俄语，外公只跟他说德语，每个人都只用一种语言和他接触交流。到三岁他就会同时学会六种语言，和每个人都用一种语言交流。他对别人只会一种语言难以理解。这已经被心理学和语言学完全证实了。神经语言学的创始人格林德，他会说十二种语言。他从小就在这么一个特殊的家庭长大，从小他就会这么多种语言。开始人们都认为他是个天才。所以，人们在他身上做实验。

这已经百分之百都被证明了是正确的。

　　人的潜能是无限的，尤其是孩子的潜能，只要方法得当地开发出来，每个孩子都会呈现天才的特质。

　　学习是人的一种本能的行为，这与其他动物有本质的区别。所以，你不用怀疑我的孩子怎么这么笨，怎么这么没有天赋。绝对不是这么回事，是因为方法不得当。你可以回想一下你当年是怎么学习的，你的父母是怎么教你的。没有几个人在研究这个。有些人学得是很好，但你让他总结，他总结不出来。有些人一旦他学好了之后，他为了他的一点虚荣心，就夸大他意志品格的力量，我当年怎么刻苦，怎么努力。他是在彰显他的人格让人佩服他，他在说谎。因为他根本没有深入地研究。

　　如果我们深刻的了解，我们就知道，首先应找到学习不好的原因，再找到学习的规律，这样才能把孩子真的培养好。

第三节　学习兴趣是培养出来的

培养孩子学习兴趣要做到以下六点：

1. 要告诉孩子学习是快乐的，不是痛苦的

人的感觉都是塑造出来的。一个喜欢喝白酒的人一见到白酒，就连口水都流出来了。不喜欢喝白酒的一喝白酒，就痛苦不堪。因为人的感觉都是塑造出来的，所以你应该反复不断地告诉你孩子学习是快乐的，不是痛苦的，学习是好玩的，是游戏。让孩子先从观念上理解，当然，仅仅从观念上理解他是不会必然学好的。

2. 引导孩子从最简单的做起，让他找到胜任感

学习兴趣的大敌是挫折感。如果难度太高他就做不上来，做不上来就会产生自我否定感，那就没兴趣了，就不爱学。

如果他上初二了，数学没学好，你就把初一的课本拿出来，从第一个字开始看，他总该会吧。让他找到胜任感，让他有一点信心，这是最重要的。

3. 及时鼓励和表扬

让他从你的鼓励和表扬中找到快乐，要知道，最初孩子在学习中找不到快乐，是通过你的鼓励和表扬中找到了学习的快乐。是他学习取得了一点成绩时，你表现得比他还要兴奋、高兴和快乐，孩子就会记住，以后还会做出同样的成绩。各位家长一定要记住，孩子最初的快乐是建立在家长的快乐基础上的。

4. 引导孩子找到学习方法和规律，增长学习能力

如果他找不到学习方法和规律，他学一会儿就会有挫折感，就会学不进去。这样，就会连续不断地给他带来痛苦的感觉，最后他就会放弃学习。所以，家长要教会孩子去模仿学习上的成功者，必须要找到学习方法和规律，才能增长学习的能力。

5. 引导孩子主动体会学习的快乐

什么意思？

让孩子自己学习，过一个小时你再过来问："儿子，感觉怎么样，你背完这首诗你是不是很快乐，做完这道题是不是很快乐。"这样主动引导他，让他主动地感受到学习的快乐。他学会了一道题，一篇文章，让他体会到那种成就感、价值感、荣誉感。

引导孩子体会学习快乐，关键是让他主动体会，这样他才会感觉到学习是一件快乐的事。最后，即使你不去引导了，他自己也形成了学习快乐的思维模式，那么他学习上的进步，就会不断的突现出来。

6. 引导孩子继续做下去，让他把学习和快乐联系到一起，形成习惯

如果家长引导孩子，至少要持续 3 个月的时间，你还要把事情做对，这样你才能把他改变过来。通过 3 个月的时间让孩子把过去学习和痛苦的神经连接剪断了，把学习和快乐连接到一起。

这是基本的六步程序，家长是一定要做到的。

在博瑞智中学生潜能训练营上我们是用 40 分钟到 90 分钟的时间做的这个体验。我们是让大家对着天棚笑，然后我们又创立了让大家跳舞，一直跳到那种快乐的状态，然后再对天棚大笑。反复的进入快乐的状态。然后再做一个动作，大声喊："YES！"把这个动作和快乐状态联系到一起，这叫神经连接。这是神经语言学的 NLP 技术。最后，让大家坐下，由我出题，大家来回答。答对以后，大家一起做这个动作，并大声地喊："YES！"如果一个孩子在这个环节上全身心的投入。那么在 45 分钟到 90 分钟内就可以把学习和快乐联系到一起了。

回到学校去，有一些同学闹出了笑话，因为他们班级 70 多人就他一个人参加了我们的博瑞智中学生潜能训练营。别人也不知道他做什么去了，他做对一道题，就大叫一声："YES！"所有同学都以为他有精神病呢。我们在对参加潜能训练的孩子身上统计过，这种方法的成功率在 75% 到 80%。别看只有短短 90 分钟的训练，却能解决很大的问题。这是我们的特殊训练，它的前提是孩子必须全身心投入。让他把过去的"那根线"剪断。这也是心理学上的 NLP 技术，当然仅仅学过心理学没用，你必须学过神经语言程式学，大约有 10 年以上的实践经验，你才会做出这个动作。

第四节　学习是简单的，只模仿就够了

特别是语言的学习它就是靠模仿。

我们各位家长大多数都学过英语，但能真正说一口流利的英语的人可能是寥寥无几。用疯狂英语创始人李阳老师的话来说，就是中国人有太深的英语情结。我们在英语上浪费了太多的时间和精力。多少人买了多少本英语词典和英语书，最后学得一塌糊涂。我们付出了十倍的努力，最后连一分收获都没有。你知道我们的毛病在哪里吗？我们的教师在教学时，给你一篇课文，然后找出几句经典的句子，用40分钟的时间来给你分析这个句型，分析"一般现在时"和"一般过去时"等这些语法，然后让你抄语法，背语法和单词。这种模式化的死板教学，让我们根本学不好英语。

语言中的语法绝对不是学习重点，只是辅助工具。想想我们汉语是怎么学的，语言的根本规律是习惯。语言是约定俗成的，大家都有这么个习俗，说多了大家就认可了。习惯才是语言的"母亲"，而语法是语言的"儿子"。语言的根本规律是模仿，不是分析语法、分析句型。

有一次我和一个深圳人一起吃饭，他说："你们东北人说话也太土了。"我说；"怎么土了。"他说："你们一说话就是'干啥（ha）''干啥（ha）'的。"我说："干啥（ha），怎么了。"他说："我给你们举个例子。你们东北冬天冷，路滑，一个开车的把一个骑自行车的人给撞了，那个骑自行车的人下来生气地说：'你干啥（ha）呀？'那个开车的也气愤地说：'你干啥（ha）呀？'这时候一些路过的人看见了就问：'干啥（ha）呢？干啥（ha）呢？'。一下子就围了一群人，这时警察来了，一看这么多人就说：'干啥（ha）？干啥（ha）？该干啥（ha），干啥（ha）去。'一会人都走散开了。"这个过程中，从头到尾就两个字，干啥（ha）。你说你怎么分析吧。它就是一种习惯，一种语言的表达习惯，但我们能简单明了的知道它的意思。

我们说英语难学，其实外国人学汉语能把他们累死。一个外国人说我累得满头大汗才把一个汉字"draw"出来了。他的意思是我把一个汉字给画出来了。在外国人看来我们的汉字是一幅画。我们的字是有方向的，三横念"三"，三竖念"川"。是二维空间的，而英文是线形文字，是一维空间的，从思维学角度我们比他们高一个量级。语言是人类思维的工具，我们是二维空间思维，他们是一维空间思维。所以你跟单个外国人接触，你会发现他比

中国人笨多了。有科学家们测算，人类的智商，以中国人为主的东方人的智商的平均值超过106，西方的白种人智商100，美国的黑种人智商90，非洲的黑人智商70。你知道为什么吗？中国人的文字造就了这个聪明的民族。比如一个中国人对一个美国人说："汤姆，明天中午我请你吃饭。"汤姆会从上午10点一直等到下午14点，那个中国人也没来。第三天见面的时候他会非常生气："你说请我吃饭，你为什么没来。"中国人很迷茫，不知道也为什么这么生气，造成这种情境，是因为外国人不知道汉语是二维空间的。两个中国人在一起的时候，一个中国人说："老王，明天中午我请你吃饭。"老王说："谢谢，谢谢。"可是第二天说的人没来，听的人也没当回事，第三天见面什么事也没有。说的人也没有感到惭愧，听的人也没有生气。他十分不理解中国人的思维是怎么想的。其实中国人的思维是二维的，他的纵线轴说："我请你吃饭。"横线轴却说："凭什么呀？"而听的人纵线轴说："谢谢，谢谢。"而横线轴却说："算了吧，你是铁公鸡，一毛不拔。"中国人的文字这么复杂你是怎么学会的？"我们打胜了敌人。""我们打败了敌人。"这两句话，打胜了，打败了，都是我们赢了。他们很难理解。

你知道外国人学汉语，中国人是怎么出题的吗？有一道选择题是这样出的：几个人在一起说话，刚谈到了小明，一个人就进屋了。大家说："说曹操，曹操就到了。"请问，是谁来了？A、小李，B、小明，C、曹操。结果所有的外国人都选的是曹操。外国人还想中国人真笨，都说曹操来了，还问谁来了。要知道，世界上最难学的是汉语，而我们都轻松学会了。怎么学的，大家可以想一想。其实就是一个模仿。没有一个孩子是先学汉语语法的。

学习英语的最简单的方法也是模仿。人家怎么说，你就怎么说。人家怎么讲，你就怎么讲。我女儿在上小学的时候，我在吉大外语系请了一个女生给她做家教。我买了两本一样的书，我告诉那个女生说："你不用做教案，也不用教语法，甚至不用教单词，只要你们俩一人一本书，对着念。你说什么，就让她说什么。"一直到六年级我又给她请了另一个家教。这么多年我就给她请了两个家教，之后再没请过家教。因为语言就是要把音发准。我对我女儿说："人家怎么说你就怎么说，人家怎么写你就怎么写。"她买了30多本英语的原版磁带，天天跟着念。她在英语演讲比赛上获得了全国第三名。到了初中二年级她的英语是全班第一名。有一次家长会，她们英语老师说："我们的家长，应该告诉自己的孩子好好学语法，好好背单词。你看我们班董晨耕，人家语法学的那么好，单词背的那么好。"回来后她告诉我说："爸爸，今天老师表扬我了。"我问她是怎么表扬的？她说老师让所有同学都向我学习，好

好学语法，背单词，说完之后一吐舌头。你知道是什么意思吗？其实她根本就不是那么学的。上海育才中学的王新，我们淄博的一个代理商的女儿。在去年的托福考试中得了 630 分。在长春十一高参加竞赛，获得一等奖。今年上北大读研究生了。你问一问她是怎么学的，她们班的同学是怎么学的。

教导孩子学英语最简单的方法有四点：第一就是模仿，第二大声朗读，第三大量阅读，第四买 30 盘英语磁带给他模仿。这四点都做到了，我可以肯定的告诉你，在三年中你的孩子一定能说一口流利的英语。我的女儿初三的时候到新西兰去了一年，在那里她没有一点语言障碍。在她们英语班里依然是优秀的，要知道人家是国语，你是外语。她还轻松的看完了五部的英文原版《哈里·波特》。

第五节　主动学习

前苏联的一个教育家说："家长和教师通常都犯的错误是，他们不了解学习是脑力劳动，脑力劳动所特有的规律是劳动者必须处于主动的状态。"

要想让你的孩子学习达到理想的状态，你必须把他激发到他自己想去学习，而不是你逼迫他去学习。德国的大哲学家尼采，把人的精神状态用动物来比喻。用他的话来说有 90% 的人就像沙漠里的骆驼，骆驼在那么严酷的条件下，它自己并不想向前走，它被驼人打着，拽着向前走，它的心理状态是被动的。用语言表述是："你应该。"中国现在的孩子有 90% 以上就像沙漠里的骆驼一样，是被动地，艰难地在学习。因为不符合脑力劳动的规律那么他是绝对学不好的。另一种状态叫"草原上的狮子"，狮子在追捕猎物时是处于主动状态，用语言表述是"我能够"。这是孩子在学习时的正确状态。

如果把主动学习比喻成一座五层楼。那么一楼就是要用孩子的好奇心来激发孩子的学习意愿，二楼是培养孩子的自信心，三楼就是要培养他的学习兴趣，四楼是培养他的学习能力，五楼才是知识和技能。我们有一些家长懂得学习的规律，如果你的孩子有足够学习能力，那么他就像一根钢钉一样，用锤子一敲就进去了。反之，像一个牙签一样，你一敲，他就碎了。要知道这个顺序不能违背。只有先激发他的学习意愿，他才能有自信心。只有有了自信心，才能培养出他的学习兴趣。只有培养出他的学习兴趣，才能培养出他的学习能力。只有有了学习能力，才能学到知识和技能。这个时候，就像高尔基说的一句话："我扑在书上，就像饥饿的人扑在面包上一样。"

第六节　学习必须找到学习方法，才能事半功倍

假如我们把学懂一门知识比喻成挖一条100米长，2米深的一条沟。我们有两种挖法，一种是从一头挖，挖到2米深，然后向前挖，挖到100米。另一种挖法是，从表层开始挖，一直挖到100米，然后回来再从头挖，挖到100米，反复的挖，挖到2米深。

我们学理科就应该采用第一种方法，代表着把知识搞懂了，学透了，再往下学习。如果没有搞懂学透，就往下学那叫夹生饭，你没有办法学习好。

为了掌握正确的理科学习方法，我总结了四句歌谣：

步步为营，旧知识没学会不学新知识。
循序渐进，不能跳跃。
重点突破定义，定理，定律。
反复学习，增长能力。

1. 步步为营，旧知识没学会不学新知识

这是根本性的道理。我们学理科就用这种办法，把每一个知识点，定理，定义各种知识学懂学透了，才能往下学。因为理科的知识是按逻辑编排的，每学一个新知识，就会用到旧知识。所以你旧知识如果没有学懂学透你就没有办法继续向下学。

2. 循序渐进，不能跳跃

如果学理科你能循序渐进地学习，你就会知道没有比理科再简单的学科了。理科是可以自学学会的。严格地说，文科是没有办法自学学会的。很多人都把这个规律搞反了，以为文科就是几个字可以自学学会。理科是公式，公式的对错你自己都可以推出，文科你读完之后，你自己根本就不知道对错，有的人错了20年自己都不知道。没有名师指点有的地方你根本就没读懂，一辈子都可能不会懂。

3. 重点突破定义，定理，定律

理科的重点在这"三定"上，定义是人类的基本概念。人们对客观事物总结出来的结论，叫做定义。让孩子把这个事物搞懂，不是把词记住。定理是在基本公式理性前提的假设下，按照我们人类的思维规则推导出来的结论，叫做定理。所以学数学的时候不但要把定理搞懂，还要知道它是从哪里推导出来的。要知道这个推导过程，你才能把数学学懂。定律，它是客观规律，是发现出来的，不是推导出来的。让孩子第一要把定律本身搞懂，第二是谁发现的。那个科学家发现了什么现象，总结出了这个定律。必须把发现这个客观现象的过程搞清楚，他才能真正理解这个定律。我们有多少孩子把精力用在这个上？他只知道在那多做题，这是不对的。如果他把这些都搞懂了，他就会举一反三，就会以不变应万变，就会融会贯通了。这样他才叫真学懂了，将来才是人才。

4. 反复学习，增长能力

理科是要做一定量的习题的，教科书上的一定要全做，这是必须，然后再做一点典型的课外习题，用于消化"三定"，这样这个孩子才能真的学懂了。

文科的学习方法我也总结了四句歌谣：

鬼子扫荡，不要在不懂的地方停下来。
大面积反复，温故而知新。
充分联想，掌握真知，重在理解。
整体把握，纵览全局。

1. 鬼子扫荡，不要在不懂的地方停下来

我用鬼子扫荡这个词是在五年前提出来的，与现在的反日倾向没有关系。我当年用这个词有两层意思，第一层意思是日本人在河北进攻冀中平原的时候，采取的是三光政策，叫扫荡。我是让中国的孩子记住这段悲惨的历史。第二层意思是鬼子扫荡的这种方法，就是学文科的方法。拿过一篇语文课文来不要管懂不懂，都看一遍。不会的地方，用笔画出来，继续读。文科不是按逻辑编排的。有一些概念前面没交代，就用了。你让他硬抠，他抠不懂。所以你不用管它，画上标记，继续读。这就是鬼子扫荡，不要在不懂的地方停下来。

2. 大面积反复，温故而知新

比如历史，最少以一小节为单位，从头到尾来一遍。读完之后从头到尾再来一遍。读过三到五遍，你就懂了。所以温故而知新这句话指的是文科，而不是理科。各位就是到了 90 岁的时候，三角形的内角和等于 180 度你也一定会知道的，不用温故而知新。文科是当年没有理解，过了许多年又理解了。比如毛主席当年说过："中国对人类应该有较大的贡献。"我 11 岁的时候就知道这句话，可直到我到 30 岁以后才真理解了这句话。文科和理科是不一样的。

3. 充分联想，掌握真知，重在理解

文科教科书上的文字，它不是知识，是知识的表达符号。文字后面代表的东西，才是真的知识。我们太多的孩子，把那个符号背下来了。它后面的知识没有搞懂。然后，他又把它背下来的写在卷子上打了一百分。这样的孩子将来长大了就叫做"孔乙己"。所以教导你的孩子在读文字的时候，大脑要有联想的过程。比如他读到一段文字："在那蓝蓝的天上，飘着朵朵白云。白

云下面是一望无际的草原，草原上有几对牛羊在吃草。牧羊的人在歌唱，小河在清清地流淌。"他读这段文字时，大脑中必须要有这个过程，要映出蓝天，白云，绿草，牛羊。他有这个联想的过程，他才能把后面的意思搞懂。

死记硬背是没有好处的，我们有太多的孩子是这样的。有这样一个奇怪的事情，一个学生连续4次地理考试，都取得了100分。可当他拿着地图和指南针来到郊外，他却哭鼻子了，给他妈妈打电话，问妈妈怎么回家。地理书上的词都记住了，可地理知识没学会。

4. 整体把握，纵览全局

文科是总体把握的学习方法，理科是分散突破的学习方法。所以理科主要是钻研，文科主要是悟性。把一篇文章读三到五遍，就悟出道理来了。知道作者写的是什么意思，中心思想是什么。这样你就读懂了。

有一次我女儿对我说："数学太难学了。"我说："怎么了，听不懂吗？"她说："不是。"我说："你都怎么学习数学。"她愣着看着我说："老师讲完课我就做作业。所有的同学都这样。"我说："你这样学是学不会的。"我顺手写了五个字"学习的程度"，我告诉她学习是有四个程度之分的。第一个是听懂了，第二个是记住了，第三个是学会了，第四个叫掌握了。我女儿当时就问我说："我怎么样才能由浅入深的达到掌握呢？"我又给她写了五个字叫"学习的程序"。我说："你要是按我这个程序去学，我保你由浅入深达到掌握的目的。"她说："我该怎么做呢？"我说，一要专心听课，只要把意思搞懂就够了。老师讲的是什么事，是什么意思。二要认真看书，教师讲完课走了，把书打开，认真的看书。把老师讲的内容从头到尾的看2至3遍，你就记住了。这样把漏掉的又激活了。三是认真地做例题，把书上的例题抄下来，自己在草纸上演算，推导。如果你能做出来，说明你已经懂得了这个原理怎么使用了。如果没做出来，把书打开看一看卡在哪一步，书上是怎么解的。这你才能真学会了。否则你以为你懂了，其实你没懂，所以作业做不上来。做例题的目的是证明学会了。最后一步是做习题，经过前三项之后再做习题，它的难度会降低四分之三。

如果我们按这个程序去学习，任何一个孩子都可以轻松愉快地把知识学会。一个孩子如果没有完全理解老师所讲的内容，他的学习难度是非常大的。如果难度降低，任何一个孩子都学会了。我们有太多的孩子不知道学习的程度，不知道学习的程序，也不知道文科怎么学，理科怎么学。所以他想用功用不上。我们的孩子不是不想用功，是不知道怎么用功。就像打篮球一样，

如果不会打你就使不上劲，满场瞎跑，一接球手撮了，一带球，球飞了。必须基本动作熟练，他才能使上劲。一个孩子不懂学习方法，不懂学习程序，他就使不上劲。学习是脑力劳动，不是体力劳动。

许多家长批评孩子学习不努力，他不懂得学习方法，你说他怎么努力。我们在教育孩子学习的过程中做过太多荒谬的事情，我们不了解学习的规律，然后批评孩子。我们就这样把孩子批评废了。这样的事情每天都在上演。

第七节　学习的动机必须要纯正

孩子在上小学以前我们就告诉孩子，要好好学习，将来赚钱买好车，住好房子。这是小学阶段，他听不出别的道理，这样说未尝不可。

到了中学阶段以上，你就要帮助他树立理想。要考哪所高中，要考哪所大学，将来要干一番什么样的事业。要给他看各种名人传记，参观各种博物馆。让他能够产生一种叫做理想或梦想的东西。让他把他今天的学习与未来的事情联系到一起，这就叫理想或梦想。他为了将来那样美好，现在要好好学习，这叫做动心。如果我们的孩子理想或梦想产生了，这就是他理性拉力。

有个叫申科尔的英国教师，在整理阁楼上的旧物时，发现了一叠练习册。它们是25年前皮特金中学40位孩子春季作文，题目叫《未来我是……》。

申科尔顺便翻了几本，很快被孩子们千奇百怪的自我设计迷住了。比如有个叫彼得的学生说，未来的他是海军大臣，因为有一次他在海中游泳，喝了3升海水都没被淹死；还有一个说，自己将来必定是法国的总统，因为他能背出25个法国城市的名字，而同班的其他同学最多只能背出7个；最让人称奇的是一个叫戴维的盲学生，他认为，将来他必定是英国一个内阁大臣，因为在英国还没有一个盲人进入过内阁。总之，孩子们都在作文中描绘了自己的未来，有当驯狗师的，有当领航员的，有做王妃的……五花八门，应有尽有。

申科尔读着这些作文，突然有一种冲动——何不把这些本子重新发到同学们手中，让他们看看现在的自己是否实现了25年前的梦想。当地一家报纸得知他的这一想法，为他发了一则启事，没几天，一封封来信向申科尔飞来。他们中间有商人、学者及政府官员，更多的是没有身份的人。他们很想得到儿时的梦想，并且很想得到那本作文簿。申科尔按地址一一给他们邮寄。

一年后，申科尔身边仅剩下一个作文没人索要。他想，这个叫戴维的人

也许死了，毕竟25年了，这期间什么事情都有可能发生。

就在他准备把这个本子送给一家私人收藏馆时，申科尔收到内阁教育大臣布伦克特的一封信。他在信中说，那个叫戴维的就是我，感谢您还为我们保存着儿时的梦想，不过我已经不需要那个本子了，因为从那时起，我的梦想就一直在我的脑子里，我没有一天放弃过。25年过去了，我已经实现了那个梦想。今天，我想通过这封信告诉其他的同学，只要不让年轻时的梦想随岁月飘逝，总有一天它会变成现实。

布伦克特的这封信后来被发表在《太阳报》上。他作为英国第一位盲人大臣，用自己的行动证明了一个真理：假如谁能把15岁时想当总统的梦想保持25年并不懈努力，那么25年后他就一定是总统了。

孩子能够好好学习，一共有三个力量，第一是在学习上找到快乐，生理上的快乐让他想去学。第二个家长老师的鼓励和表扬，心理上的快乐让他有价值感，使他去学。第三个为了他的理想去学，这是理性上的快乐。这三个力量拉着他往前走。这就是第七大规律，他的动机必须要纯正，必须要产生理想和目标。

第八节　学习者必须有持续的情感激励

这就是说家长要在后面不断的表扬，鼓励和赞美孩子。这样孩子才有稳定的学习动力，这是家长应该做的。

若想孩子对什么事情都产生兴趣，就要在他最初的最微不足道的成功上表示赞扬和欣赏，孩子会觉得，原来爸爸、妈妈喜欢我这样做！逐渐的他就会本能地往这个方面再做一点。反复次数多了，这件事就容易了，这样就产生了兴趣。我女儿最初写的作文就像流水账一样，于是我就找出一个比较好的句子，很夸张地对他说："这句话说得太好了，太妙了！"第二天，我再夸她其他的作文："这个对，这个不错，爸爸、妈妈发现你有语言天赋。"女儿开始喜欢写作，她最初的动力是写这些可以获得爸爸、妈妈赏识的文章。最后她自己写出了快乐，并出版了自己第一本小作家作文集。

我这里有一个案例，有一个叫冰冰的小朋友由于父母的过度保护，导致他胆子小，自理能力很差。有一天，别的小朋友在那里玩滑梯，她躲得远远的。老师走过去问："你看好玩吗？"她说："好玩。"老师说："那咱们走近一点。"老师就拉她靠近滑梯。她看别人玩得那么高兴，越看越想玩。老师进

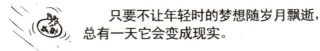

只要不让年轻时的梦想随岁月飘逝，
总有一天它会变成现实。

一步诱导说："你也滑一个好吗？"冰冰吓得赶紧往后面缩。老师说："这么办，我抱你，咱俩一起滑，好吗？"冰冰勉强同意了。在老师的怀里，冰冰有了安全感，她和老师一起滑了下来。老师问："好玩吗？"她回答："好玩！"老师又问："害怕吗？"她说："不害怕！"老师说："你真勇敢！这回你自己玩，好吗？我在旁边保护你。"冰冰终于敢自己玩滑梯了。冰冰的老师做得非常好，他对冰冰没有任何的指责，也不是放弃不管，而是为孩子设立具体的小目标，允许孩子尝试，成功了立即表扬，终于使她自己敢玩滑梯了。试想，如果这位老师冷冰冰地讥笑冰冰："人家都玩滑梯，你怎么不去！胆小鬼！"结果会如何？这种老师有，这种父母也就更多。

家长要给孩子持续的情感激励。首先，家长与孩子的关系要和谐，意思是情感因素在孩子学习过程中很重要。要尊重、理解、信任孩子，以此来点燃孩子心灵的火把，让他们在愉悦的心情中接受教育。其次，以满意的情绪对待孩子每一点微小的进步，只要孩子哪怕一点点就立刻表扬、鼓励、确立他的良好行为；以愉悦的情绪激发孩子的学习兴趣；以宽容的情绪对待孩子的差错；以兴奋的情绪激励孩子投入学习。并经常使用一句鼓励的话语、一个信任的眼神、一次理解的微笑、一回亲切的抚摸，让孩子在关心与尊重中体会到温暖与期望，激励与鼓舞，进而感到家长的可亲可信，让家长与孩子

的心在情感交流中相通，学习才会长足进步。

为了使孩子成功，就经常说："你真聪明，想得又快又好!"

"别紧张，你的想法挺好，能把想法说清楚吗?"

为了帮孩子成功，家长就说："你理解对了，要是声音再大一些就更好了。"

"别着急，再想想，你会想起来的。"

为了盼孩子成功，就说："别灰心，下次还有机会，咱们再争取"，等等。

对学习困难的孩子只做纵向比较，只要努力学习，在原有基础上有一点点提高就要受到家长的表扬，使他们充满信心地对待学习和自己。所以，家长要给孩子持续的情感激励，如果家长三分钟热血，那孩子就没有救了。

第九节　消除学习者情绪问题的困扰

孩子有情绪问题的困扰，就像经常感冒发烧一样，你要理解他，关心他，把他拉出消极情绪的泥潭。这样他才有动力去学习，这是家长应该帮助孩子的。他自己是无法做到的，否则他就不是孩子了。

一位心理学教授曾专门研究了情绪对学习成绩的影响，她进行了大量的实验，对比不同情绪的学生在同一功课上的成绩表现，结果表明，情绪高涨、轻松愉快地进行学习的学生，比情绪低落、忧郁、愤懑的成绩要高出20%左右。以此，这位心理学家解释说，学生在情绪快乐轻松的情况下，大脑处于积极的接收和运动状态，可以吸收较多的信息，而在情绪低落的时候，学生常常是心扉紧闭，反应呆板僵化，老是想着自己的心事，无心学习。

这一结论启发我们，若要想让孩子发挥出最佳的学习潜能，父母就要设法使他们保持一种良好的心境。可现在有不少父母往往不注意这一点，他们或是在工作、生活中遇上什么不顺心的事，就拿孩子当出气筒，或是对孩子要求过多、过高，左看右看都不顺眼，因而整天在孩子周围唠唠叨叨，弄得孩子不胜其烦。一位孩子就曾说过："每当我写作业的时候，父母总不时地甩一两句不中听的话，弄得我心里要多烦有多烦，生闷气都不够，哪有心思把作业做好?"所以提醒那些有训孩子习惯的家长在孩子学习时或学习前，一定要以维护孩子良好情绪为大局，注意克制自己的不良情绪。

目前，学习成绩仍是判定在校儿童发展水平的重要指标，而儿童情绪状

态影响其学习成绩也是国内外研究人员做出的定性结论，既然情绪状态影响儿童学业成绩，那么，我们就要研究影响儿童情绪状态的因素，以便培养儿童良好的情绪特征。

第十节　教会孩子正确使用身体

二十世纪八十年代文盲的定义是指不识字的人，二十世纪末文盲的定义是指不会使用计算机的人，今天文盲的定义是指不会正确使用身体的人。

人的潜能是无限的，但是我们连百分之一都没有开发出来。比如，学习这件事，我们要把它释放出来，需要三个条件：

一、要做到肉体高度的放松

芝加哥大学实验心理学专家艾德森·杰可布森医生对这个道理很清楚。他花了很长的时间，研究肉体放松的方法在医药上的用途，曾经写过《消除紧张》《你必须放松紧张情绪》两本专著。他认为任何一种精神上或情绪上的紧张状态，"在完全放松之后，就不可能再存在了"。这就是说，如果我们能让孩子放松紧张情绪，他大脑的潜意识大门就会打开，开发孩子的潜能才会成为可能。

身体的舒缓可以带动心理的放松，帮助我们消除焦虑。你也许可以用散步、听音乐或者看风景来帮助你的孩子进行放松，但当这些都不管用时，请试着按以下的放松原则和放松方法指导孩子进行一些专门的放松技巧训练，这将会使你的孩子逐步学会放松，他一定会从中受益。

1. 放松的原则

（1）计划让孩子进行练习后，要让孩子下决心坚持每天练习，以形成一种习惯。

（2）每天练习2~3次，练习越多越容易放松。

（3）环境要求：安静整洁的房间，光线柔和，房间周围没有噪声，练习时避免他人打扰。

（4）不要在空腹或饱餐后练习，练习的房间不能太热或太冷。这些情况会使你的孩子难以放松。

（5）初学者可选择一种舒适的姿势躺着，穿宽松的衣服。以后也可以坐着或者站着进行。

（6）要让孩子以"主动的态度"去练习，这意味着要让孩子知道不必担忧自己的表现，不必担心练习能否达到放松。鼓励孩子试着跨出第一步，看看会发生什么。

（7）练习时，要注意采用正确的呼吸：通过鼻子深呼吸，尽量让自己感觉到肺部肌肉在张开。呼吸要缓慢、均匀。避免快速的深呼吸，那会使孩子产生头晕目眩的感觉，并会使孩子更加紧张。如果孩子的呼吸正确，可感到放在胃部的手在上下运动。在练习之前，可以尝试让孩子体验这种感觉。

（8）记录下练习的过程，评价放松的步骤是否适合孩子自己。应该让孩子预先想到每天的放松训练效果会有所差异，有时容易放松，有时比较困难。

2. 放松训练方法

（1）简单放松法

简单放松法是一位心脏学家叫赫伯特·本森在 20 世纪 70 年代提出的。当时，他是为了帮助心脏病患者减少导致身体损害的刺激，后来，这一方法演变成为一种广泛应用的放松方法。

练习这一放松方法时，首先让孩子找到一个让他心情平静放松的目标——即诱导物，用于训练过程。常用的诱导物有：能让你的孩子放松的声音或语句（如听大海的浪涛，或默念"放松、放松……"）；或是优美的特殊东西（也许是孩子喜欢的一幅画）；或是能让孩子平静的情景（如乡下某个幽静的地方，或海滨的沙滩）。

当你引导孩子练习时，做到以下几点有助于他的放松效果：

● 让孩子闭上眼睛以一个舒适的姿势坐着。想象他自己的身体逐渐变得发轻和放松。

● 用鼻子吸气，并把注意力集中于孩子自己的吸气过程。呼气时，注意心理上的感受，且呼吸要自然、放松。

● 让孩子不要担心自己能否掌握这一方法，按照自己的节奏让自己紧张和放松。练习时，分散注意力的念头可能会进入他的脑海中，对此告诉孩子不要担忧，也不要沉溺于这些念头，只要继续注意自己的心理感受和呼吸。

● 练习持续的时间就是孩子能感到放松的时间。这一过程有的需要 2 分钟，有的需要 20 分钟。结束练习的判断标准是孩子能够感到了放松。当他完成练习后，闭上眼睛静静地坐一会儿，然后睁开双眼。起身时，动作不要太快、太猛烈。

作为一个简单的方法，你可以让孩子花上几分钟练习一次，或在喝水、

饮茶、用餐的时间进行练习，或在课间休息的时间里进行练习，或在做作业过长感到累时进行练习。可供选择的机会很多，你应该让孩子做得最有意义的事情就是发现什么诱导物最适合他自己。

（2）暗示放松法

用前面的方法能够让你的孩子放松后，还可以让孩子开始全天任何时候使用自己所掌握的放松方法，而不必设定专门的"放松时间"。通过这样一个过程，你将会让孩子发展一种随意放松的能力，我们把这种放松方法称之为暗示放松法。进行暗示放松时，让孩子所需要是那些能不时引起他的注意，提醒孩子放松的标志性东西。

暗示放松的要点：

- 垂下双肩
- 放松全身肌肉
- 注意呼吸
- 放松

作为暗示或提醒孩子进行放松的标志物，可以是手表上小小的一个彩色点或其他能够在白天经常看见的东西。每当孩子看到标志物，就可以提醒他做放松练习。因此会让孩子在一天时间里进行多次放松的实践。在孩子的身边肯定存在许多暗示物，让孩子找出能够经常引起他注意的东西，并以此作为提醒他放松的标志物。

3. 心情愉悦，宁静

在进行身体放松时，心情一定要保持快乐，并且把这种放松时的心情快乐养成一种习惯。同时，在进行放松前一定要让自己的心灵宁静，抛弃种种杂念和其他的事情干扰，否则，很难进入状态，最后影响放松的效果和时间。

4. 大脑高度专注

要让大脑的注意力放在我们为孩子设定或选定的诱发物上，并且持续更长的一段时间，这样有助于孩子能够快速进入深度放松状态。

你教会他放松，教会他专注，教会他管理情绪。这样他的大脑潜能才能释放出来。学习的效率才能提高起来。

第十一节　健全的人格

这是学习好的最重要的前提。要知道是人在学习，不是动物在学习，不是机器在学习，要从小培养孩子的自尊心，自信心，责任心，进取心，同情心和良好习惯。这就意味着对要他进行不断鼓励和表扬，让他产生自我价值感，成就感，快乐感。孩子学习好才成为可能。

如果孩子缺乏自尊心，那么孩子就会不听话，你说什么难听的都不好用，孩子的表现是没脸没皮。如果缺乏自信心，表现担心恐惧，孩子不相信自己能学习，最后他就不学了。如果孩子缺乏责任心，他对你的承诺就可以不兑现，说话不算数。缺乏进取心，孩子没有目标，没有理想，精神状态萎靡不振。缺乏同情心，孩子表现很自私，不关心别人，体会不到别人的心理感受。缺乏良好习惯，孩子表现就是三天打鱼，两天晒网，做任何事，没有长劲儿。

我在前面章节重点论述了孩子的主体人格自尊心，自信心，责任心，进取心，同情心，良好习惯的作用与内容。你可以翻到前面，再复习一遍。

第十二节　正面的信念是开启学习大门的钥匙

也就是说，孩子必须树立"我是最好的，我是最棒的，我是最聪明的，我是天才，我能做对"的信念。只有他坚信不疑的这样认为，他的大脑阀门才会打开，他的潜能才会释放出来。在我们中学生潜能训练营上为了转变这个观念，我用了8个多小时，最后让他们大声喊出来，"我是最好的！我是最棒的！"而且每次休息帮他喊，领着他们一起喊，每个孩子必须一次完成，并且回到家里孩子自己也要喊。为什么他能在潜能课上转变的那么快，就是因为理念上的错误观念被我打破了。

培养孩子良性情绪，即积极的心态，从而形成正面的信念。挺胸抬头、目光坚定这些都能反映你的情绪状态，如果你精神饱满，形成自信的稳定情绪状态，就会引发出正面的信念。如果一个人生活在紧张、焦虑、烦恼等消极情绪中，一旦形成稳定的心理状态，就被消极情绪缠住了。我给大学生做过这方面的报告，题目是《松开抑制的力量》，人被消极情绪占领时间长了，形成稳定的情感反应模式，一个人将表现得蔫头耷脑，眼睛没有神采，不自

然的驼背……整个人生动力不足。我们注意到，生活中就有这样的人，只要坐在他的身旁，本来你的心情很好，他和你谈两句话，你的情绪马上就下来了。这是消极情绪在传染。快乐情绪对孩子成长极其重要，所以，我们家长要把良性情绪不断地传给孩子，同时，反复不断地告诉孩子你行，你很聪明，你没有问题，只要努力，你就会成为一个杰出的人，这样不断地形成正面信念，从而影响他的外在行为。

当一个人精神上成为一个自给自足者，这个人就是一个成熟的人了。我提出了一个概念，叫精神供氧者。需要家长扮演这个角色，给孩子供给确认、表扬、鼓励这些精神"氧分"，其实就是正面信念的作用。这些精神氧分对孩子最大的作用在于确认孩子的自我价值。一个人活着必须认为自我是有价值的，否则就失去了活下去的理由。没有自我价值，就找不到生命的意义，生命失去意义，人就会自动启动了自我毁灭的程序。一个孩子在生命早期是通过父母、老师、亲戚的不断确认、表扬、鼓励来建立自我价值，输入正面信念的。使得孩子觉得自己是被爱的、被接受、被喜欢的，这样他才有活着的理由。如果一个人永久性依赖父母的表扬、确认那麻烦就大了。"成人幼稚病"就是指一个成年人，缺少自我价值，总需要别人来确认：你看我行吧！原来的供氧者是父母，成年后变成身边的同事朋友。这样形成惯性，这样的人实际是在精神上没有"断奶"，他在精神上无法独立。真正的成熟是成为在精神上自给自足的人。他通过对自己行为的判断，通过对自己的成绩的肯定，就能知道自己是有价值的人，知道自己可以表扬自己，鼓励自己，能够自己给自己不断地输入正面的信念，这个孩子就成熟了。从小教育孩子就要他自己确认他自己的行为，对自己好的行为要表扬和鼓励。自我表扬和自我暗示是很简单的方法，让他每天对着镜子说："我是最好的！我是最棒的！我喜欢我自己！我爱我自己！我一定会成功！"这么说就可以了。每天说，反复进行正面的信念自我暗示。当一个人觉得自己是最好的，他的良好品质会增多，自我价值就会上升，自我价值有了人才能有自信。我们的家长会说：孩子每天这样说不会变骄傲吗？实际上，当一个孩子认为自己是有价值的，认为自己做什么事一定能做好时，他绝对不会骄傲自满！所以说，教会孩子自我表扬，输入正面信念，是我们家长一个重要的必修课。

小学五年级时，我女儿的正面信念严重缺乏。我要求她列了自我价值确认表：

董晨耕是漂亮的女孩，

董晨耕是爱学习的孩子，

董晨耕是有自信的孩子，

董晨耕是负责任的孩子，

董晨耕是爱劳动的孩子，

董晨耕是讲卫生的孩子，

董晨耕是有爱心的人……

要知道，一个人的自我价值完全是自己主观的。我告诉女儿将表贴到墙上，反复念，确认自我价值。时间长了，当一个人自我价值确立起来了，成为了自我供氧者。他走在街上，会自然的感到自己是有价值的。美国经典影片《出水芙蓉》中有一个经典片断，在舞蹈训练中，教练说："我有个秘密：我长得多美，人人都爱我……"实际上自我确认就是这么回事，当你通过自我确认确认自己是高贵的，你做高贵的动作，时间长了，你高贵的感觉就出来了。所以我们说，通过自我确认让孩子知道他是有价值的，每天让孩子告诉自己：我是最好的，我是最棒的，我可以做好事情……时间长了，自我价值确认，进而自信建立。如果价值感没有确立，他都认为自己无价值，无意义，孩子还有什么自信可言！

正面信念的反复输入是建立孩子自信心和价值感的重要途径。想把孩子教育好实在是太简单了，绝对没有那么复杂，只要会看书就能掌握它。你掌握这个规律，知道你该站在什么位置，他自己的事情他自己来做。你在旁边是协助他，而不是越俎代庖。他的命运让他自己来做决定，而不是你来做决定。当他不会时，你可以教他怎么做决定，再由他来做决定。

第七章

培养孩子的学习能力

第一节　培养孩子学习能力的前提

作为家长来说，你要想叫他好好学习，你到底应该做哪些事，不该做哪些事。我在给家长培训过程中，创立了一个学习模型。

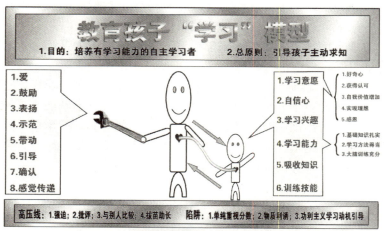

这个模型的标题叫做"教育孩子学习模型"。它的主题立意就是作为一个教育者，作为一个家长，我们如何来教育孩子学习。作为一名"老师"，你如何教育学生来学习的一些基本规律。

要真的想把孩子教育好，把孩子学习搞好，把孩子的学习成绩搞上去，把孩子的学习能力培养出来，怎么办？有以下两个前提。

1. 调正你与孩子之间的关系

大家在图上可以看出，我在孩子和家长之间画了一个双向箭头，我用这一来一往两个箭头代表家长与孩子之间的关系，心理学把这个关系叫做亲子关系。如果我们家长真的想把孩子教育好的话，要想把孩子学习搞好，先要建立良性亲子关系。

什么叫良性亲子关系？你跟孩子之间要建立人格平等、相互尊重、相互体谅、相互理解、相互支持、相互信任的关系。家长学会无条件爱孩子，孩子学会感恩，家长与孩子彼此相互信任。要建立这样的良性亲子关系，我们才可以开始建议孩子学习。

那么为什么把亲子关系提到第一位呢？其实，刚才我们在前面的章节陈述过这个问题。教育孩子学习，这是两个平等主体的合作关系。如果家长和孩子的关系是扭曲的，我这里说的扭曲，是指家长居高临下、批评、打骂孩子，不顾孩子感受，孩子有心里话不跟家长说，家长和孩子彼此相互抵触，相互敌视，甚至相互仇恨，相互不信任。在这种关系状态下，家长是无法实施对孩子的教育的，特别是教导孩子学习。我们中国老话说，"言轻莫劝人"，也就是说，在孩子内心里边他根本不信任你，抵触你，反感你，甚至仇恨你。这时候即使你说的话全是真理，他也根本听不进去。并且，你也没有别的办法，让他能听进去。前面我们讲了教育规律，转变的天条。我想大家都明白，孩子的心灵之门不打开，你没有办法把你的观念、道理，你的人生哲学，装到他脑袋里去。他不同意，你就进不来，你永远进不来。所以，要真的想把他学习搞好的话，那么，你必须有一个前提条件，就是把你跟孩子的亲子关系调正。这样，孩子相信你了，他的内心里边跟你建立起了良性的亲子关系，孩子才会敞开心扉准备接收你的教育，这样你才可以把你关于学习的观念，学习的方法，学习的理念传授给孩子。所以，一个人真想把孩子学习搞好的话，千万记住，要先调正亲子关系。打个比喻，假如你想进入学习这个殿堂的话，这是第一道门，如果门没开你永远进不来。

所以，想要引导孩子进入学习的殿堂，那你必须先走进这道门，先跟孩子调正关系，建立良性的亲子关系。我们才能把孩子的学习搞好，我们才有可能把学习的规律，学习的知识，学习重要性的理念传达给孩子。

所以，教导孩子学习的第一大步骤是调正亲子关系。

2. 把精神营养的管道接通

在模型图上，我在家长和孩子的心脏之间画了一个管道，我用这个管道来代表家长与孩子之间精神营养的流动。我们要知道，我们任何一个人是"俩人"：一个物质的人，一个精神的人。孩子物质那个人需要供应营养，这个有机体才能发育成长，这是所有人都明白的道理。我们需要每天吸收营养，我们才有动力去行为，做肢体动作，去做工作。这是物质上的营养，它导致物质上的能量。可是很少有人明白，孩子里面那个精神的人，它更需要营养，才能正常发育成长。

我们经常说一个人伟大杰出，不是指这个肉体的人，而是指里面那个精神的人。里面那个精神的人要发育成长，他必须接收到家长对他的精神营养。也就是说，一个孩子来到这个世界的时候，至少有一个成年人（通常是母亲），站在孩子背后，无条件地爱孩子，无条件地接纳孩子，欣赏他，鼓励他，表扬他，赞美他，承认他。我们家长的这些行为，在孩子身上起的作用是，当你无条件地爱孩子，无条件地接纳孩子，至少这两种行为会让孩子消除与生俱来的恐惧感，建立安全感。当你再欣赏他，鼓励他，表扬他，赞美他，承认他就会让孩子找到了自我价值。

那么，我希望今天我们的每一位家长朋友，要想教育孩子学习，你先要了解三个基本概念：一消除恐惧感，二建立安全感，三产生自我价值。孩子有了自我价值，这个生命才开始向外扩张。他开始向善发展，向上发展。向善发展，代表他要遵守人类社会的法则，不做破坏者；向上发展，代表他学习人类现有的知识和技能，想做得更好。想让你的孩子在学校的椅子上安安静静地坐下来，不打骂同学，不顶撞老师，遵守课堂纪律，这叫做向善发展。老师讲课的时候，全神贯注的学习知识，这叫做向上发展。要做到这两点，这个孩子首先必须接收到你对他的爱、接纳、欣赏、鼓励、表扬、赞美和承认。其实道理很简单，如果我们把这个孩子比作一辆汽车的话，那这个管道就是加油管道。汽车没油，车没有动力行走，这是常识。可是我们在孩子身上，如果他在成长环境中，没有人爱他，没有人接纳他，没有人欣赏他，鼓励他，表扬他，赞美他，那么他的生命中相当于缺乏这个精神的营养。缺乏这个精神的营养，会导致：第一，人格无法发育；第二，没有动力去学习知识，去训练他的技能。要想让一个人有学习动力，能够发疯学习，能够训练自己的技能，把他潜能开发出来，前提是在他生命中必须有一个人，能够爱他，能够接纳他，欣赏他，鼓励他，表扬他，赞美他，承认他。这是我们人

类最神奇的地方，如果孩子失掉了这个营养，他就缺少了成长动力，他的人格会停止发展与完善，他的学习动力不足，进而，他会停止学习。

所以，要想让孩子真的有动力去学习的话，你要把这个精神营养管道接通。

第二节　实践操作好六件事

要真的想把孩子学习搞好的话，你得按照人的心智模式来教育他，按照人的学习规律，人掌握知识的心智规律，来教育孩子。那么真想把孩子学习搞好的话，看看模型图的右边，这有六件事，你必须都要做对。具体如下：

1. 培养孩子的学习意愿

如果一个孩子他没有意愿想学习，他根本就不想学习，那么你用亚里士多德来教他，也没有用。你用世界上最聪明的人来教他，也没有用。他不想学习，他关闭了心灵大门，他的求知结束了。也就是说，他根本不想再学，无论你使用什么强加手段，他都不打开那扇转变的心门，你是没办法把孩子的学习真的搞好的。所以，要想真的让这个孩子走进学习这道门的话，首先，第一步，他自己想要学习，他如果不想学习，上帝拿他都没办法。那么要想把孩子的学习意愿真的培养出来的话，有这么五个基本手段能把孩子的学习意愿培养出来。

（1）激发，放大原始好奇心

好奇心这个东西，是人的原始求知动力。我们人类有别于其他动物，最大的差别是我们走进知性的领域，走进知识的领域，走进智慧的殿堂，就是因为这个好奇心。好奇心是一个人求知的原动力。

那么也就是说，一个人有了好奇心，他才去探索，他才去吸收新的知识。如果好奇心没有了，他就没有意愿再去探求知识，没有意愿去吸收知识。所以作为家长来说，你首先要激发放大孩子的好奇心。那具体怎么做？这个方法就太多了：你可以领着孩子去参观各种科技展，参加各种类别的学术交流报告会，到大学图书馆里去看各种各样的书籍，激发放大他的好奇心。这里反面的工作就是千万不强迫，不能让孩子死记硬背。如果让孩子单纯地背符号，他就被泯灭了好奇心。要让孩子死记硬背，把学习变成枯燥无味的背诵，然后写。这种做法的话，其实就是把孩子的好奇心泯灭了。好奇心一旦泯灭

了，这个孩子即使他的学习成绩还在上升，他即使念了大学，这个人成不了人才。因为他所记的都是一些机械性符号，他并没有真的对知识感兴趣。

当年爱因斯坦说过一句名言，他说："在现有教育体制下，还没能把人的好奇心完全泯灭，这简直是宇宙中最伟大的奇迹！"很多的老师或者家长为了让孩子学习好，用多做作业的方式来惩罚犯错误的学生，把这个字，把这篇课文写十遍，把这个字写一百遍。实际上很多家长没有明白，如果你逼着孩子写字，硬写。把这一个字写一百遍，来惩罚他。其实这样的做法恰好是在泯灭孩子的好奇心。同时，你在打消他的学习意愿。实际上跟你的愿望完全是南辕北辙，你想去海南岛，你却奔哈尔滨方向去了。这种方法是极端错误的。如果我们不想让一个人学习的话，可以用学习的任务来惩罚他，让他对学习产生反感，产生恐惧，产生厌倦。你惩罚之后，如果他受伤害足够大的话，他的求知道路就结束了。所以作为家长来说，你要真的想把你孩子学习搞好的话，你得千方百计把他的好奇心激发出来，激发放大出来。

我们中国人，循规蹈矩的家长太多了。要不很多人说，中国为什么培养不出诺贝尔奖获得者？前一段在国际上获诺贝尔奖的那个钱先生，童年时在家里搞化学实验，整爆炸了，把家里差点烧了。这种事在中国我们很多家长是不主张的。我们让孩子循规蹈矩，把老师教你的背下来，写上去。而这种做法，恰好是泯灭一个民族的好奇心。一个民族缺乏了好奇心，这个民族就停止发展。所以说作为家长，要给孩子提供一个宽松的环境，让孩子在各种环境刺激下产生好奇心，只有产生对知识的好奇心，对社会的好奇心，对人生的好奇心，他才有了求知的原始发动机。

我想大家都明白，如果一辆汽车发动机坏了，或者发动机没有了，那这个车就停了。所以，如果我们真的想培养出，特别是在自然科学方面的科学家，真正的学者的话，那么它的好奇心对孩子学习至关重要。

所以，第一步，激发放大好奇心。

（2）获得认可的需要

我们人是个社会性生物，你从这个角度去引导一个人学习好了，他的成绩提高了，能力发展出来了，会被同学老师认可，他的自我价值会增加。这样的话，他才会在同学中享有地位，享有威信。这是一个群居社会，给人形成的一种压力。我们这个社会是崇尚学习的社会，只要是在我们地球上的文明的国家，都崇尚学习。你要引导孩子，学习好了，才能获得老师同学认可，大家才会接纳你，欣赏你，甚至崇拜你。群居的压力，会导致孩子去拼命学习。这是第二步，所以从这个角度去引导。你可以告诉孩子，你要是学习好

了，老师是不是可以认可你？同学也会认可你？家族人认可你？去引导孩子体会，一旦你把数学学好了，同学看你开始用异样的眼神。你把英语学好了，大家听你在讲英语的时候会鼓掌。那么，这会让他在群体中获得地位。这是人作为群居生物获得上进的一种外在压力。

（3）自我价值增加的需要

你要引导孩子，他每次获得知识，每次学到知识，懂得一个道理，知道一个远古时代的一个科学家做了什么工作，知道一个哲学家说了一个什么样的人生哲理，那是极大的快乐。其实，自我价值增加就是成长的快乐。你要引导孩子，让他知道每学一个新知识都会使他成长，有成长就会快乐。他会有希望，他会看得起他自己。自我价值说的就是一个人，他在内心里认为自己有价值的程度。把它说白了，就是一个人在内心里面喜欢自己，爱自己，承认自己的程度，这是个心理学概念。一个孩子学习好了，他的学习成绩直线上升，他会持续地把知识学会，他的能力增长，他会挺起胸膛，觉得自己是个有价值的人。这是人求知的第三大动力系统。

作为家长来说，如果你真的想把你孩子学习搞好，你从这个角度去引导他，你告诉他，如果你学习好了，你会在自己心里认同自己，你在内心里会觉得尊重你自己，你会觉得你是一个有价值的人，你走在街上你的腰板会挺直。当你站在任何伟大的人物面前，你都可以抬起你高贵的头颅。那么，孩子逐渐地进入这个频道，他会把学习跟他的自我价值连到一块儿。自我价值的增加，那是人的原始动力，人活在世界上的动力。自我价值为零时，是人自杀的状态。自我价值在50%以下，一个人是活在自卑的状态。自我价值只有在80%以上，一个人才能够获得成长的欲望。也就是说，作为家长，你通过你的鼓励、表扬、承认、确认、欣赏，增加滋养孩子的自我价值。通过你的爱，增加孩子自我价值。

第二，你再引导他把学习跟他的自我价值连到一块。如果你学习好了，你在内心里面会承认你自己的价值。一个人的认同，最关键的是自己内心的认同。我们说的第二条实际上告诉孩子，你学习好了会获得外界认同。因为我们是群居的生物，人永远无法脱离社会，脱离群体，那么在群体中你占什么位置，是以你的能力为基本核心指标的。

第三，自我价值增加的压力，是人内心里的认同。告诉孩子你学习好了，你自己内心里会承认你自己，接纳你自己，你会觉得你自己是有价值的人，这是一种极大的快乐，这是人成长的快乐。

（4）实现理想

　　实现理想，这是人的外在驱动力。你要帮孩子逐渐地树立目标：你将来要考哪所中学？哪所大学？要学什么专业？这一辈子你要实现你什么样的人生目标？当一个人有了目标和梦想，他的生命才真正开始，他的整个生命能源才能够集中使用在特定事件上，他的生命能量才能够集中，他的生命能量才能归一。这样的话，他的时间精力才能投向特定的方向。

　　　　大多数家长，都把自己未曾实现的理想强加在孩子身上。
　　这样的做法对孩子是有恶性伤害的。所以，在帮孩子树立理想
　　和人生目标时一定要记住：你只是一个引领者，而主体是孩子，
　　是他的意愿，不是你的意愿。

　　当一个孩子真的有了目标，他要为这个目标去奋斗的时候，他会不舍昼夜去奋斗。当然，这个目标的设立过程中。会需要家长的帮助。但一定要记住，不是你的意愿，是孩子的意愿。大多数家长，都把自己曾经未实现的理想强加孩子身上。我当年要去考北京大学我没考上，现在你必须考北京大学；我当年要考吉林大学，我没考上，你现在必须给我考吉林大学；当年我想学物化专业，没学成，你要给我学物化专业；当年我想当科学家，我没当成，你要给我做。这样的做法是对孩子有恶性伤害的。所以帮孩子树立目标一定要记住，你只是个引领者，而主体是孩子，是他的意愿，不是你的意愿。你要知道，这里有严格的分水岭。所以作为家长来说，你在边上引导。给孩子讲解目标的重要性，告诉他人生有了目标之后，他的生命才能沿特定方向展开，他的生命资源才能集中地使用在特定事情上，他的生命能量才能像一个高压管道一样沿着同一个方向喷射出去。这样他才能够真的成为有用的人。

就学习而言，当一个孩子真的有了目标，他就会为这个目标去奋斗。他会把他的时间精力管理起来，用在学习上，他的学习会有飞速发展。所以目标是一个人的外在的驱动力。

（5）感恩

作为家长你必须真的爱孩子，让孩子实实在在地感受到你的爱。他要觉得，我爸爸妈妈对我好。他说，爸爸妈妈爱我，他们期望我有所成就，那他能感受到这份爱，这样才能把他的学习动力激发起来。他为了报答爸爸妈妈养育之恩，不想让爸爸妈妈失望，那么他会黑天白天去学习。关于爱这个问题，它的误解太多了。这里的爱有一个基本点需要记住，大多数人把对孩子负责任，对孩子强加的批评、指责，都说成是爱。尽管爱这个词，恐怕是世界上用得最多的一个词汇了。如果用计算机来计算它的使用频率的话，恐怕是第一高的频率，可是真正理解爱的人并不多。

如果说一个家长爱孩子，它的真实含义有五层，我们在前面的章节做了重点论述，这里就不再说了，大家可以翻到前面去温习一下。所以，作为家长来说如果你真想让你孩子有成长动力，爱上学习，你必须让他感受到这种爱。只要有了这种爱，第一，他有了精神的家园，有了安全感。他才会开始向外扩张。第二，他有了驱动力，爱其实是人生的驱动力，就像人生的发动机一样。有了驱动力，他才能够去征战。我们在理智层面上解读说我被爱着，我要发疯学习，因为我必须不能让我爸爸妈妈失望。所以，我们这里写了个感恩。实际上，是这样的一个心理过程：当孩子感受到了爸爸妈妈的爱，他为了让爸爸妈妈能够开心快乐，他要把你们的意愿实现出来。这样的话，客观上促成了孩子发疯去学习。

所以，我们家长要从这五个方面把孩子的学习意愿激发出来，让孩子走进了学习这个殿堂的大门。如果孩子没有学习意愿，那么你说什么都没有用。现今，我们身边有多少家长，多少老师，在教导孩子学习的时候根本不问这个问题。不经过孩子同意，给孩子请家教，这样的家长到处都有。不经过孩子的同意，给孩子选了什么最好的学校，花了巨额的资金，这样的家长也到处都有。不经过孩子同意，每天逼着孩子学到几点几分，这样的家长到处也都有。不经过孩子同意，天天逼孩子学英语，这样的家长也是到处都有。他们之所以强迫孩子学习，是因为他们不知道，如果孩子没有产生学习意愿，他不想学习，你使用所有的手段，花多少钱，都没有任何意义，没有任何价值。

所以如果家长真想把孩子学习搞好的话，你的最大任务就是先把他学习

意愿激发出来。你要在这五个方面下工夫，把孩子的学习意愿激发出来，这个孩子他想要学习了，他产生了学习的愿望，就是我们刚才说的学习欲望。他说：我要学，我要学好，我要学数学，我要学英语，我要将来考大学，他产生了这种欲望。这个孩子他自己走进了学习这个殿堂，学习的这个大门，才能把学习搞好。

2. 激发出孩子的自信心

自信心是什么东西？其实就是人脑中的信念。当一个人坚信，我一定能把这事做成，我们把它俗称为自信心。自信心是什么东西？它是激发一个人的大脑潜能的钥匙。当一个孩子有了自信心，他认为我能够把这个东西学会，我能够学好，他的潜能大门才能打开。知识在往里装，能力往外放。我们天天在说自信心，但大多数人不明白自信心理的形成原因。对于这个词汇，我们知道它里面承载的真知到底是什么？它其实描述的是一种心理状态。

一个人面对他以前没做过的事情让他来做的时候，我们通常有三种基本心态：一，我能，二，我不能，三，让我试试。当他面对以前没做过的事情，让他来做的时候，如果他的心态是第一种，我能。他的大脑敏感度开始上升，大脑细胞被激活，他会创造性地找到方法，把事情做对，最后证明他真能。他的知识会迅速增加，能力会迅速增长。如果他的心理状态是第二种，我不能。他的大脑细胞处于抑制的状态，他不去考虑我怎么才能把事情做对，他开始找理由解释，我为什么不能。他无法把这个事情做对，所以他的知识无法增加，能力无法增长。他的心态如果是第三种，让我试试。他的意思是说，以我现有的知识能力来做这件事，做不出来你别怨我。他在事先找理由，找退路。他的知识增加极其缓慢，能力增长极其缓慢。你要真想把你孩子学习搞好，让孩子学习上有长足进步的话，前提条件是你得把孩子推动到第一种心理状态。面对每天的学习任务，他都能进入我能的心理状态，这就是我们通常说的自信心。

从哲学的高度来说，自信心什么东西？就是人心中的信念。我们做一件事情预先判断一下，我行，还是不行？我能做，还是不能做？当他的信念是负面的，我们一般把它叫做自卑。他认为我不能，我做不了，这叫自卑。当他认为我能，这叫自信。我们说，自信实际上是种信念。这种信念分正反两方面。我们地球人作为一个理性生物，我们去做任何事情，我们都先用理性判断一下，我能还是不能？假如现在我跟你说，你能在七天内登上珠穆朗玛峰，或者我们再换个说法，你能在三天内登上珠穆朗玛峰，我给你十个亿美

元。你可以吗？只要你有基本常识的话你就知道，在三天内无论如何你是登不上珠穆朗玛峰的，谁也登不上去。所以，你的判断是否定的。你打死我我也不登，我不去。你愿给多少钱给多少钱，我也不去。在一个人的心智模式中，就是说我判断这个事我怎么努力，我也无法登上珠穆朗玛峰，所以我就不会去努力了。那我再努力我就是精神有问题，精神失常了。如果一个孩子说，能考上北大。但他在精神领域，他在心智上判断，我经过怎么努力，我也无法考上北大。这个时候他的信心没有，他的主导动力停止了，因为我再努力也没有用。就像让你在三天内登上珠穆朗玛峰，然后给你十个亿。结果，那十个亿是我想要的，但是这个事我做不到，我不会为这个事去真的发疯。当一个孩子说，我想想能不能考上国家一流大学？他的判断是反面的，就是我们通常说的自卑。他判断是反面的，我无论怎么努力我也无法学会，他就不学了。他的信念是正面的，我只要经过努力，经过用功，我会把这个事做对，我会达到目标，这才能燃起了热情，才能激发他去求知，去奋斗，去学。所以很多人没明白这个自信心的重要性。

假如说，我们把学习比做是儿子的话，那么其实孩子的原始好奇心就是爸爸，自信心就是妈妈，是好奇心和自信心两个人结合才产生了学习的意愿，才产生了学习的驱动力。但是，如果我们经常拿其他的孩子跟你孩子进行比较，拿学习好的孩子跟你孩子进行比较，你就在扼杀孩子的自信心。当你的孩子一旦失败，他学习没及格，你开始批评，打骂，指责他，你就在打击他的自信心。所以作为家长，要记住这句话，一旦一个孩子的自信心没有了，他的求知道路就结束了，尽管他在学校里待了十几年。其实，他的知识，所得符号意义上的东西记了很多，他的真知并没有增长。所以作为家长，你必须把孩子的自信心培养出来。怎么培养，自信心培养这个问题太简单了。鼓励，通过不断地鼓励孩子，能让他产生自信心，帮孩子设计点小目标，让他实现了。然后确认，你看你是不是能实现。然后告诉他："你行，你能做到，我相信你能做到！"这样的话。通过不断地鼓励，孩子的自信心慢慢地树立起来，这样他的求知动力，求知的道路才走得平坦，他才能够产生一往无前的动力去学习。

3. 培养孩子的学习兴趣

把孩子学习兴趣培养出来，这是学习的大奥秘。说真话，我们这个民族，是一个崇尚学习的民族，我们浩瀚的五千年文明，有了太多的历史积淀。关于学习这个问题，也同样是这样，正反两方面都有。但是我们从没有把学习

这件事，跳出来客观地去观察，找出它内部的规律。我们大多数人对学习有个误解：学习，需要吃苦，需要吃很多的苦，需要付出巨大的艰辛才能学好。其实这是一个谬误，这是个大谬误。

我们的祖先在这个问题上其实犯了个原则性错误，他们把学习跟痛苦连接到一起了。我们中华民族关于学习的名言大家都知道，《三字经》上讲要学好就要"头悬梁，锥刺股"。这样学习，你说那得多痛苦，想一想，还有的历史故事说，一个人经过"十年寒窗苦"，最后考上状元了。做了"十年冷板凳"成才了。"梅花香自苦寒来"，"要想做得人上人，必须吃得苦中苦"。还有两句诗，传遍了全世界，全世界华人都会这两句诗，叫做"书山有路勤为径，学海无涯苦作舟"，这两句诗形象地告诉了我们学习的辛苦。其实，只要我们认识到培养学习兴趣对孩子的重要性，这样的辛苦就迎刃而解。

我们地球人的根本行为规则叫"逃避痛苦，追求快乐"。这是驱策我们从远古山洞里边走出来，建起高楼大厦，建起现代文明的最原始动力。叫做"逃避痛苦，追求快乐"。如果全世界的所有发明，总结后边的心理成因，原始人类的动因，就是要为了逃避痛苦，追求快乐。为什么要发明冰箱？为什么发明空调？为什么发明汽车？为什么发明这个飞机？所有的东西都是为了"逃避痛苦，追求快乐"。这两个是人最原始的驱动力，其实，学习的大奥秘是快乐道理是一模一样的。学习不过是人类一个普通行为而已。那么，它完全遵循的是"逃避痛苦，追求快乐"的规律。

其实，一个孩子在学习上得到的是痛苦的感觉，还是快乐的感觉，取决于他童年的生命经验。如果在孩子的童年，爸爸妈妈会教育孩子，幼儿园阿姨会教育孩子，小学老师会教育孩子。在孩子的童年，通过玩耍，做游戏的方式，让孩子接触到学习，并且，明确告诉孩子，学习是快乐的。这个孩子在大脑神经在初始化的时候，就会把学习跟快乐联系到一起。当然，让他快乐的事他会主动去做，为什么？因为他本身就是逃避痛苦，追求快乐的生物。他为了追求自己这份快乐主动会去学习，他也愿意学习。

我们是个崇尚学习文化的社会，那么周遭人会不自觉地表扬他，于是这孩子获得了双重快乐：一，学习这个游戏本身带来快乐；二，周遭人表扬带来快乐。在两份快乐作用下，越学越快乐，越快乐越学。念完初中，念高中，念大学，念硕士，博士，到国外留学。三十年后，这些孩子成了什么人呢？他们成了钱学森，成了钱伟长，成了钱三强，成了邓稼先，成了杨振宁，成了李政道，成了郭沫若，成了鲁迅，成了钱钟书，成了唐傲庆，成了李四光。不用我再往下说了吧？说这些人比普通人聪明，比普通人能吃苦，这是完全

错误的。倒不如说，他们比较幸运。他们可能在童年，爸爸妈妈阴差阳错，歪打正着，做对了。或者，是爸爸妈妈有意识做对了。人家在童年，把学习跟快乐联系到一起了，所以最后成了大人才。

其实把学习和快乐相连接的人，他学习时的感受
和图上的人一样，是惬意、平静和美好的！

大约95％的孩子在童年时，都是被相反的理念教育着。看看中国的家长，怎么教育孩子学习，在生活中你随便去观察一下，你就可以看到了。孩子四五岁要接触学习，咱们中国人怎么教育孩子？从幼儿园就开始告诉孩子："学习必须吃苦，不吃苦怎么能学好呢！要'头悬梁，锥刺股'。你知道吗？要'吃得苦中苦，方为人上人'，你懂吗？"这种教育，会把孩子给吓死了，那么一个五六岁的孩子，他哪知道学习是苦的，还是乐的？他哪知道学习是快乐还是痛苦的？你告诉他学习是痛苦的，他开始抗拒，我们开始高压打骂。孩子大脑神经真就会把学习跟痛苦连到一块了。实际上，如果我们家长真的明白，学习的奥秘是快乐，那么也就是说，孩子在学习上找到快乐，他才能坐得住，深入进去，这才是学习的根本性规律。

我做一个比喻，让我们的家长可以更加理解这个道理。假如你冬天在中国的北方生活，你在长春一汽，买了两台一模一样的手排档捷达车回来。一台车放在暖库里，暖库的温度是零上二十二度。另外一台车放在室外，室外的温度是零下二十二度，同时放三天。第四天，你把两台车推出来，放到一

个起跑线上，然后你让两个司机坐里边，你把钥匙发给他们，你在边上放枪，让他俩开车比赛。我想请问会发生什么？所有有北方冬天生活经验的人都明白吧？有寒冷生活经验的人都知道，那个在暖库里放三天的车，一打钥匙车着了，加上档，一加油，车像箭一样窜出去了。而在室外，零下二十二度放三天的车，一打钥匙打不着，再打，还是打不着，折腾半个小时，总算把车启动了。挂上档，一加油，加急了，车熄火了，车底太凉，动力输出不够。又折腾半个小时，车总算跑起来了。这时候，第一台车已经跑出一百公里去了。那现在我问每一位家长，你能不能说，第一台车真聪明，第二台车真笨啊。你能不能说第一台车真努力，第二台车真不努力啊。能不能说第一台车真用功，第二台真不用功啊。能不能说第一台车真有毅力，第二台真没有毅力呢。什么意思呢？第一台车它能马上进入工作状态，是因为我们将它放在了温暖的室内。第二台车因为放在寒冷的室外导致车底太凉，它迟迟进入不了工作状态，动力输出不够。那么，第一台车其实就是有学习兴趣孩子的脑袋，他一进入学习状态，他大脑马上就兴奋起来。而第二台车就是没学习兴趣孩子的脑袋，他迟迟进入不了学习状态，大脑处于抑制状态。有学习兴趣的孩子，他大脑处于兴奋状态，第二个孩子，大脑处于抑制状态，正好反过来。其实，学习的最大奥秘就是让孩子在童年养成学习的兴趣，他一进入学习状态，他的大脑能够兴奋起来。就像那个汽车，在暖库里放着，它能马上进入工作状态，这样才能迅速把知识学会。

其实，人的智商的差别在初生的状态下可以忽略不计，后来之所以有天壤之别，有人聪明绝顶，有人愚不可及，原因是后天训练的结果。你发现没有，在生活中有这样的事情，在孩子有兴趣的领域上，他比别的孩子反应快多了，他非常聪明。而在他没兴趣的领域上，他的反应好像很愚钝。我们要知道一个道理，就是在某个方向上有兴趣的孩子，他的大脑在这个方向能迅速兴奋起来，他把能力能输出出来。而在哪个方向上没有兴趣的孩子，他在学习这个事情，可能他大脑处于抑制状态。他没有办法让大脑能迅速兴奋起来。这才是真实的原理。

作为家长，你要想教导孩子学习，如果你现在还感觉学习是痛苦的话，那我就100%判断，你不是一个真正的学习者。真正的学习者，没日没夜学习的人，他从来不是痛苦的。他之所以在实验室里待一个月在里不出来，黑天白天学，每天学到凌晨四点钟，吃口饭，再学。他是快乐的，他才能够坚持下去，大家记住一个根本性的法则，叫"痛苦使人改变，快乐使人坚持"。如果你的孩子在学校找到痛苦，时间长了就改变了，不学了。地球人全是这样。

孩子需要找到快乐，才能坚持下来，这才是学习的内部规律。

我们今天解读了为什么有一些人成为学习上的佼佼者，成为在知识领域的开拓者，成为那些人类最杰出的人物，原因首先是，他们童年通过训练，把学习跟快乐连在一块了。大脑在这个方向上，把能力开发出来了。所以，表面看他反应比别人快。我们外在以为这些孩子比其他人聪明，不对，那是大误解。其实，是他们在这方面训练比其他人充分。第二，他大脑能够兴奋起来，大脑能量能够输出出来，这才是真实的原理。

所以作为家长，你要真的想把孩子学习搞好的话，第三个层次就是把孩子的学习兴趣培养出来。

好多家长说，那要培养孩子学习，那我怎么做呀？要培养孩子学习兴趣的话，有以下六个基本步骤，那作为家长来说你要明确。

（1）先在观念层面上，拨乱反正

告诉孩子学习是快乐的，如果学习不是快乐的话，他就学不进去，最后，也就不用了。

毛主席进了中南海，成了国家元首，他黑天白天在学习。如果开放日的话，领孩子到中南海去参观一下，去参观一下毛主席的卧室、书房、客厅、厕所、饭厅，到处摆满书。黑天白天，除了料理国家大事之外就是学习。这么伟大的人物，如果学习是痛苦的话，他早就不学了。他为什么天天学？到八十二岁还在学英语？那么为什么会这样呢？原因，他学习是快乐的。

拿破仑我想不比任何人笨，如果学习是痛苦的话，他行军打仗走到哪里，他的侍卫挑着一挑子书籍就到哪里。翻越阿尔卑斯山这么艰难的路程，他得让人把这书抬过去，在哪里露营，在哪儿看书。列宁，这么伟大的人物，每天都会看书，为什么？这些伟大人物都是因为在学习上找到了快乐。一旦一个人在学习中找到快乐，也就是俗称的学习兴趣的话，其实他已经踏上了成为优秀人才的道路了。作为家长来说千万记住第一条，在观念层面上拨乱反正，告诉孩子学习是快乐的。我们传统观念上说，学习是需要"头悬梁，锥刺股"。这个是错的，讲那些吓人的故事，其实，把孩子给吓住了。

（2）引导孩子从最简单的地方学起，让孩子找到胜任感

从最简单的地方学起，让孩子找到胜任感。当孩子找到胜任感，他才能继续往下学。各位家长，学习兴趣的天敌叫好高骛远。你要想毁灭一个人的兴趣的话，你就让他做超过他能力范围的事。然后，他做了，遇到挫折失败，就没兴趣了。

引导孩子从最简单的地方学起，使孩子找到胜任感，所谓胜任感就是孩

子能做得来。他做这些事不害怕，不恐惧，我能做得来，这是第二步。

（3）只要孩子把最简单的知识学会，家长就要及时表扬，正面确认

不断加力，及时表扬，让孩子通过你的表扬找到快乐。因为孩子最初从最简单地方学起，他学习简单知识的话，他不会找到快乐，不会找到成就感。而通过家长的鼓励和表扬，让孩子找到快乐。因为孩子被家长表扬，他总会找到快乐，这是第三步。

（4）引导孩子寻找学习方法，增长能力

如果他学习方法不得当的话，他就没法深入进去。没法深入进去，就会遇到挫折失败，遇到挫折失败，又会产生痛苦，产生痛苦就又不学了。所以第四步，引导孩子寻找学习方法，增长能力。

每一个学科它都有特定的方法，比如学数学，你怎么能让孩子进入数学思维？学英语，学语言，你怎么能让他要进入语言的学习方法？学物理，你怎么能让进入物理思维？学化学，你怎么能让进入化学思维？

其实，就我这十年来的观察实践发现，大多数中学生，根据我的不完全统计，大概百分之九十的中学生，上了中学还在死记硬背。如果是一个死记硬背的孩子，学来学去肯定没兴趣。因为他深入不进去，一旦深入不进去，只背符号。但随着知识越来越复杂，背符号就套不上了。

比如说学数学，如果你不让孩子进入数学思维，大多数孩子认为数学难学。原因是什么？是他方法不对，他没有进入数学思维。他背公式，然后往里套公式。比如说，一个初中孩子，他在初一的时候还可以套上公式，到初二难度陡然增加。这时的数学题不是套公式那么简单了。他没有真的理解数学思维，没有真的把那个真知学会。因为数学主要是研究数量与数量关系，图形与图形关系的学科。数学，是我们前人抽象过来的。每一个数学概念都是反映一个数量现象或图形现象，而每一个数学定理反映的固定数量关系，或固定图形关系，是怎么来的？是我们的数学家给证明出来的。你的孩子，他得真的理解那个数量关系和图形关系，他才能灵活使用。他如果只是背公式，没有把真知学会，这样的话，就套不上，套不上没不会做。也就是说，他没有进入数学思维。也就是说，每一个孩子要想真的学好的话，他必须在每个学科上用不同的学习方法来学习。

比如让孩子学英语，学英语已经成了中国人一块心病。我们从八十年代走过来的这一批的大学生，当年学英语，大多数人都是这么学的，把语法背下来，把单词背下来，往里套，然后分析语法，分析句型。如果一个人用分析的方法来学语言的话，这辈子就是学几十年他也学不会。原因是语言根本

没法分析，因为我们的语法规则是后天产生的，语言先产生的。任何一条语法规则，都有百分之四十以上的例外现象。而你把语法规则背下来了，那你往回套，你还原不回去。这样的话，他就心里没底，所以，怎么套也套不出来，这样越分析越糊涂。最后，这个人花了大量的力气，你学二十年你绝对学不会它。而如果你改用模仿的方法，别人怎么说，你就怎么说，直接模仿出来，三年就可以把语言学出来。这里差别就太大了。之所以我们原来中国的英语水平弱，因为我们的整个教学以分析为主导，孩子学习以分析为主导，我们通过分析的方法来学语言的话，这简直是进入了一个陷阱，进入了沼泽地，越走越走不动。其实用模仿的方式来学语言的话，三年足够了。孩子中学以前模仿能力极强，直接学就会了，而我们中国人学习语言的方法正好反过来。

孩子学文科，比如学历史、地理、政治，这需要复杂的分析，学语文需要复杂的分析。而我们学语言它只是个工具，它是 skill，不是 knowledge。学数理化，那你需要复杂的分析。你得分析里边的原理它是 knowledge，不是 skill。而语言是 skill，knowledge，汉译叫知识，skill，汉语翻译成叫技能。其实，语言是大脑内部的技能。skill 就像我们驾驶汽车，你只要会开汽车了，你不再想方向盘怎么打舵，怎么挂挡，你就是条件反射做就行。语言它是一种大脑内部加入到神经系统，包括嘴、口腔这样等等，一些个复杂的技能，叫 skill。就像一个开车的人，他并没想怎么开，他只是在看道路，他的整个神经系统中会自动把动作做出来。语言它其实是 skill，是技能。而很多人把它当做 knowledge，当做知识来学，这个错就太离谱了。所以如果一个人，一个孩子，他要把英语当知识来学的话，这辈子恐怕是学不会英语的。

他要把语言当做技能来学的话，那么技能怎么训练？"熟能生巧"，这个古老格言说的就是训练技巧。你要练得多了，反复的，重复的多了，自然就会了。而大多数人不懂，他逼着孩子分析这个语法，分析句型。天天分析语法，分析句型，讲点里边的道理。什么主谓宾结构，什么定语从句，状语从句，宾语从句，一顿分析各种时态。它又远离孩子生活，我们不了解那个民族怎么思考的。那怎么去做？孩子没有背景知识，你讲这么多的大道理，讲这么多语法规则，孩子根本记不住，就算记住了，不一会儿就忘了。其实把语言学会了，语法规则自然就会了，就这么简单，三年就足够了，可是大多数人不会。也就是说，你要想让孩子有学习兴趣的话，第四步你得引导孩子寻找学习方法，增长能力。

（5）引导孩子主动体会学习的快乐，形成神经链接

在过去的时间里，一个孩子如何对一个学科产生兴趣，这是一个复杂过程，没有人探究他的心理成因。可能他有他的复杂因素，可能一个老师讲得好，可能偶然一次他把一个题做对了。那么也就是说，在我们过去，孩子学习，一个人对某个学科产生学习兴趣，他都是被动形成的。他自己也不知道他为啥对数学有兴趣，为啥对英语没兴趣，为啥对物理有兴趣，为啥对化学没兴趣。

在今天，我们可以人为地掌控这个过程。就是说，你引导孩子，让他自己去主动体会学习的快乐。其实，人的感觉是弥漫的，孩子最初在学习一门知识的时候，他的心理状态是中性的。也就是说，不是快乐也不是痛苦，他是个中性的。他是个接收知识的过程。事实上，我们人为地给它加上了意义，就形成一个神经链接。什么意思呢？当孩子在理性层面上，认为学习是有意义的，然后认为自我价值是可以增加的。然后呢，你训练他。他最初的感觉是不知道最终是快乐还是痛苦，他也没有那么深的体会。你在边上引导，让他往这个方向去体会，往这个方向去感受。

那怎么做？方法很简单，你就问就可以了："儿子，你把这数学做出来，这道题解出来了，你是不是很快乐！"他原来没觉得很快乐，你这么一问，他说："是有点，有点。"你再说："你看，是不是很快乐，你看，你把这个规律搞明白了，是不是很快乐。你又把这个历史名人的故事搞清楚了，你是不是很快乐，你是不是很有成就感。"因为大多数人之所以在学习上没走得很远，因为，要么没有自动地形成一种兴趣，要么没有人强化快乐的感觉。我们的孩子学完了，就学完了。它是一个中性的一个行为，而如果你让他有意识地培养学习能力，养成学习兴趣的话，那你可以引导，你去问，提示他："你把这篇课文背下来，你是不是很快乐。你把这首诗背下来，你是不是很快乐。你英语说得这么流利，你是不是很快乐。你把这个数学题解出来了，你是不是很有成就感，是不是很快乐。"他原来没有这种感觉，你这么问，他会觉得是有些快乐。你不断强化，不断强化，等强化到一定程度，那他确实就真快乐出来了。根据我自己的学习经验，实际上，我是在初二的时候体会到学习给自己带来那种畅快感，我那时每天可以学到凌晨两点以后。所以，一旦孩子产生了学习兴趣的话，家长任务就解除。这时你可以做反面工作了，告诉孩子，提醒孩子别学太晚了把身体熬坏了。

很多人没明白，要让一个孩子产生学习兴趣，不是一个复杂过程。你得引导他，让他形成一个神经链接，一学习就兴奋，就快乐。这样的话，他能坐得住，深入进去学习。

引导孩子，主动体会学习的快乐，让他去感受，沿着你问的方向去感受。我再说一遍，人的感觉是弥漫性的。它就像一盆水如果倒到地上，它会四处流淌。你把它围成个坝，然后开一个口，它就沿这个方向流出去了。人的感觉也是一样，你通过引导，相当于给孩子学习快乐这盆水，给他开了一个口。他沿着这个方向去感受，他逐渐地形成神经链接了，一学习就快乐。

（6）维持足够长的时间，形成孩子一学习就快乐的习惯

形成孩子一学习就快乐的习惯，也就是神经链接完成了。这样的话，你就不用管了。他往那一坐，就会马上激动，进入兴奋状态。其实所有大学者，中科院院士，科学家，都是这样的。他们就是一旦进入他的研究课题，就会进入兴奋状态，大脑被激活，他的想法会不断地在大脑中涌现。这样的话，他才能有创造性的工作成果。

所以，作为家长来说教育孩子学习，第三步是把孩子学习兴趣培养出来，这是重中之重。特别是初中以下的家长，这是你的头号任务。对于上了初中的孩子家长，你应该记住，你得想办法让他在学习上产生兴趣，产生快乐。这样的话，他才能坐得住，深入进去。学习绝对不是靠意志力，逼着孩子在那学习。靠意志力学习是我们成年人，孩子不是靠意志力，孩子的意志力还没有完全诞生。我们俗称这个毅力，就是用自己的理智，逼着自己的情感，逼着自己的行为习惯，做让自己痛苦的事情。这种事情做一次两次可以，但是如果形成习惯是不可能的。因为人本性就是逃避痛苦，追求快乐。所以你必须按这个规律，来培养孩子学习。

4. 把孩子学习能力培养出来

学习这件事情做得好与坏，完全取决于孩子学习能力的高低。学习能力的培养，有三个基本要素。

（1）基础知识扎实

学习就像盖大楼一样，一个大楼，如果地基没打牢，你就不可能盖出坚固的房子。很多人一说这么个道理都懂，但是放到学习上，很多家长给忘了。如果孩子基础知识没有按部就班学过来的话，他的基础知识就不扎实，他就没法往下学了。

比如说学数理化，数理化叫自然科学。它的知识结构是按逻辑编排起来的，那么后续知识要用到前面知识，是按逻辑体系编排出来的。所以，孩子如果基础知识不扎实，那么老师讲新课要用到旧知识，他因为旧知识学的不牢靠，他就无法理解老师讲得新知识。这样的话，他的知识会空洞越来越大。

在中学阶段的学习，要将基础知识打牢靠，老师讲课的时候如果溜号了，走神了，没听清楚，这个原理没搞懂。好了，老师讲新课要用到旧知识，他因为旧知识不会，他就无法理解老师讲新知识。他把老师讲的新知识，变成了不会的旧知识，粘上了。老师再讲新知识，要用到旧知识，他因为旧知识不会，他又无法理解老师讲的新知识。他把老师讲的新知识，又变成不会的旧知识又粘上了。依此类推下去，我想北方人都明白叫滚雪球，这个雪球越滚越大，最后学不下去了。

如果一个中学生他最初因式分解没学会，那他就无法解一元二次方程。所谓复杂一元二次方程，那就是两边都是多项式，你把它移到一边来，另一边变成零。你再把式子由繁化简，合并同类项，然后，用因式分解的方式，把一个多项式化成几个因式乘积的方式，要让每个因式得数为零，未知数解出来，代回去验证一下。如果他因式分解没学会，他就无法把一个多项式化成几个因式乘积的方式，就无法解复杂一元二次方程。如果一元二次方程没学会，那他怎么学二元二次方程组呢？如果孩子一元二次方程学得非常好的话，二元二次方程组根本不用学，老师告诉他规则他就会解。你把一个未知数先当成已知数，代另一个式子里解出来，再代另一个式子，再解出来，再代回去验证一下，就这么简单。可是如果一元二次方程不会呢，他就无法解二元二次方程组，如果二元二次方程组没学会的话，到高中阶段解析几何就没法学了。我们初等数学里边说解析几何难，难什么难啊？初等数学里边，那个解析几何就四条线：一次方程直线、椭圆、双曲线、抛物线。三个二元

二次方程组，来回移动还不会吗？这样的孩子遇到了巨大障碍，他没法往下学了。如果方程没学会，物理化学方程没法解了。这是自然科学，他上一环没学会，下一环就没法学。

那社会科学呢？它是个积累过程，一个积淀过程。如果一个知识它在积淀过程中，孩子积淀不够，那就没法答那个卷子。

如果一个学生学习文科过程中没有积淀，那他就不会有爆发力，一定学不好文科。

在旧中国流传过一个著名的笑话。是说有一个县教育局，为了提高本县教学质量，特意聘了一个六十多岁的老学究来担任学监。这个老学究比较古板，严肃。他刚上任的一天晚上，到县一中学生教室检查学生学习情况。他指着一名学生，很严肃地说："你站起来！告诉我，阿房宫谁烧的？"那个学生本来学习就不好，一紧张，忽然条件反射地说："报告学监，阿房宫绝对不是我烧的！"学监鼻子都气歪了。一摔门走了。一出门，看那个校长室灯亮着，他来到校长室，一进门就开始嚷嚷："贵校的学生可真够可以啊，我刚才问你们一个学生，阿房宫谁烧的，他竟然说不是他烧的！"这时候校长又站起来了说："报告学监，鄙校的学生虽说学习不怎么样，但是人品绝对靠得住，他说不是他烧的，那肯定就不是他烧的！"这个学监气得无话可说，一摔门走了。第二天他来到县教育局长办公室，教育局长不识字，是花钱买的官，刚上任。他一进门就开始嚷嚷："一中的校长可真够可以啊！这样的人能当校长，我昨天到一中去了，问他们个学生，阿房宫谁烧的，那学生竟然说不是他烧的。有意思是他们校长竟然也说阿房宫不是他们学生烧的！"这时候教育局长又站起来了，说："算了！算了！算了！别再计较了，别再计较了，烧就烧了吧。不行，再拨款建一个得了！"你想想，这段历史事实是什么？你如果不知道，你怎么回答呢？

一个孩子的学习，像盖一个宝塔一样，他的地基必须厚实坚硬，这样的话塔才能越盖越高。所以作为家长来说，特别那孩子在中学阶段，是人生学习打基础阶段。你必须帮助你的孩子把基础知识夯实，他基础知识夯实了，技能技巧才能熟练。

（2）把学习方法教会

刚才我们讲了学习是有方法的，每一个学科都有学习这个学科相应的方法。如果大家真的想学的话，你可以引导孩子去探索学习方法。我们另外有一套光碟叫《学习方法的革命》，专门讲中学生的学习方法，我就不再多讲了。

（3）把大脑训练充分

训练孩子大脑，最佳年龄在七岁以前。一个人是否聪明跟遗传基因几乎没关系，他是训练出来的。很多人因为无法明白，一个人的聪明才智从哪来的这个复杂现象，做出很多错误的解释。其实一个孩子他只要生下来，没有遗传疾病，他的大脑是否聪明，是被后天训练出来的。作为家长来训练孩子大脑，我们教大家一个最简单的方法，就是孩子在跟家长互动的过程中你就问他，他一句话说得模糊笼统的时候，你就追问一句话：你到底什么意思？你到底什么意思？你到底是什么意思？你到底是什么意思？你要连续追问五遍以上，孩子必须不停地换角度，换词汇，来解读这件事。在这个过程中把孩子大脑厘清楚，把他的大脑的清晰度给他理清，大脑的这个清晰度就越来越高。

我做个比喻，看大家是不是真的理解。如果你在那个原始荒地上开荒种地的话，你就明白了，如果这个地是生的，农民把这种地叫生地，也就是说，没有经过反复耕作的地叫生地。如果在生地上种玉米的话，好的玉米种子它长不到一米高，长得面黄肌瘦，结的玉米棒很短。如果你在那个好的，反复耕种的地，侍候好的地，玉米能长到三米高，它能结一尺长的棒子。什么意思呢？

很多孩子上了中学，你会发现有的孩子很聪明，有的孩子很笨，原因是在早期没有经过家长的基本训练。想要耕种孩子这个大脑，要把他这个生地变成熟地。也就是说，把他的大脑训练出来的话，你需要一个特定的方法训练孩子大脑。其实，我们刚才讲一个最简单的方法，就是通过跟孩子互动过程中，通过追问，让他清晰。因为我们人类是通过语言这种符号，来表述我们看到的世界，来表达我们的思想，来传承思想，传承意思。语言的最大特点是模糊，歧义性大。这样的话，作为家长来说，孩子说一句话，如果意思不清，笼统，模糊，你就反复提问：你到底什么意思？你到底什么意思？你到底是什么意思？这样的话，这个过程相当于开地，把孩子大脑清晰度提高得越来越高，相当于把大脑给它厘清，要不还是模糊混乱。

大家可以观察一个现象，越社会底层的人，说话越笼统模糊，越是社会上层的人，越清晰准确。打个比方，那个文学青年写东西他都用伟大呀，光荣啊，梦想啊，这种大词。而你看看巴金，老舍，他们写的东西全写小词，写的全是具体的事。

其实，你要跟社会高层人打交道，真跟聪明人打交道的话，你就明白了，他会斟酌自己的词汇。我到底在说什么？我要传达什么意思到你心中？实际

上，他之所以这样是从小这么训练过来的。没有一个人生下来说话就那么清晰准确，因为语言能力是从小这么培养出来的。那么为什么有些孩子说话清晰准确呢？他说话清晰准确，就意味着他头脑清晰，就意味着他分析能力强，他的思维密度高。然而，说话笼统模糊的人，就意味着他的思维密度太低了，密度太低了导致他的思维穿透能力太弱。作为家长，其实训练孩子大脑方法还有很多，我们这里只告诉大家这是最常规，每个家长都可以掌握的。当然要做到这点，你作为家长，你自己必须先训练你自己。

我们传统的中国人有个概念，有一个误解，我们说的这个人心里有货，茶壶煮饺子，倒不出来。有知识倒不出来？这是大误解。大家记住，哲学上有个定论，一个人怎么说话，就意味着他怎么思考，他怎么思考就意味着他价值观系统是什么样的，那他的思维方式是什么样的，那就意味着这个人是个什么样的人。一个说话笼统模糊，一竿子打翻一船人的人，无论如何这个人都不是个聪明人。什么意思呢？也就是说，他的大脑清晰度不够，大脑清晰度不够的人要成为国家元首的话，这个民族可就遭殃了。所以对家长来说，如果真想把孩子训练成聪明人的话，那么你自己要先知道，这个思维的规则。一个人说话越清晰准确，明确，说明这个人的聪明程度越高；一个人说话越笼统，模糊，说明这个人的大脑的思维越混乱。作为家长，你自己要先变成一个聪明人，然后同时训练你的孩子。这样的孩子才知道自己在说什么，他在思考什么，他在做什么。这样的话，这个孩子他才真正是个聪明孩子。

我自己的儿子现在才八岁，我女儿已经快大学毕业了。我在前几天的某天早上，和我儿子对话，我说："你明天放学，我去接你。我领你到欧亚卖场看电影。"我答应他了，他欢天喜地地上学了。结果晚上我去接他的时候他不理我。我说："你对我这种态度，不跟我说话，那么我昨天答应你的上欧亚卖场看电影的事，咱们就作废。"你们猜一下，我的儿子说什么？他说："爸，你答应我上欧亚卖场看电影是昨天你对我的承诺，跟我今天的态度没有关系。你答应的事情，你必须兑现，这叫守信用。今天我对你态度再恶劣，昨天你答应的事情必须兑现。因为昨天你答应我的时候，你没把我的态度加到这里面！"这是从小得到有效训练的八岁的孩子思维。如果一个孩子从小训练，你把他的大脑训练得清晰度越来越高，他会准确地知道，你在说什么。这样的话，这个孩子的大脑清晰度越来越高，他的语言能力也标志他越来越聪明，在学校学知识就太简单了。这个大脑相当于犁杖，知识相当于土地。你这个犁杖不好使的话，你怎么才能把土地开垦出来呢？

通过这三个方面，把孩子学习能力培养出来。学习是需要有着极高的能

力，它不光是一个意愿的问题。实际上这是一步一步越来越深入。其实，这个学习的能力是硬指标，孩子学一段时间，他真能学进去，他真能有收获。因为意愿是道门，他不想学没有办法。其次，他意愿再强，他的理想再远大，他没有实际操作能力，他也无法实现。

他经过几次实践，失败了，他的自信心受到挫折，兴趣也没有了，最后意愿也受到伤害了，最后全废了。所以，这是个硬指标。

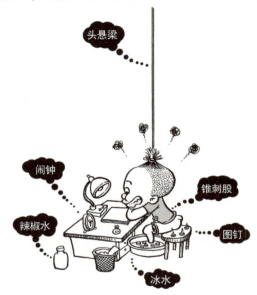

把学习跟痛苦连接在一起是我们祖先犯下的一个原则性错误，其实我们地球人的根本行为规则是"逃避痛苦、追求快乐"，痛苦地学习必然效率低下，事倍功半。

因为教导孩子学习，这是个真刀实枪的事情。一个人不是说我只要努力就能学好，学习是个技术工作。你的努力对于孩子的学习成果，起着非常大的作用。但是他本人的能力才是核心。大家可以观察到，你如果在重点大学里读书或者教书，那些学习最好的学生，他绝不是最努力的，他一般是中等偏上努力。我为什么这么说？因为我在吉林大学念书又教书。吉林大学是国家一流大学，在这个学校里待了二十多年。从我本人的经历来看，我从小学一年级，一直到高中毕业，我考试从来没有第二过。在别人看来我怎么那么聪明，其实不是。我自己的努力程度应该中等偏上，我属于那种学生，学的时候我会发疯学，玩的时候我会发疯玩，把这个学习和玩分得很清楚，而我

的努力指数是中等偏上，我不是不学习的人，也不是最努力的人。在大学里边，你会发现，班级学习最优秀的学生，他绝不是最努力的。大多数人把这种现象解读为他们聪明，其实不是。他们只是具备了学习能力，知道怎么学。他学一个小时顶别人学三个小时。而那些死抠的，死记硬背的人，学三个小时不如人家学一个小时。时间久了，我们认为那个学习好的学生聪明，脑袋好使，而说学习不好的人，脑子笨，其实不是。学习不好的人也不是笨，是他方法不对，他从小没有培养出学习能力。

学习能力里边的最核心指标是方法，完成一件事的方法和方法之间，有很大差别。我从长春来到北京，坐飞机花了一个半小时。那请问，如果我开汽车来呢？我开奔驰车大概得八个小时，要开捷达车大概得十个小时。那如果我赶牛车来呢？恐怕那要一个或者几个月。我说这个什么意思呢？大多数人，以为学习只要努力就能学好，其实不是那么回事。我们所有的家长朋友们，想一想当年你学习的时候，有没有人说我不想考北大，我不想考清华，我不想考国家一流大学，没有吧？那为什么最后考上清华，北大这样的学校的人少之又少呢？因为，大多数人认为自己不行，自己笨。曾经自己努力过，最后自己认为自己不行，他归结为笨。或者还有些人归结为我不努力，其实也不是。如果你方法不对的话，你再努力也没用。比如我刚才讲我们学英语，如果你就天天分析语法，分析句型，背语法，背句型，往里套，你再努力，你比别人努力三倍，五倍，你学三天，人家学一天，你也学不过人家，人家说一说就记住了。而你呢？你越背越废，越背语法，背单词，越学不会，越学不会越学，最后自我否定，我学不好英语。

大多数人不明白，因为学习是个技术工作，你的努力是第二位的，而方法是第一位的。一个不会开汽车的人，他很努力，你让他去开，怎么开？再努力也没用，急死他也没用。我们找一百个农民去造原子弹，他们真努力工作，他们一天想二十五个小时工作，黑天白天工作，累死他们也造不出原子弹来。学习道理是一模一样的，它是个技术工作，他必须掌握规律，找对方法，才能把事情做对。

所以我们作为家长，要把孩子学习能力培养出来，这是作为家长培养孩子学习的核心的任务。

我前面就讲了，一个人的学习能力，约等于他的生存能力。因为他面临着终生学习，那么他长到成年，他即使博士毕业，他要工作，他也必须学习，每天要学习新的东西。他如果不会学习的话，你想想，他的一生会多么痛苦。

我举个例子，大多数人在大学、中学期间，他一直把真知和符号搞不清

楚。老师讲课，他记笔记，记完笔记，回去背笔记，把笔记背完，然后再去答题。只会死记笔记，不理解什么意思，把它变成自己的真知，时间一长，背过的东西就会忘记。一忘了他就对他自己说，学习是太难太痛苦的事。因为他在开始阶段就把真知和符号当成两层皮。他把符号背了，符号在大脑中留下印象不深，几天就忘了。在他的记忆中，在他的实践经验中，在他自己的感性经验中，觉得学习是一件太痛苦的事，太艰难的事情，学完就忘。想一想，你如果学会了骑自行车，那十年没骑，请问你还会不会骑？如果你学会了开汽车，十年没开，请问给你台汽车你能不能开？肯定行吧，这叫真知。

如果你知道牛顿"万有引力定律"，你知道两个物体之间，在宇宙中，任何两个有质量的物体之间，存在着相互吸引力，这个引力的大小跟物体的质量成正比，跟它们之间的距离的平方成反比。如果你知道这个规律，你学会了就学会了，这辈子还会忘吗？至于用什么符号表达，那个东西是个表达符号，你用 G 代表万有引力，用 K 代表引力常数，G 等于 K 乘上然后一横，上面 M_1 乘 M_2 两个质量的乘积，下边除 R^2，R 代表它们俩的距离。这东西你可以这么表达，也可以换个表达式，那用什么符号代表都无所谓。大多数人，他把那个符号背完了，时间长了，忘了。实际上，你如果一旦真的把知识学会的话，它会永远烙印在你的潜意识里边，你什么时候会就是会，不会就是不会。

我问你，在直角三角形中间，呈现什么样的边关系？你马上知道，两个直角边的平方和，等于 C 边平方。这个东西还用记吗？你非得背 $a^2 + b^2 = c^2$，非得这么背吗？很多人不知道，在孩子刚开始接触知识的时候，我们就要培养他学习的能力，让他们可以透过学习符号得到真知。

我问你：一个物体在空中落下，它会越来越快，你能不能解释一下呢？为什么两个不同的球，一个大球一个小球，两个大小不一的球，从空中同时放开，会同时落地。当年伽利略做那个实验，那么往下扔，按我们原来的理解，是那个大球应该先落地，它为啥同时落地呢？那是因为一个物体在运动过程中产生的加速度，跟对它施加的力成正比，而跟它的质量成反比，什么意思？大球质量大，小球质量小，想想，这个大球落下的力应该是大的。因为质量，它得到地球的万有引力会大一些，施加的力自然是大了。小球得到万有引力是小的，对它施加的力也是小的。可是，跟它质量成反比。所以，大球比小球多出那块力，被它的质量克服了，所以它俩同时落地。如果你中学的时候，你直接就学会的话，你这辈子不会忘的。我问过上百个成年人，甚至于大学毕业的。我说，伽利略当年做那个实验，一个大球一个小球，从

比萨斜塔上往下扔，为什么同时落地？原来，亚里士多德理论认为是大球先落地，为什么同时落地呢？你们能解释一下吗？我问过上百个成年人，没人能解释。为什么那么多人不会，就是因为初中学习物理的时候只是将符号死记硬背了，而没有真正理解这个定理。

所以，作为家长来说，孩子透过符号，理解掌握后边那个真知，这种能力，才是孩子要真正掌握的能力。那么，这个能力来自这三个基本要素。

4. 吸收知识

其实在这一点上，作为家长来说，如果你受过高等教育的话，你可以引导。你没有受过高等教育，你可以放手。因为知识是个庞大海洋，让孩子自由去驰骋。如果你是受过高等教育，你可以引导。什么意思呢？如果你受过高等教育，你确实是学习方面的专家，你也是在某方面有成就的专家。你可以引导孩子先学，如果没有的话，让孩子自己去畅游，让孩子自己去游，游来游去他自然他就会游出来，自然他就会学。

大多数家长把吸收知识当做重点，其实在这个事上，家长只需要指明方向就可以了。吸收知识是孩子自己的事情，家长你在外边干着急，是使不上劲的。你只要把前四项重点做对了，这个孩子就开始吸收知识了。如果家长你是受过高等教育，并且你的知识很广博的话，你可以给孩子指导，引导，可能使孩子少走一些弯路。可是如果你没有受到高等教育也没关系，你就让孩子自己去畅游，鼓励他去主动求知。

5. 训练技能

比如说在自然科学领域，这个实验技能很重要。训练孩子的物理化学实验技能，实际上，孩子的物理化学实验技能不够，会客观制约他的学习效果。

著名物理学家杨振宁自己讲过他的一个故事。杨振宁原来是搞实验物理的，后来之所以搞理论物理，是因为他一进实验室所有人都害怕。人家说杨振宁要一进实验室，那我们就小命不保，他把实验室整爆炸好几次，他的实验能力很差。他后来获诺贝尔奖的那些实验，都是吴健雄给做的。吴健雄是个华裔女物理学家，这个人非常优秀，她做了很多物理的验证。杨振宁和李政道他们俩发现宇称定律，非对称理论的时候，当时都是吴健雄来做的。

孩子从童年时你就要训练他的物理实验技能，这对家长来说，你只是指明方向就可以了。更主要的是学校的实验室做的工作，老师做的工作。

通过以上五条给家长讲了一个什么道理呢？

　　我打个比喻，看看咱们家长能不能豁然开朗。假如咱们把学习这件事比作一座大楼，这个大楼分六层，我们给这个大楼起个名字，叫学习大楼。五楼是图书馆，教室，五楼代表知识，六楼是物理化学实验室，代表培养实验技能。那请问，孩子现在在马路上你怎么能把他给我弄进这个大楼来？也就是说一楼干什么？利用孩子好奇心等手段，激发孩子的学习意愿，让孩子走进大楼。二楼做什么呢？培养孩子自信心，他就认为我能学会，只要我用心，我努力我就能学会。他要坚信，我无论怎么努力我都学不会，他绝对不往上走。他必须坚信，我只要努力我就能学会，这叫信心。第二楼，重点培养孩子自信心。第三层楼呢？要培养孩子学习兴趣，让孩子在学习中找到快乐，他才能坐得住，深入进去。第四楼叫做培养孩子学习能力，他得实际具备这个能力，能够真的把知识学会，这样能够走得很远，要不他就走不下去了。四楼培养孩子学习能力。那五楼呢？叫做吸收知识，五楼是图书馆，教室，叫吸收知识。六楼训练技能。我用大楼作比喻，要义就是作为家长，你现在是个教育者，孩子在马路上，你想让这孩子走进大楼，你必须按程序一步步做对。

　　各位设想一下，如果一二三四楼没上，你能不能让孩子从马路上直接飞到五楼上去？不可能。大多数家长犯了一个简单的常识性错误，早期因为教育孩子阴差阳错，做错了，这是孩子现状，这孩子现状是没有学习意愿，没有自信心，没有学习兴趣，更没有学习能力，这全都没有，你天天逼着孩子学，学，学，学。学什么？你把孩子会整死啊。如果你真的想要让你的孩子走进学习的殿堂，你必须按照程序一步步做对，这是我们的座右铭。

　　现在我们换一个比喻，现在我是孩子你们是家长，你想教导我学习，你想想，你作为爸爸妈妈，想让我在学习上取得好成绩，请问你第一步干吗？第一，你得让我产生学习意愿，就是说我得真想要学，我要不想学，你打死我也没有用。第二步，我得坚信我只要学，我就能学会。我得在关键层面上，在理性层面上认为只要我用心，我努力，我就能学会。这叫信念，也叫自信心。如果我坚信是反面的，我坚信我再努力也学不会，那我肯定不会学，即使当你面我表面在学，但我也没真学。因为我已经坚信这是负面信念，我坚信我怎么努力也学不会的话，表面上我在那学习。就像前面我们举的例子，我让你在三天内，如果你能够徒步登上珠穆朗玛峰，我就给你十个亿，我想，你肯定坚信怎么努力也不行。所以，第二步你得想办法让我相信，通过鼓励表扬，通过举例子，通过你自己的人生经验告诉我，我能行，我能学会。最后我坚信我只要努力，我就能把它学会，这样我才能往上走。第三步，你得想办法让我在学习中产生快乐，这样才能坐得住，人是逃避痛苦追求快乐的

生物。没有人会坐凉板凳一坐十年，那是胡扯，那是编出的故事，根本不是那么回事。如果有人真那么坐十年的话，人家内心是快乐，不是痛苦。大多数人观察有误，人家说我能坐得住，我能找到快乐，我才能坐得住，深入进去，大脑进入了工作状态。如果我坐不住，那我不学了。你在这看着我，我在这装相，你走了，我就走。第四步呢？我得具备实际能力，也就是说我学习一段时间，比如说十天，半个月，一个月，我真能学进去，我真能把那个知识掌握，我找到那种成就感，价值感，畅快感。我觉得，这知识我确实学会了。这样，我具备这个实际能力。如果不具备这个实际能力的话，没有用，那我学两天就学不下去了。学两天就学不下去，前面这些都废了。你这个实际能力是硬指标，你必须要具备实际能力，这样才能走进真的基础知识殿堂，把知识学会了。第五步，吸收知识。你在边上观察就行了，有机会你就表扬两句就可以了。你别管我，你给我指个道就行了。第六步，物理化学实验室跟你没关系了，你就听着就行了，回来赞扬两句就完了。很多家长没这概念，天天盯着，数学做了没有？语文做了没有？外语做了没有？你给我好好地学，努力地学。实际上这样教育，你绝对培养不出一流学习者出来。

很多家长困惑说，孩子小学怎么教育呀？小学你不逼他，他就不学习呀？整个与这个规律相反，就是逼迫，天天看着孩子学习，他把所有的精力用到孩子知识的吸收上。他以为孩子学会了加减乘除，学会了九九表，就学会了知识。背了唐诗宋词，以为学到知识了。我想，讲到现在大家应该明白了，这样的做法其实是适得其反。这孩子真就答了一百分，也是废品。实际上在学习这个问题上，误解太多了。我们家长真要把孩子学习搞好的话，必须按这个规律把它做对，这是我们今天讲的第三点，要培养孩子的学习能力，家长具体做的工作就这六件事情。

第三节　教育孩子学习的基本工具

1. 爱

前面我们对爱，已经做出了正确的界定，爱的五个含义相信大家没忘。也就是作为家长来说，想让你孩子产生学习的动力，产生学习的意愿，那你就必须加大对他爱的力度，增加他自我价值，使他产生学习的欲望。

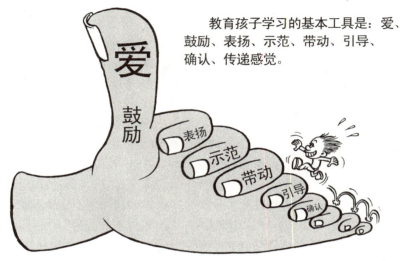

教育孩子学习的基本工具是：爱、鼓励、表扬、示范、带动、引导、确认、传递感觉。

2. 鼓励

鼓励是孩子信心的来源。什么叫自信心？就是说一个孩子面对每天学习的新任务时，他进入"我能"的心理状态。那现在我问每一位家长，孩子在面对以前他没学过的东西时，他上哪里知道他能还是不能？其实，孩子最初的自信心是从家长那里传过来的。怎么传的？往图上看，是家长对自己孩子有信心，孩子才知道自己有了信心。怎么传的？通过鼓励，告诉他，你行，你能做到，一定能做到，是这样的一个传导过程。所以，鼓励是教育孩子最重要的方法，不论是建立他的精神人格，还是教育孩子学习，这是最常规的方法。难怪美国一个大教育家说："把孩子教育好除了鼓励，我不知道还有什么方法。"这个鼓励就是那个传导器，把信心由家长传导到给孩子身上。

我女儿在初一的下半学期，她有一次数学不及格，她坐那生闷气。

我说："你怎么了？"

她说："老爸，数学不及格，数学太难学了！"

我说："怎么难学啊？"

她说："学不会呗！"

我说："你怎么学的啊？"

她说："上课听课，记笔记，自习课做作业。"

我跟她原话说这么说的："你觉得你这样的方法，能学会吗？"

她说："地球人都这么学的！"

我说："你开玩笑吧？数学不能这么学！"

她说："那怎么学啊？"

我说："我告诉你，我是大学数学系毕业的，根据我四年大学经验，告诉你，数学是所有学科里最简单的学科，连那个小孩都能学高等数学。"

她说："什么？小孩学高等数学？"

我说："大学的少年班啊，少年班十二岁的孩子，可以学高等数学啊。"

她说："那是天才！"

我说："胡扯！给狗挂个大饼子，都能把微积分学会。其实数学是所有学科里最简单的学科。只要你进入数学思维，然后一步步往下推就可以了。它不需要多少背景知识，为什么少年班就可以招数学呢？你让十二岁的孩子，给我学法律我看一下？累死他。实际上，数学不需要多少背景知识，把基本的概念搞明白，逻辑体系搞明白，逻辑关系搞明白，你一步步推就行了。所以说，初等数学跟高等数学它的基本逻辑关系是一模一样的。高等数学加了一个辩证，加了个极限概念。你只要掌握了这个数学原理的话，一步步推就可以了。"

她说："这样啊？"

我说："当然了！数学是所有学科里最容易学的，我告诉你，所有学数学的人，你看表面上学的挺好，其实都遇到过挫折和失败。"

她说："真的啊？你上中学时候就没有啊？"

我说："你怎么会知道我中学的时候，数学曾经不及格过啊？"

她说："原来你也不及格过啊？"

我说："对啊！你看我后来考到吉大数学系，毕业我还算优秀学生毕业。"

她说："原来你也有不及格啊！"

我说："对呀！不及格没关系，下次再来，没关系，你一定能学好！"

我告诉她学数学的方法，你该怎么做，怎么做。告诉她几个步骤。结果她在初二上半年，连续三次她们班唯一一个满分的人是她。

很多家长不明白这个原理，他就编反故事。他自己在中学阶段，可能整个中学阶段，就有一次考过第一。他就跟孩子说："你看我！我中学时候数学考试回回第一！"其实，我告诉各位我编的也是反过来的故事。我从小学一年级到高中毕业，我数学成绩从来没第二过。我数学成绩从来没下过九十分，从来没有。我为了让我女儿她有信心，我编了个反故事。我说，我曾经不及格过。其实，小孩最缺的就是信心。有的家长反着编，他其实可能中学阶段从来没得过第一，跟孩子说："我，中学时候那总第一！"其实他这么做法，

恰好是对孩子有伤害的。

有个著名的笑话，说有个爸爸，对他儿子的学习简直伤透脑筋了。他儿子每次考试回来，爸爸问："儿子考多少分？"儿子脱口而出："一百分！"结果不是。每次回来问："儿子考多少分？""一百分！"结果还不是。这个爸爸简直伤透了脑筋。你说："这个孩子，不但学习不好，还撒谎！"怎么办呢？后来他终于想出个好主意，他买了一台测谎仪。在孩子回来之前，把测谎仪调试好了，百试不爽。正好那天儿子考试，儿子一进门，爸爸早就在门口等着，似笑非笑看着儿子："儿子，回来了？"儿子说："回来了。"孩子一坐下，爸爸看着儿子眼睛："儿子，考多少分？"儿子脱口而出："一百分！"这时候只听那个测谎仪哇哇地非常犀利地尖叫。这个爸爸笑了："看见了么？测谎仪叫了，你在撒谎！到底多少分？"儿子说："八十分！"结果测谎仪还在叫，只是声音比刚才小了一点，爸爸不高兴了："你还在撒谎，测谎仪还在叫，说明你还撒谎！多少分？"儿子说："十分！"测谎仪终于不叫了。这个爸爸开始教育儿子："你说说你啊？现在吃好的，穿好的，用好的，什么条件都具备，竟然给我考十分回来？你也太不像话了！我小时候，生活条件那么艰苦，我每次都考一百分！"这时候只听砰的一声，测谎仪爆了。

我们很多家长不知道，教育孩子，如果是用比自己孩子学习更好的孩子，来教育自己的孩子，来跟孩子比较，让孩子向人家学习。没有比这更错误的教育了。我们要记住，让孩子增加自信心，这才是核心条件。要通过你的鼓励，通过孩子的实践，把他的自信心培养出来。所以，第二步叫鼓励。

3. 表扬

表扬是指当孩子把事情做对，取得好的学习成绩，你必须及时地表扬这个孩子，这样他才有动力继续做下去。这就相当于一个助力器，加力器，每次做对，你应该表扬，这样他才有动力继续做下去。

我们中国的家长，都害怕表扬孩子。怕什么呀？怕孩子骄傲自满。为什么呀？这是中国的一个古老的习俗，怕骄傲自满。其实，这个观念把中国人害得太苦了。现在我问各位：孩子骄傲自满的真实原因是什么？是无知啊！有人骄傲自满，一定是无知。如果用成年人比喻，你就明白了。假如你在东北或者西北，经济欠发达地区的县城里生活过。你会看到，假如一个人开了一个洗浴中心，开了个酒店，一年挣了个三千五千万。你看那人，一走道那都横晃。他在干吗呢？显示他最有钱了。为什么啊？因为无知嘛！哪一天到了北京，到了上海，到了深圳，看见一个穿大裤衩子的人出来了，穿个拖鞋，

一问家里有十个亿。马上回去不晃了。什么意思？孩子骄傲自满，真实的原因是无知，跟表扬没有任何因果关系。

很多中国的家长就害怕，一表扬孩子，孩子就会表现出自己无所不能。把这个定义为骄傲自满。我作个比喻，看看大家能不能豁然开朗。假如把表扬比做孩子这台汽车的发动机，那这台发动机因为开车过快，但没有刹车，结果撞到大树上了。最后它的总结是，因为有发动机，所以它才撞大树上了，它把发动机拆下来了，所以就不撞了。我不知道各位能不能真的听懂？其实撞大树的真实原因是刹车失灵。所以孩子一旦出现骄傲自满，有时候这两件事，表扬和骄傲自满确实是在客观上有一些联系。在生活中，看大家能不能真的想明白，客观中它是连在一块的，因为表扬完，确实发现他骄傲自满。其实表扬是孩子产生动力的根源，是发动机。而之所以骄傲自满，是因为知识面不够。你还需要做第二件事，就像你把发动机启动着了给汽车加力，你还得装刹车。那就是要扩大孩子知识面。一边表扬，一边扩大知识面，孩子动力上来了，然后，把面知识面扩大了，他才能谦虚谨慎。当你一辈子没见过，没去过高山，你以为你们家那个山是世界上最高峰了，人才会骄傲自满。

假如你现在有十个亿美元，你到比尔·盖茨家晃一圈，你回来就不说你有钱了。表扬和骄傲自满在表面形式上可能看到的是因果联系，我一表扬他，就骄傲自满。其实不对，表扬使孩子开始兴奋，觉得自己无所不能，你这时候扩大他的知识面，他就开始谦虚了。

4. 示范

如果你会学习的话，给孩子示范。比如，数学怎么学，物理怎么学，化学怎么学，外语怎么学，给他示范，让他学会正确的学习方法。

5. 带动

把孩子的学习热情带动出来。教育孩子学习，要知道学习是一种行为，对行为指导得最好的方法，第一就是行为示范，就是我做给你看，这么做就是最好的，不是讲道理。第二个就是带动，很多家长问怎么带动啊？

我举个例子，大家可能就明白了。我儿子现在正上小学一年级，他在东北师大附小上学，他从一年级开始学英语，他以前没受过基本的英语训练。反正小学那个英语，他只要认识，念出来就行了。老师就跟他妈汇报说："你儿子英语反应有点儿慢。"其实，我儿子是个很最聪明的孩子，在英语上他不熟悉他不就慢吗？有一天，我回家他妈妈就跟我汇报说："老师说了，儿子对

英语呢有点反应慢，学习效果好像不是很好"。我说："我看一下。"我一看小学生英语课本，然后，我就问儿子。我说："儿子，这念什么?"他说："I can sing!"我说："什么意思?"他说："我能唱歌!"我说："这个呢?"他说："I can write!"我说："什么意思?"他说："我能写字!"我说："I can jump!"我说："什么意思?"他说："我能跳高!"我说："I can dance!"他说："我能跳舞!"我说："你念一下吧?"他开始："I can sing! I can dance! I can write!"他念一句，停一句。实际上语言学习，大家都明白它是 skill，它不是知识，他以为我念会了就行了，只要认识就行了，所以没有这个熟练过程。你看我这样指导，不就太简单了吗?我妻子原先就在边上给他讲道理："英语重要啊，英语重要啊，学好英语将来考大学有用。"我说："你跟一个七岁孩子说这个话，约等于没用!"她说："那怎么说，你说!那怎么做，你做!"我说："来，你看着，我来做给你看。"我说："儿子，过来，你坐这儿，现在爸爸是老师，你是学生!"我儿子在那儿笑。我说："你别笑，老师在前边讲，你不能笑!"我说："跟我念，我念一句你跟我重复一句，听明白了?"我开始念："I can sing!"他也念："I can sing!"我连说三十遍，他开始不愿意念，我说："念，多好玩啊，跟我一起念!"他说："I can sing!"念三十遍，这个会了。然后，我又念："I can dance!"他也跟着念："I can dance!"每个念三十遍，念完了，我说："好了，儿子立正! 我会唱歌怎么说?"他说："I can sing!"我说："我会跳舞!"他说："I can dance!"我说："好了，记住了，去玩吧!"我妻子在那眼睛看直了，我说："怎么样? 我还挺棒的吧"

其实什么意思呢? 作为家长很多人不明白那个带动的概念。就是说你鼓动他，然后我做你看，咱俩一起来。这样就把他的学习热情带动起来了。

我们中国人很早就明白一个道理，就是：书读百遍其意自现。比如说，孩子学语文，散文念过三十遍，所有孩子都学会了。你让他大声念，来，我给你念一遍给你看，来，你试一下，你试一下。这么带动，把他热情带动出来，就会学会并领悟。但大多数人适得其反只会讲大道理，讲道理只能让人沉静，不会引发动力。而带动会是感性活动，它把那热情能带起来，动力才能出来，他才能去做。很多家长他就讲道理，孩子的英语学习不好，给孩子讲英语怎么重要，学英语将来怎么好。讲这些话，对于小学生约等于没说，没有任何意义。不但没有正面意义，还有反感。你做给他看，把他带动起来。

6. 引导

引导孩子主动求知，这是一个大的原则。相当于你是一个向导，求知的

过程绝对不是填鸭的过程。刚才我开篇就讲了立意，如果将来你教育孩子，老师教育学生学习，家长教育孩子学习，这是两个平等主体的关系，他们合作完成一件事。也就是说，咱俩得合作才行。

假如说把学习知识比作一趟旅游的话，那么家长老师就是向导：这地方我去过。我们上峨眉山往上登顶，到了那个梯子上，往上登顶，哪块有风景我知道。你第一次来，我告诉你那有风景，你注意看啊！往上登不登是他自己的事情。

如果家长不明白你只是他学习的向导。你是向导，你告诉他，往哪儿走，哪块儿有风景可以看。什么意思呢？作为家长老师，你的学习已经是完成时了，就是说你已经走过来了，过来人。那么我知道哪块有坑，哪块有陷阱，你这么学是学不会的。我知道，哪块知识重要，这个基础要打不牢的话，将来你就惨了。

各位中学生家长，如果你孩子在初二以前基础知识没打牢的话，我基本可以判定这个孩子学习上会遇到巨大障碍。对于 70% 以下的孩子，学习走不远。但现实在操作层面上，很多家长不具备这个能力。刚才我们讲了这些，要把这真做对的话，需要家长具备一定的能力才能做到。所以现实生活中，很多家长不具备这个能力，我们可以当家长，但是会不会教育孩子，这是另外一回事。

要真的想把孩子引导好，让孩子走得很远的话，那你必须得引导孩子把基础夯实。如果他夯不实的话，比如上初三了，如果初二以前基础没夯实，能力没培养出来，到了初三就难了。一上高一，谁能考一流大学，只学一年下来，就可以基本判断了。谁能考一流大学，谁能考二流大学，谁经过努力能上大学。说实话，经过潜能开发训练的孩子可能会突破，但是参加潜能开发训练的孩子毕竟是少数。这么多年我一直在干这个事，把三流的孩子训练成一流孩子。这些年我已经训练了七万名学生，那七万名学生放到几千万中学生里面，那就是大海里的一滴水。大多数孩子没有遇到这种强化训练的机会，所以他就失去了更好培养学习能力的机会。

作为家长来说，你是引导者，比如说在中学阶段，初中阶段引导孩子把基础要夯实，高中阶段重点培养思维训练。你在学数理化的过程中形成逻辑思维，你必须清晰准确，那个是大前提小前提，从 A 到 B，B 到 C，这个基本逻辑关系你要熟练使用人类的逻辑符号。这样的话，你这个孩子将来到了大学才能真的会学习。

7. 确认

家长确认孩子的学习能力，他只要把事做对你马上说，我说过你一定行，你一定能做对，你看，我早就说了。

我观察过两个孩子的成长过程。因为我女儿她在学习上应该算一个成功的人，她学习一直几乎是领先的。我儿子现在刚上小学我就观察，他最初的时候，你让他在某个方面上做点事，然后你确认他，最后他就有信心了。我儿子刚上小学一年级，他有一天跟我说："爸呀，我现在从来没有感觉过学习这么好，我觉得学习是一种快乐。跟我上半年比的话，我觉得现在很快乐。"我说："为什么？"他说："要是把所有的课程，都变成数学就太好了。"他脑袋聪明，学数学一学就会。他说："就是有点烦恼，这学期作业明显增多！

我想跟校长提个建议，能不能把作业减下来！"一个七岁孩子的话。他什么意思？你通过他的叙述你有没有发现，他在数学上已经找到了掌握感了，也就说这个信心有了，他确信我能学会。在语文上有点烦，得念，反复念，得写字，他小男孩淘啊。有那么多诱惑，我又不敢去逼他，一逼他，怕他会产生厌倦，产生痛苦就麻烦了。所以只能诱导他，引导他。

那作为家长你要明白，比如说小学一年级的孩子，他已经在数学上，基本产生确定感了，他认为数学好学，数学几乎全是一百。什么意思呢？你能够懂得这个原理，能够透过孩子外在现象，了解孩子内部的心智，他到底怎么看他的一个学习的。所以，这个确认什么意思呢？只要他能够学会一点点，他只要能把那个数算对，就要告诉儿子你学得太好了。你就是有数学天分。其实，这是世界上最美丽的谎言，但是在孩子心中是真实的。我不知道各位能不能理解这句话含义，他确信，我有数学天分，只要这么坚信的话，他的数学能力就出来了。数学能力出来了，他就真学会了，就这么简单。所以小孩在学习过程中，他只要把这个字写得好，你及时正面确认。只要他把这个事做对了，你及时正面确认。最后他慢慢认为自己：我行，我能做到。

8. 感觉传递

感觉传递，这是非常重要的一个方法。好多家长，他一边在这打着麻将一边聊着天，一边说："老张家那二儿子，大学毕业没找着工作，现在学习啊，上大学看来没用啊。"然后，告诉旁边自己孩子说："儿子，好好学啊，好好学，不学能考上大学吗？"你说，你这种人怎么能把孩子教育好呢？在那打着麻将评论着别人。其实美国一个教育家说过一句话，他说："一个孩子的

未来，其实在他童年的餐桌上，就已经确定了。"什么意思？就是你谈论知识，谈论科学那种感觉，孩子会自动接收到。假如说，你天天在这儿装神弄鬼，一会求个签一会求个佛，一会去拜个神儿，你一点没有科学精神，让孩子学自然科学，你想想，他怎么可能呢？科学精神和迷信是直接对立的。你没发财，你觉得这命不好，有鬼神作怪，命运不佳，你让孩子好好学科学，你这个观念，在跟孩子谈的过程中明显就是对立的。然后跟孩子说，好好学，学好数理化走遍全天下。

所以，感觉传递是什么？家长在教育孩子学习上，要把最主要的两种感觉传递给孩子：第一，把你对科学的热爱，这种感觉传递给孩子。谈你对杨振宁，谈你对李政道那种无限崇敬的感觉。谈你对钱学森、钱伟长、钱三强、邓稼先等等这些科学家的崇拜。当年我们国家因为这一辈大师级的科学家，才有了今天的中国的发展等。一谈到他们的时候，你都肃然起敬，孩子就觉得科学是神圣的，科学是人类从原始森林里，从山洞里走出来的，走到今天文明世界的一个惟一的火把。那孩子就觉得，我也得要搞科学，这事太神圣了。第二，你把对知识的崇尚的那种感觉，传递给孩子。把你对知识的崇尚，对自己没有学到知识的那种缺憾，把这种感觉传递给孩子，这是一种无形的教育。但大多数家长没这个概念，他在孩子面前贬低知识，贬低科学。对孩子说："现在知识分子能赚几个钱哪？"特别是有的小老板，赚了点儿钱了，一年赚个几百万了，对孩子说："大学教授一年赚几万块钱哪？有啥了不起的。"孩子就在跟前，就在吃饭呢，你就在那喊："那大学教授有啥了不起的，一年四五万块钱，有啥呀？还不够我一个月赚的呢。"然后，你让孩子好好学习，他可能学进去吗？

"一个人的未来，在他童年的餐桌上就已经决定了。"如果想明白了，你会在言谈举止中流露出来那种感觉，这里最重要两种感觉，第一对科学的热爱这种感觉，传达给孩子。第二对知识的崇尚这种感觉，传达给孩子。这样至少对孩子来说，就像那个火箭一样，往下喷射火焰产生反推力，对孩子应该产生巨大的推力，这样才能把孩子整个求学历程推起来。

第四节 教孩子学习的目的

我们大家再看一下这张学习模型图，教孩子学习的目的：培养有学习能力的自主学习者。

在传统教育中，无论是老师还是家长，在教育孩子学习这个问题上，几乎都没有考虑我们的目的是什么。所以大部分人在模糊中，在混沌中就把这个目的定义为让孩子掌握知识。其实，学习绝对不仅仅是掌握知识，它更深层的目的是培养有学习能力的自主学习者。这是我们在教导孩子学习上，要达到的终极目标，也是终极目的。也就是说，让一个孩子他最后能够发展为自己能够主动求知，能够学会求知，这样的自主学习者，这才是真正的目的地。

一个人能否成才，学校所能教给我们的知识最多10%。这个比例就是你读到博士它也不会变的。一个受过博士教育的人，和受过硕士教育的、本科教育的，和没受过高等教育的人的差别，就在于他的学习能力不同，他的自主性不同。那么想让孩子成为一个真正的有真才实学的人，将来成为一个能够对社会有用的人才，必须在他受教育的过程中，把他培养成能够自主吸收知识的人才可以。其实一个人，在学校里吸收的知识并不重要，重要的是他工作之后，他能够自己主动求知，这个才是成为一个大学者的一个关键性条件，成为一个人才的关键条件。

所以，家长要把你的注意力焦点集中在培养他的学习能力上。然后，培养他的学习意愿，培养他的自信心，最后，他能够自主求知，这时，你的目的达到了。不是说他把唐诗宋词背下来了，把历史人物的姓名背下来了，把历史事件背下来了，把那个数理化的那个基本公式背下来了，就完事了。知识是第二位的。最重要的是你能够把他培养成一个能够自主求知的人，这个才是我们教导孩子学习的一个根本目的。

第五节　教育孩子学习的总原则

教导孩子这件事，它的总的原则是引导孩子主动求知。这是我们人类求知的一个根本性原则，没人可以违背的。

最早发现这个原则的人是前苏联的大教育家，叫苏霍姆林斯基。他的原话是这么说的，他说："家长和老师他们通常所犯的错误是他们不了解学习是脑力劳动，脑力劳动有它特有的规律，这个规律就是劳动者必须处于主动的状态。"我把它翻译给大家，也就是说，想让一个孩子学习好，一个前提条件，是他自己想要学习，是他自己要学好数学，是他自己要学好英语，是他自己要考大学，他要主动进入这个学习状态，他的大脑才能进入状态，才能

真的把知识学会。如果他自己不想学，而是被家长老师逼着学，被外在环境压迫着学，被动地学，他断然学不好。为什么呢？因为这不符合大脑的工作原理，大脑这个器官要工作的话，必须对它的工作对象感兴趣，它才能兴奋起来。它如果不感兴趣的话，它大脑会处于抑制状态。

学习绝对不仅仅是掌握知识，它更深层的目的是培养有学习能力的自主学习者，这是我们在教导孩子学习上要达到的终极目的。

　　德国的大哲学家尼采，他把人的精神状态用三种动物来比喻，他说90%的人，他们的精神状态就像沙漠里的骆驼，骆驼在那么严酷的环境下，自己并不想去走，是被驼人拽着打着走，它的心理状态是被动的。用语言表述叫做："你—应—该！"我们中国的中小学生，在应试教育体制的压迫下，再加上家长老师的共同逼迫下，90%的孩子是处于被动学习状态，就像沙漠里的骆驼一样，被动地在学习。那他的心理状态叫：你应该！在这样的情况下，既便他付出了十倍的努力，他连三分收获都得不到。把孩子也搞得筋疲力尽，原因是不符合大脑工作原理。尼采说的第二种状态，就是草原上的狮子。狮子在追赶羚羊的时候，没人让它追赶羚羊，是它自己要吃羚羊，所以他拼命地奔跑。它的心理状态是主动的，用语言表述叫做："我—想—要！"如果我们家长真想把孩子学习搞好的话，那你必须把你的孩子，激发到狮子状态。面对知识这只羚羊，他是我想要的状态，他能迅速学好。一个主动学习的孩子和一个被动学习的孩子，他俩的效率差最少差五倍。就是说，一个自己玩

命想学好的孩子，他学一个小时和一个被家长老师逼着学的孩子，他学五个小时。那个主动学习孩子的效果，要比那个被动学习孩子的效果好五倍。你要真的了解这个学习的奥秘的话，你得想办法通过启发，诱导，鼓励，表扬，这样的间接手段。把孩子的学习意愿激发出来，让他进入主动状态，他才能发疯去学。尼采说第三种状态叫：小童。尼采的比喻就是要进入人的状态了。在尼采的价值观念中间，人就是创造状态。那么就是说，作为家长来说，他现在是被动学习，你想办法诱导他进入主动状态，进入狮子状态，由骆驼状态进入狮子状态，然后进入创新状态。如果他的欲望足够强烈的话，他会把大脑的潜意识激化，把他的创造力激发出来，进入人的创造状态。他会创造出很多方法来，最后把知识学会。当然这是个深层原理，一般的很多家长很难操作，这里头这个关键问题，就是不能够逼迫，不能做反面的。当你一强迫，强迫让孩子产生被动，他就违背这个原则。

这里的关键做法就是诱导、启发、鼓励、演示、示范等等，用这样的手段，先把他由被动状态激发到主动状态，由骆驼状态激发到狮子状态，然后再由主动状态激发到创造状态。这样的话，这个孩子的学习效率会空前提高。

其实严格意义上讲，如果是一个中学生，在他初二的时候，如果你能把他激发到狮子以上的状态，他用一年时间足可以把三年初中课程全部学完。他要是被动学习的话，可能三年什么也没学会。一个高中学生用一年时间足可以把三年课程学完，关键也是他能不能进入那个状态。他能进入到人的状态，也就是创造性状态才能冲开潜意识大门，冲开创造性大门，就是尼采说那小童，这样他就能创造出很多方法来。这里讲的激发，代表你的鼓励、表扬、确认、诱导、演示，参观等等方式。这里头最大的忌讳，也就是最大的应该避免的错误就是逼迫，一强迫他就会回到被动状态。

所以，这叫引导孩子主动求知，家长和老师不能违背这个总原则。

第六节　教育孩子学习的高压线

看模型图的下面，孩子学习的高压线。我用高压线这个比喻，说明这样的原理：在现实生活中，一个人如果碰上高压线了可能没命了。所以在教导孩子学习上，如果这些毛病你犯了，这个孩子学习就出问题了，也就是说孩子学习就停滞了。有四条高压线我们不能触碰：

1. 强迫

强迫会产生被动，直接破坏孩子学习意愿，这样的话，违背主动原则。所以，强迫孩子学习，肯定出问题。

2. 批评

批评是破坏孩子学习兴趣，他觉得学习没意思。这样的话，你把孩子学习兴趣破坏了，学习兴趣一破坏，他会觉得学习很痛苦，会坐不住了，深入不进去。所以，不能恶意批评孩子。

3. 与别人进行比较

总拿优秀学生跟自己孩子比较，这会破坏孩子学习的自信心。他觉得自己不如人，我自己笨。这样直接打压他的自信心，对孩子来说是恶性伤害。

4. 拔苗助长

这会直接破坏孩子学习能力。一旦你给他设定过高目标，就会在教育时拔苗助长。这样孩子肯定遇到挫折，遇到挫折失败之后，兴趣越来越没有。然后，信心受到挫折，他认为自己不行。这样会把孩子那学习搞废了，所以，这些高压线是不能碰的。

第七节　教育孩子学习的陷阱

学习模型下面还有三个陷阱。我用陷阱这个词表达的含义是这些事表面都是对的，日常生活中是陷阱，表面上铺得很平，你踏上去，掉下去了。也就是说，表面以为是对的，实际是错的。

1. 单纯重视分数

如果你的注意力一直都集中在分数上，每次考试回来你先问分数考多少分，这样你就会诱导孩子，这有两个害处：第一，他考分好了，他以为就是学习好了，这样导致孩子会认为符号和真知是两层皮；第二，他一旦考分不好，你总问他，他的信心会打折，会受到伤害。所以，单纯重视分数，你无形中就做到了忽略孩子学习能力的培养，叫丢了西瓜保芝麻。

2. 物质利诱

你学习好了，我给你多少钱？我给你买电脑，买手机。用物质利诱的方式来教育孩子。物质利诱表面以为有效，因为孩子为了拿你那个钱，拿你那个物质，他去学习。可是你知道潜在里，孩子把学习的责任转移到家长身上，你是主导者，我是打工者。孩子为家长学习，为家长打工。一旦一个人为别人而学习的话，无论如何他是被动的。一旦被动的话，违背了总原则，又掉进陷阱去了，就会越搞越糟。孩子不会自己承担责任，一旦一个人对自己的学习承担起责任，他才有主动性产生，有了主动性产生，他才能真的学好。

3. 功利主义学习动机引导

功利主义学习动机引导说的是什么呢？就是家长告诉孩子学习时："要考上大学，考大学读完出来能赚钱，能买房子，买汽车！"这种功利主义学习引导，在初期阶段好像见效。孩子为了说我将来要吃好的穿好的用好的，我要买汽车买房子，我将来要周游世界，我要学好。这是最初想法，但是这会导致个灾难的后果。什么意思？他会以功利主义态度对待学习，啥叫功利主义态度？哪个对我又有用又赚钱我就学。一个中学生他哪知道什么有用什么没用，而他在他的狭窄的知识面中判断，这个学科没用我就不学了，那个学科有用我就学。这样会导致他的知识面过分狭窄，最后导致这个孩子在学习上缺项，结果导致他偏科，或者导致这个孩子把学习和直接物质连在一块。一个人如果他以功利主义态度对待学习的话，这个人是断然成不了学者，他在学习的路上绝对走不远。也就是说，他最多成为一个小人物，他不会成为一个大学者，更不会真的把知识学会。因为人求知只有舍掉了功利主义的考量，才能抵达事物真实的层面。

大家注意到没有，获诺贝尔奖的人，有一个奇妙的一个悖论，如果你以功利主义态度，去搞研究，为了获诺贝尔奖去研究，你这辈子是永远拿不到诺贝尔奖的。但是如果你抛掉了功利考量的话，单纯追求这个客观真理的话，你的发现，经过三十年被客观证明确实是对人类做出贡献，才有可能获得诺贝尔奖。你去调查一下，那么获得诺贝尔奖的人，最初没有一个人说我要好好干，我要获诺贝尔奖。所以获诺贝尔奖的丁肇中说过一句话，一个人要是搞科学，要为拿诺贝尔奖而去工作的话，这太危险了！他说的其实是经验之谈，也是人生的真知灼见。一个孩子如果以功利主义态度在学习的话，那这个孩子是走不远的，最多上个大学，上大学现在是人必受的教育，他不会真

正走进知识的殿堂。他无非是学一些符号，将来找个职业而已。所以作为家长来说，这是灾难。就预示这个孩子以功利主义态度对待学习的话，因为他年龄太小，年龄太小的话，他不知道什么该学，什么不该学。他用他狭小的知识面来判断什么该学什么不该学，这样他的学习基础知识不可能打好。

话说回来，整个中学所学的东西，都没有是为了用的，其实包括大学都是通才教育。我就是教大学的，很多人以为说大学是专才教育，其实不是，到了硕士研究生才有点专才，博士研究生那是真正的专才教育。而通才教育的时候，那些东西都不是为了用的。你学文学是为了用什么？你学历史、哲学、文艺、文艺理论、思想流派这东西不是为了用的，是为了增加你的人文精神，把你变成个人，为你打基础。所以很多中学生问我："老师，你说我们学数理化这东西，到实际生活中这玩意儿能用上吗？"我就反问一句话："你都上中学了，你应该具备基本理想思维了。我问你，盖大楼，要盖三十层大楼，需不需要打地基啊？"他说："需要打啊。"我说："你知不知道常识打几层啊？"他说："得打三层吧？打三层到四层地基。"我说："打地基干吗呀？"他说："为了支撑大楼啊。"我说："那有一个人问你，说我们盖地基干吗呀？这玩意儿也不用，里边又阴暗潮湿，没有用。我们不用打地基了，我们从三楼直接往上盖吧？"孩子们笑了。我说："你明白了，你中学包括大学以前学的，都不是为了用的，是为了你有个厚实的地基。这样的话，你大楼才能盖

上去嘛。这一辈子你才能成为真正的人才。如果你中学的数理化没学的话，你初等物理，初等化学，初等数学，都没学。你怎么学高等数学，高等物理，高等化学？那么如果你高等物理，高等化学没学，到研究生的话，研究生定方向，你背景知识不够，你怎么搞研究呢？"

实际上，很多家长也不明白这个道理，他可能平常在餐桌上跟孩子谈话的时候，就流露出来这个知识无用论，或者是中学这些知识无用，那是小商小贩对知识的理解。如果一个人在文明社会受过高等教育的话，说这种话就太无知了。作为家长要明白，必须抛却功利主义态度。这样的话，引导孩子，让他对知识求知就是快乐，求知就是成长，求知就是目的。为什么？要成为人的话，我就得求知。因为人的所有的思考，所有的感情，都是在特定背景知识下来演进的。如果没有特定背景知识下，你就不具备人的思想，不具备人的情感。

所以，告诉孩子，要去掉功利主义的态度。

所以，我们让家长教会孩子学习上基本规律。我把他重申一遍。真想把孩子学习搞好，你作为家长要教育孩子学习：

第一步，要想到先把关系调正，孩子得信任你，如果孩子不信任你的话，你说什么没有用。

第二步，把精神营养管道接通，这样的话，他才有动力去学习。

第三步，你要把这六件事全得做对，按阶梯做对，这里的关键是按阶梯做对，如果前四项没做，你不要做第五项。

第四步，你要把这些方法熟练使用，就像我们练武功，给了你八个基本工具，十八般武艺你得把它练会，这样的话你的功力出来了，你才能把孩子学习搞好。

第五步，要以培养有学习能力的自主学习者为目的，不能偏离航向。总原则，叫做引导孩子主动求知，这是总的原则不能违背。下面插着小红旗，告诉你此处有地雷，碰上就出事。这是你需要避免的。

这一张学习模型图，是我们在教导孩子学习的时候家长应该遵循的一张基本规律图。

第八章

"学习"多因一果关系图

我有一次给家长讲课，等我讲完了前面那张教育孩子学习模型图后，下边突然有个家长大喊："到底怎么做？"我说："把关系调正，精神线管道接通，这六件事做对。"他又喊："到底怎么做？"我说："把关系调正，精神线管道接通，把这六件事做对。"他说："到底怎么做？"因为台下有接近上千人，后来我才看清楚是一个在第三排的一个家长，他在那喊。我说："既然我已经讲明白了，你既然听不明白，那你就上来吧。我给你演示一下，好吧？"他于是就上来了，一上来满嘴酒气，那个家长那天喝酒了。到我面前还说："我是学士学位，我今天就要跟你个博士理论一下。"我说："好啊，我这个人就怕别人不跟我理论。"我说："好，你坐下，我跟你演示一下。既然讲道理你听不懂，给你讲知识你听不懂，那我来跟你演示一下吧。好，你现在是儿子，我是爹。"他说："行，你是爹！"我说："你现在是你儿子，我是你，明白了？我就问你，你儿子出现什么问题了？"他说："我儿子不愿意学习？为什么不愿意学习？"我就站起来走到他跟前，扶着他肩膀，我说："儿子，走，跟爸爸出去，咱们去打球。"请问各位，我在干吗？我在调正关系对吧，我得先跟孩子成为朋友他才能听我的话。结果我这么一做，他就在那胡说八道了。下边的家长开始喊："下去吧，你喝酒了？喝的白的吧，喝高了吧？"家长给他鼓倒掌，把他鼓下去了，没法再演示了。

这件事给我一个启发，我几乎是一夜无眠。我发现我们很多家长在教育孩子学习上，有一个基本理念，有一个基本想法。就是说，那么多复杂道理，我也想不明白，你就告诉我一条，到底怎么做。我一夜无眠，到了凌晨五点钟我突然来了个灵感，我编了个故事：说有一个黑猩猩，它想要学开飞机。它到了飞机场，找到个飞行员说，你能不能教我开飞机？那个飞行员心挺好说，好啊，我教你开飞机。把它领进机舱了一看机舱操作台上，好几百个按钮。那个飞行员开始跟它讲，这是起飞的，这是降落的，这是加速，这是减速的，这是增压的，这是减压的，这是左拐，右拐的。给它讲每个按钮的功能，讲得个昏天黑地，让黑猩猩听得个头昏脑胀的。最后黑猩猩发火了，愤

怒了说："你别跟我讲这大道理，你告诉我到底怎么做？"

飞行员说："我在跟你讲，就这么做啊？"黑猩猩说："别讲哪些没有用的，你告诉我到底怎么做？"飞行员说："我不跟你讲了吗。"黑猩猩说："你告诉我一个按钮，就一个按钮，我按哪个按钮，就能把飞机开走，又开回来。"飞行员说："这没法做呀。开飞机时这些东西必须都得用啊，整个按钮都得用，我们才能顺利把飞机开走，才能开到天上去再开下来，这是必须的。每个按钮都有不同的功能啊！"这个黑猩猩愤怒了："这个飞行员尽讲大道理，你就告诉我一个钮就得了呗，到底怎么做！"我相信很多人看懂了，有些人他的那个智商停留在那个黑猩猩的水平，教育孩子是个"多因一果"的关系，它不是一个原因导致的结果。如果受过高等教育的人一下就明白，一个事物之所以发展到今天这个程度，它是多种原因促进的。

五四运动是多种原因造成的，一个国家，它的封建王朝到了一定程度，它的政治打压，内部的经济发展到一定程度，社会文化的压力发展到一定程度，外国的压力发展到一定程度，各种社会思潮发展到一定程度，最后导致了这样的一个运动。一个没有受过教育的人，会说五四运动就是因为外国人烧了我们东交民巷，东交民巷发生斗殴，结果导致了五四运动。一个历史事件，一个事物它是多个原因导致的，不是一个单一原因导致的。大部分的事物，我们作为一个成年人，你要知道，一个事件都是由多个原因组成的。所以，受那个家长的启发，在早晨七点钟时，我就发明创立了另外一张图：

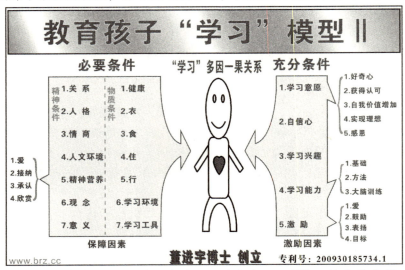

什么叫充分条件？有 A 就一定有 B，我们把 A 叫做 B 的充分条件。啥叫

必要条件？没有 A 就一定没有 B，那么 A 是 B 的必要条件。如果我们知道了这两个基本概念的话，其实教育孩子它不是简单的就一因一果关系，它是个多因一果关系，它存在着两类复杂原因。你想让一个孩子发疯去学习的话，第一类叫充分条件，如图的右边。这张图的左边，这些条件出了问题，孩子一定不学习，这些条件是孩子学习的必要条件，是这两列条件组合到一块构成了孩子学习的复杂原因。

第一节　学习的充分条件与必要条件

1. 充分条件

想让一个孩子发疯地去学习，他没日没夜的学习，他进入学习状态。第一类条件叫充分条件。充分条件有五类，这是一个人他为目标奋斗，这是外在激励。这五个条件构成了孩子学习的充分条件。什么意思？也就是说，如果作为家长你把孩子学习意愿培养出来了，意愿很强烈，非要学好。你把他自信心培养出来了，他认为我能，学习兴趣培养出来了，找到快乐。学习能力培养出来了，你又经常激励他，他就有了目标，因为目标是一个人的自我激励。

你把这五个条件做到了最大化，那么孩子会发疯去学习，没日没夜去学习。你观察到生活中为什么有人黑天白天学，一学学到凌晨几点钟。为什么？原因是它的这些孩子学习的充分条件，他把这个有机体激励起来，发疯去做学习这件事。

2. 必要条件

必要条件又分为两类：一类是物质条件，一类是精神条件。

先说物质条件。如果孩子身体健康有问题，他有疾病，他不会学习。他的衣、食、住、行都有问题，衣服穿不上，饭吃不上，居无定所，孩子上学每天走三个小时的坎坷山路，他越学越艰难。这衣、食、住、行有问题，他不会去学习了。他的学习环境有问题，他在那学习，外边打桩机在咚咚的响，他没法学习了。他的学习工具有问题，他连纸都没有，笔都没有，他没法学习了。这些是构成了孩子学习的物质条件。没有 A 一定没有 B，这些个条件有一个出问题了，他就可能不学习了。

没意思！

> 除了必要的物质条件，学习还需要有一定的精神条件：
> 人格有问题，他不会去学习；情商弄不好，老跟别人发生冲突，他没法学习；观念有问题，认为学习无用，他不会去学习；意义有问题，在学习上找不到意义，也不会去学习……

再说精神条件。一个人的人格如果有问题，人格上有瑕疵，他不会去学习。那么，他的情商有问题，处理不好自己的情绪，总跟别人发生冲突，他没法去学习。那么人文环境有问题，他周围都是不学习的环境，不学习的人，他也没法学习。他的精神营养有问题，没有人爱他，没人接纳他，没人承认他，没人欣赏他，他找不到安全感，找不到心灵的归宿，他就不会去学习。观念有问题，他认为学习无用，他不会学习。他在学习上找不到意义，这是心灵人的基本要素，他找不到意义他就不学习。

我们刚才给大家举出来两类：一类物质条件，一类精神条件，它们共同组合到一块构成了孩子学习的必要条件。

3. 多因一果的关系

再重申一遍，必要条件什么意思？没有 A 一定没有 B，我们把这个学习叫 B。那么什么叫充分条件？有 A 一定有 B，这些条件你做到最大化，孩子发

疯去学习。而那些条件要出问题，他就不学习。所以，要真的让一个正常孩子发疯去学习的话，那么必须把这个充分条件，你要做到最大化。而他的必要条件你必须达标，不能出问题。这样两组条件组合到一块，构成了孩子学习的所有因素，这样孩子才能发疯去学习。

我再举个例子，看看大家能不能豁然开朗。如果我们把孩子比做一辆汽车，而学习比做汽车以一百五十迈的速度在奔跑。那么，这一类充分条件就是发动机和燃油，汽车能跑得快，它的速度，它的力量是它的决定性因素。就是它的这个发动机和燃油，燃油充分，发动机马力大。这样的话，才能跑起来，它的力量才能加上去。所以，我把这块叫激励因素。

那么图的左边呢？那个是必要条件，就是马路，就是高速公路。高速公路必须平坦，达标，高速公路只要路面畅通，只要平整就可以了。你把高速公路护栏全用金子做的。把路面全用金子铺的也没用，得达标。高速公路如果堵车，如果断桥，如果大石头阻着，它走不起来了。所以，那个高速公路必须达标。这些条件必须基本具备，正好达标。充分条件那边，做到最大化。这个汽车在高速上才可以一百五十公里的时速在奔跑。

也就是说，想让这个孩子学好，家长必须理解孩子学习是一个复杂的心智活动，同时，孩子又是一个有血有肉有感情的人。他在我们复杂的人类环境中生存，那么他首先是人，作为人的这些基本条件，他必须具备。具备条件，必须达标。而作为学习的特殊心智的要素，你要必须达到最大化。这两个加到一块构成了孩子学习的多因一果关系，就是多种原因导致一个结果。他不是像黑猩猩一样，就只能一个因一个结果。

一个人之所以不舍昼夜，没白天没黑夜地发疯去学习，衣带渐宽终不悔，每天拼命学习，肯定是两类条件共同具备了。一个人对学习不专心，无所事事，心不在焉，总也学不进去，那肯定是两类条件有问题。

第二节　保障因素与激励因素

这张图，恐怕是在我们这个国家的教育历史上，第一次从一个人内部心智的层面上，揭示了构成一个人学习的基本条件。所以，我们把左边的必要条件，叫做保障因素。右边的充分条件叫做激励因素。只有激励因素做到最大化，保障因素做到达标，那么这个孩子学习才能奔跑起来。这是个多因一果关系。在现实生活中你们会发现，很多家长常常适得其反，这边的充分条

件他一条也没做，没有什么激发他的学习意愿，培养什么自信心，学习兴趣，学习能力，激励他都没做，他把那边的物质条件做到最大化。特别是没文化还挣了点钱的人，他给孩子吃各种各样的补品，让孩子身体健康，然后呢，穿各种品牌，吃山珍海味，住豪华的房间，开着奔驰宝马送孩子上学，这都没用。并且这个东西你做得过多，反倒让孩子觉得学习是一个毫无意义的事。他会把他的注意力放到物质享受上，而左边的精神条件，很多家长就更忽略了。

所以，他没有做那个真正该做的事情，他做了不该做的事情。必要条件那些东西只要达标就可以了。而右边要做到最大化，两边加到一起，充分条件做最大化，必要条件做到达标，这样合起来构成了孩子学习的共同因素，叫多因一果关系。这些东西你都做对了，这个孩子会发疯去学习。

所以，我的多因一果的学习模型，实际上从更深层面上，在一个人的心智层面上，揭示了学习的内部规律。它跟第一张图没有任何矛盾。所以作为家长来说，你要教导孩子学习，你必须是个专家。你要知道学习的内部规律，你要知道怎么激励他的学习意愿，培养他的自信心，培养学习兴趣，培养他学习能力，这些都要做到最大化。同时，那些保障因素做到适可而止。这样的话，你才有可能让你的孩子真的实现那个大学的梦想，实现他在求知上的梦想。

所以这张图，我想给大家揭示一个基本规律，让我们家长能按规律把事情做对，这是我们要给家长带来第二张有关教育孩子学习的图。

第三节　不同年龄段孩子培养学习的重点

很多家长都问我，在不同年龄段，是不是培养孩子学习，应该有不同的重点？这个是当然的，所以根据我多年的研究，给大家提供一些参考。

1. 幼儿园阶段

孩子在幼儿园阶段，作为家长，培养孩子学习的中心任务有以下几个中心点。

（1）要把孩子的大脑激活

很多家长问我，那怎么把孩子大脑激活呢？

在幼儿园阶段把大脑激活，把他的大脑训练充分，必须训练出个聪明孩

子，那么给大家提供几点参考意见。聪明程度，约等于大脑的思维缜密程度。如果我们用渔网来比喻人的观察力的话，大家可能就清楚了。有人观察力太弱，相当于那个渔网网眼太大了。他那个渔网只能网鲸鱼，比鲸鱼小的看不着了。有的人的观察力再缜密一点，他那个渔网网眼密一点了，他那个渔网能网大鱼。有的人的观察力再缜密一点，他那个渔网能网小鱼了。有的人的观察力再缜密一点，他那个渔网变成筛子了，能筛玉米面了。有的人的观察力再缜密一点。他那个渔网，他那个筛子，能筛白面了。有的人的观察力再缜密一点，他那个筛子能筛富强粉了。

也就是说，要想培养个聪明孩子，你先在孩子三到六岁期间，重点把他的观察力训练出来，这是为孩子未来学习打基础。只要你知道原理，训练太简单了。把他领到大自然中间去，让他看这个树跟那个树有什么区别，这个树的大小、纹路、树叶跟那个树叶大小、纹路、形状、颜色有什么区别？这花跟那花什么区别？花瓣、颜色、形状什么区别？这个动物与那个动物什么区别？实际上很多城市居民，平常如果觉得领到大自然不方便，可以领到那个花鸟鱼虫市场，那是教育孩子最重要的场所了。把孩子领进去，让他看各种各样的盆景，花鸟鱼虫，看看它们的区别，训练他的观察力。一个人的观察力的缜密程度，就是他的思维的缜密程度，它俩"同构"。

其实我们大家都知道，在朴素的生活经验中，我们说那个笨人，是因为观察力不行。你没发现一个聪明人到了一个场合，见着一个场景，他打眼一看，他能看出十件事，那个笨人连三件事没看出来。为什么？观察力太弱了。所以，如果大家真想把孩子大脑训练出来，第一是观察力的训练。

给孩子买各种各样的益智玩具，各种拼图，各种电子玩具，说培养孩子智力，其实是家长自己不懂，自己在骗自己。我就问一下，这个世界上最聪明的东西是什么？是人啊！其实，人是宇宙中到现在我们所能发现的最聪明的动物。通过跟爸爸妈妈正常互动，把孩子大脑激活，这比所有玩具都要管用。我们这一代人的童年，我们没任何玩具也一样培养出聪明孩子。现在孩子那么多玩具，富裕点家庭的孩子可以成卡车拉了。那孩子照样是个笨蛋，原因是什么？因为，只有人跟人的互动才能把大脑激活，你这么说话，我那么说话，这样的话才能把大脑激活。这才是真正训练聪明孩子的基本渠道。

孩子刚开始学语言，语言是思维的载体，最开始学是口语语言，也就是说话。通过母语的口语，他开始学语言了。最初，他是把一个词汇，跟某种情境连到一块学会这个词汇的。他不知道这个情境可能连得不对，所以可能会连错。孩子在说话的时候，他语言表述不准确的时候，模糊笼统的时候，

你不停地追问："你到底什么意思？到底什么意思？"他不停的换角度说，这样逐渐地把大脑清晰度训练的越来越高。

聪明，这个词汇，从词汇意思上解释，你就明白了。那个"聪"的意思是人的耳朵的分辨率高。人家听着十个音，你连三个音也没听着，你的分辨率比人低，人家比你聪。"明"是指眼睛分辨率比较高，观察力比较强，人家看见十件事，你连三件事也没看到。实际上，孩子在幼儿园期间，这是家长的第一大任务，就是把孩子的大脑激活。

（2）教导孩子学习熟练使用口语符号

幼儿园家长，让孩子熟练使用口语符号。我们说的话，我们现在说的话，包括我现在此时此刻说的话都叫符号，这是母语的口语符号。如果有精力，可以学一种外语的符号，主要是口语。一旦他能够流利地说母语，就是能说话了，就意味着大脑开始思维了。他说话程度越高，他的思维说明越活跃。因为语言是思维的载体，让他流利地说母语，流利地使用，正确使用口语符号。

（3）学习人类的基本行为规范

这是孩子在六岁以前，你要把他由小动物变成一个人，像人一样行为。见着跟爸爸同龄人叫叔叔，跟妈妈同龄人叫阿姨，做什么事要有基本人类行为规范，这为他后来学习打下基本准备。这里需要提示家长不能做反面教材，太多的家长在孩子零到三岁到六岁这个期间，开始大量地背符号。背符号实际上会导致一个恶果，他会把符号和知识两层皮。因为孩子太小，他背景知识不够，他无法理解符号所能承载的知识，他理解不了。这样的话，单纯背符号，很可能出现这种危险。适当地让孩子认字，这我不反对。但是千万不能过分强调它的重要性。你的工作重心还是在前三项上，你要想让孩子学习好的话，你先得培养出个聪明人来，这样他才能学习。如果你培养出个笨人，他背的符号再多，他认识一千个字，人家别的孩子认一百个字，他学不过人家，因为他的大脑没有思考。

所以，作为家长要明白啥是重点。这是孩子在幼儿园期间家长该做的基本事项，在关于学习上，要培养的三个中心任务。

2. 小学阶段

（1）养成学习的习惯

家长培养孩子学习的中心任务，第一个是要养成学习的习惯，这是头等大事。小学意味着一个人开始有意识地接收人类的知识了。要明白他已经有

意识地接收人类知识了，那么他必须养成基本的学习行为规范，养成习惯。如果学习习惯没养成，那这个孩子将来预示着他在学习上无法成功。这是第一大重要任务。养成学习的习惯：几点起床，几点做作业，在他的价值观体系内，放学第一件事，必须是做作业。作业必须做完，这样的话，他养成习惯，而不是让家长看着。这里头误区就是家长看着让孩子学，这是绝对不可以这样做的。对孩子，你要诱导他，引导他，然后制定规则，让他逐渐地形成习惯。如果你要是看着他做作业他就养成个习惯：你看着，他就学，你不看着，他就不学。这个习惯是学习的天敌，会导致孩子被动学习。

（2）培养学习兴趣

培养学习兴趣，小学生家长要培养孩子的学习兴趣，让他在学习上找到乐趣。他今天学到一个新的东西，今天知道一个新的地名，今天知道一个历史名人的名字，今天知道一个新的道理，他会产生兴奋，这样形成习惯。其实，学习习惯是个人外在的行为习惯。而学习兴趣是内部的行为习惯，心智习惯。也就是说一学习就兴奋，快乐。而如果你要是通过高压打骂的方式，会很可能形成一学就痛苦，然后开始厌学，这个正好跟学习目的相反。

所以第二个任务，我们要培养孩子的学习兴趣。

（3）熟练使用母语文字符号

一个人的小学阶段，这六年时间主要是认字，识字，能够读书，能够认识我们祖先发明的这些文字符号，包括简单的一些数理化符号，并能够熟练使用这些符号。比如说小学生写作文干吗？就是使用母语的符号来表述自己的思想。那么我通过读书阅读，通过这个符号知道我们前人做了哪些探索。这是小学生的家长教育孩子学习的中心任务。

（4）逐渐开始接触真知

其实完全可以这样做，先教真知后教符号。让他把一件事做会，然后让他表述出来。先把这件事做会，这件事做会就是所谓的真知，然后你给我说出来，给我写出来，再用符号表达。其实，我从小学一直到现在都是先学真知，然后再用符号表达。这是家长应该教孩子学习的一个秘诀。让他先撇开符号，就想这件事到底是怎么回事。把这个事想明白，然后你再给我表述出来。这实际上是让他先接触真知，然后表述。

教导孩子总的原则是引导孩子主动求知，这是我们人类求知的一个根本性原则，没人可以违背。

假如说，我现在教你学自行车，我不教你原理，我直接把你自行车教会。我怎么做你怎么做，学会之后，你把他写成一个说明书，给我写一下。你给我写，学自行车怎么学：第一步，双手扶把；第二步，怎么侧蹬；第三步，怎么跨；第四步怎样蹬，怎么掌握平衡。你给我写出来，这叫先学真知，后用符号表述。这样一举两得，第一他接触的是真知，第二他把他语言系统，把他符号系统训练出来了。这样的话，就会导致一箭双雕。其实真正的大家，都是这么培养出来的。但是对家长来说，操作起来有一些难度，那就看你的力度了。

但是家长教育孩子学习的中心任务还是这三项：一养成学习习惯，二培养学习兴趣，三敦促孩子熟练使用母语的符号系统。

3. 中学生阶段

包括初、高中学生的家长，教育孩子学习的中心任务：

（1）继续强化文字符号的使用

你要深化你识字要多，加减乘除要快，它是第一个任务，叫做继续强化

文字符号系统的使用。让他认字要多，你要有一个庞大的识字量。

（2）学会基本的逻辑思维

其实透过数理化的学习，把孩子的逻辑思维能力培养出来，主要指形式逻辑思维。一个人没有学会逻辑思维的话，在我看来他基本没有进入理性人，那他一生都是个感性人，说话可能会胡言乱语前后矛盾，他自己浑然不知。那说明这个人大脑没有被开垦过。

（3）掌握基本的自然科学常识

我教了二十多年的大学，我发现咱们中国的文科学生他的弱项是严重地自然科学基础不够。所以作为家长来说，你要真的想让你孩子走远路的话，中学必须完成第三个任务，让孩子掌握基本的自然科学常识，那也就是说，他在思考这个事情上。首先是以科学精神为先导的。

（4）积累社会科学常识

因为对于社会科学，他一个人要有大学问将来才能走得很远，他是个积累过程，所以要让他积累。在中学阶段应该积累历史，文学，地理，政治文科的基本知识。这样的话也就把地基打好，这个底座打好，才能往上再盖。

所以，这是中学生家长要教育孩子学习应该完成的四项中心任务。

今天，我们给家长们讲了关于如何培养孩子学习，这里还有更深层的。比如说，数理化怎么学？数学到底怎么学？物理怎么学？化学怎么学？外语到底怎么学？这里是有深层规律的，这具体的技术含量越来越高。要是真的想了解这个领域的知识，家长可以去参考我的另一套光盘教材：《唤醒巨人》。把它当成礼物送给孩子，我相信孩子一定会从中找到学习的方法与技巧。

第九章

育人真经与我的一首诗

第一节　育人三字真经

如果你正确的站在你的位置，你只要做对三个字，就可以了。也叫育人三字真经。

1. 第一个字叫爱

学会给情感意义上的爱，而不是给物质，或是看着孩子做作业。如果他感受不到爱，他是没有办法发奋图强的。

在潜能训练营我们是通过爱的激发的形式把孩子激发出来的。在第一天晚上，我告诉孩子们用刀把手上的肉割开，人的疼痛指数是 6。向人的手指甲内钉竹签，人的疼痛指数是 7。妈妈在十几年前生你的疼痛指数是 8。肝癌晚期的时候人的疼痛指数是 10。当指数为 10 的时候人必须通过打杜冷丁，才能维持。在十几年前妈妈冒着生命危险，忍着疼痛指数是 8 的痛苦，把你带到了这个世界。你来到的最初 24 小时，如果没有成年人协助你将死去。当时最初的几个月，你父母每晚要起来 7 到 8 次给你吃奶，换尿布。在这么精心的照料下你才能存活下来，你是这个世界上最脆弱的生物。要知道一只老鼠一生下来 2 个小时，就会走路，自己找食吃，自己存活下来。而你没有你父母爱你，你根本没有办法存活下来。然后我会流着眼泪，给大家讲我们父母爱我的那些感人的故事，当我把所有的学生都感动哭了，这时候我让他们拿出笔和纸，让大家写出自己父母爱他，让他感动的十件事情。没有十分钟写完了，我们把麦克风传下去，让他们自己讲。有的同学讲他的腿摔伤了，他的父母发疯似的把他送到了医院，有的同学讲他发烧的时候，他父母怎么 24 小时陪在床前。当学生们讲完之后我把会场内的气氛带到了感恩的天堂。让所有的人知道母爱是那么伟大，父爱是那么伟大。当大家正沉浸在天堂中的时

候，我突然翻脸，我说："大家全体起立，向后转，蹲在地上，手放在椅面上，想象一下妈妈就坐在椅子上，想一想你都干了什么。你在课堂上打闹，在家长会上老师把你的父母说的无地自容。你在网吧里打游戏，你的父母在零下24度的大雪天，找了你一夜，最后晕倒在街头。你到底干了什么？"有的孩子会说："老师，我原来不知道我的父母是那么的爱我。"那个时候，他们流着眼泪，你不会不感动的。他说："通过你讲，我才知道，我的爸爸妈妈是多么的爱我。我对我的爸爸妈妈造成了多么大的伤害。他们那么爱我，我还伤害他，我根本不是人。"

如果你正确地站在你的位置，只要做对三个字就
可以了：爱，责任。这也叫育人三字经。

我们要用爱打开他们沉睡的心灵。孩子是懵懵懂懂的少年，如果有一天他知道，他的父母是那么的爱他，他决不会再顽劣。爱是人生最根本的动力，能唤醒孩子沉睡的心灵。

2. 另外两个字是责任

在他们的潜意识里装着两个字叫责任。看到自己的行为与父母的行为有必然的因果联系，从此之后要对自己负责，对家里负责，要学会感恩。这样

才能把孩子彻底的激发起来。

　　参加过训练营的都知道，那个场面没有人不落泪的。当时孩子抱着爸爸妈妈哭，发誓要好好学习。当我们把孩子的自信心，学习方法，学习兴趣，把孩子的整个人生观调整过来。你就明白它为什么起到这么大的作用。所以我们的家长在教育孩子这件事上，你要做对事情，还要把事情做对。

　　人生有两大事情。一个要做对事情，一个是要把事情做对。我们今天买了这本书，对孩子人生负责这是最大的事情。人生两件最快乐的事情，第一件是爱情。当孩子十几岁时候，爱情已经是昔日黄花了，已经是过去时了。第二件就是来自于孩子，来自于教育孩子的快乐。不光是孩子成才就有成就感。人到中年之后最大的快乐来自于亲子关系。当你看到你的生命的延续，他骤然在成长，给你带来无限的快乐。现在有80%的人把教育孩子变成无限的痛苦，你不觉得可笑吗？我们现在明白，教育孩子要做对事情，但你回去要把事情做对。你是在教育孩子，但最后你没把事情做对，这是个可悲的事情。所以必须要按规律来做。

第二节　我的一首诗

　　整个学习不好的七大原因中，有六又三分之二的原因是我们家长和教师在孩子身上做的错事导致的结果。而只有三分之一的原因是孩子自己的原因。如果把它换算成百分比的话就是，一个孩子学习成绩不理想有95%的原因是他无法控制的，是我们要帮助他解决的，就像他感冒，发烧你要给他看病一样。要帮助他解决问题，而不是批评，打骂。他还没有这个能力，还无法解决这个问题。我们说孩子学习不好是孩子的遗传基因不好，其实这是不可能，不存在的。真正的原因就是上一章讲阐述的那七条。而在这七条当中的最后一条中有95%的原因是我们的家长，是我们教育者的原因。

　　在家长的系统培训上，我们一共创立了六个课程。

　　第一就是亲子关系模型的报告，这是我绝对的独创，在中国已经被证实了，已经被官方承认了，我们已经申请专利了。

　　第二个就是培养兴趣，激发动力的报告。

　　第三个是有效亲子沟通，伴随孩子成长的报告。

　　这是三个大型的报告会，另外还有三个课程，一个5个小时的家长课程，一个是10个小时的家庭教育研习班，还有一个是两天两夜的家长训练营。

我们每个人都会说："我爱我自己的孩子。"我们反思一下，我们真的爱自己的孩子吗？我们中国的家长认为他爱自己的孩子是这样的概念：

第一，为孩子交昂贵的学费。

第二，每天起早贪黑的为他们做饭洗衣服。

第三，舍得自己所有的休息和空闲时间，看着孩子做作业和学习。

很多家长会认为，为孩子作出了巨大的牺牲，认为对孩子的所有批评和打骂都是为了孩子好，都是爱，其实这是爱的方式不是爱的本身。如果我们把爱比作水桶里的水，那么你所做的事是水桶，是工具，而不是爱本身。爱的定义是：一个生命喜欢另一个生命的感情，而不是物质。它是一个生命喜欢这个生命，把他当做手心里宝贝的那种感觉。真的爱是什么样的？我们回忆一下：

第一，爱是一种感情。不是物质，不是给钱，给东西，与物质无关。

第二，爱是一种平等关系。如果爱者与被爱者不平等，家长居高临下。那充其量叫做恩赐，那绝不是爱。

第三，爱是无条件的。你爱你的孩子没有任何其他的理由。比如你对你的孩子说："如果你考取第一，我就给你买山地车，买手机。"这种爱产生合同，是他产生恐惧的根本原因。

第四，爱是整体的接纳对方的人。孩子考了 100 分，就又抱又亲，考了 50 分，就又批又打。

要是这样，你不是爱他的人，是爱慕你的虚荣。

第五，爱的有无是由被爱者决定的。如果你的孩子感受到了你的爱，那就有爱。没感受到你的爱，即使他知道你在爱他，那也是没有爱。

如果大家理解了这五条，我敢说有 80% 的孩子没有感受到爱，所以他才没有动力。人的最根本动力就是爱。每个人无论做什么事情，他都必须要有爱。无论是做生意，还是学习，还是做事业，他都必须感受到他的亲人或朋友对他的爱，他才能有动力去完成。

在黑龙江一个城市有一个家长，我在讲完课之后，让家长回家表达对孩子无私的爱。她已经有四五年没好好和儿子说话了。每天压迫，打骂孩子让他学习，她认为这就是爱。我告诉他回家之后，第一，一定要说出来"我爱你"三个字。第二，你的眼神要充满爱意。第三，语气要柔和。第四，有身体接触，12 岁以下的孩子要拥抱，12 岁以上要抚摸他的头发或拍肩膀。这个家长回家以后，她儿子正在刷牙，她就大声说："儿子，妈妈爱你！"她儿子拿着牙刷，一动不动地看了半天，冒出一句："妈，你没病吧？"

我们人怎么会这样？我们口口声声说是为了孩子，对我们的孩子负责，而我们天天对孩子批评打骂，让孩子把学习变成那样痛苦的事，让他的自尊心受到那么大的伤害。我们爱自己的孩子，我们爱到哪里去了？

在山东一个城市有一节目主持人，他的孩子在广州的一个大学上学。当她听完我的家长培训课程以后，半夜12点多，泪流满面的给她女儿打手机，对女儿说："女儿，妈妈今天才知道我是真的爱呀！"她女儿大约停了30秒钟说："妈妈，你今天去医院了吧？是不是查出什么病了？"她以为她妈妈得什么重病呢，正所谓："人之将死，其言也善。"

在我们长春开第三期家长课的时候，有一40岁家长给我印象太深刻了。头一天晚上我们给家长留的作业是无条件的爱，回到家以后他把儿子从睡梦中叫起来。对孩子说："孩子，爸爸要对你说一件非常严肃的事，我要告诉你'我真的爱你'。今天我去听一个老师讲的家长课，他让我举出20条自己孩子的好处，我只举出15条。我念给你听，你能帮我把它完成吗？"当他把这15条说完后。他儿子30秒没有说话，眼泪在眼圈里转，然后钻进被窝，号啕大哭。足足哭了五六分钟。这个孩子把被子撩开了，哭着对爸爸讲："爸爸，我原来以为你真的不爱我了呢。我还怀疑过，你是不是我亲生父亲。你每天的打骂批评，我在你眼中是那么一无是处。我今天才知道在你眼中我还有一点点的优点。"那个父亲把孩子搂在怀里足足有20分钟。第二天他和我讲这件

事的时候，依然是泪流满面。他说："我们人怎么会这样。我们口口声声说是为了孩子，对我们孩子负责，而我们天天对孩子批评打骂，让孩子把学习变成那样痛苦的事，让他的自尊心受到那么大的伤害，我们爱自己的孩子，我们爱到哪里去了。"

家长们辛辛苦苦地把孩子们教坏了之后，他们又愤怒地说："他们怎么成了这样的人。"这样的悲剧每天都在这个土地上上演。我在长春住了24年，我的潜意识里已经把这里当做我的故乡。很多人了解我，我不是一个穷人，要干其他的事，赚钱要是现在的几倍以上。为什么我发疯似的在讲家庭教育呢？最初吉林大学的人不理解，我的同事不理解，认为我不务正业，现在大家理解了。

你知道，在我的家乡那样一个地方，家里出了五个大学生，三个博士。我的父母几乎不认几个大字，完全是走对了路，做对了事。如果你有这样的经历，再研究了二十年的心理学、教育学，有这样的知识背景，我相信没有一个人会停下来，你也会发疯地讲。因为当你看到一个四五岁的孩子，被父母正确的教育和表扬，那个孩子二十年后会成为又一个钱学森，乃至又一个爱迪生，为国家作出更大的贡献。同样是这个孩子，如果用错了方法，会把他真培养成像杨新海这样的人，那个"人渣"杀了124个人。同样一个人，两种命运的抉择就在家长手中，你会不会教育孩子？而我们为了孩子，我们家长自己为什么就不能学习，改变和成长呢？

就在前两天我在外地往长春回来的时候，我在上车的时候，就在我车的前面，一个母亲带着她的小女儿。当然那个家长肯定没听到我的演讲，不知是什么原因，她妈妈"啪！啪！"就给小女孩一顿打。我要上前去制止，她肯定会说，你算干什么的。但是你们知道吗？那个女孩将来可能就是一个三流混子的妻子，她也会打骂她的孩子。

有一次家长课结束以后，我躺在床上，久久不能入睡，当时我突发灵感，拿起了笔，我是一个不爱写诗的人，我也没有那个才气，但是，由于上帝可能是帮助了我。当时我写了一首诗叫做《原谅》，是以家长的角度写给孩子的。

原　谅

孩子，

原谅我把你带到这个世界，却没能给你真正的爱。

因为我误把爱的方式当成了爱。

我用我的冷漠与无情把你年幼的生命抛进了爱的沙漠。

孩子，

原谅我的冷酷与自私，曾经把无助的你丢给电视和别人，
而我却沉溺于无意义的应酬与无聊的娱乐当中。
我用事业高尚的名义，让初来到这个陌生世界的你，
遭受了无边的孤独与恐惧。

孩子，

原谅我的愚蠢与无知，曾经那么理直气壮的认为是为你好。
我在爱的美丽旗帜下，残酷的摧毁了你娇嫩的生命花蕾。
让学习这件最美好的事情，留给你的全是痛苦的记忆。
我用我未完成的理想和虚荣，
剥夺了你童年的欢乐，压垮了你柔弱的臂膀。

孩子，

原谅我的任性与顽固，在你的哀求目光下我仍不肯作出改变。
我把过时的教育理念当成了真理，
我固执地用拙劣的方法让你幼小的心灵，
遭受了那么多的苦难和屈辱。

孩子，

原谅我的一切过错吧，因为那都不是我的初衷与心愿。
在我痛苦的胸膛中始终跳动着一颗爱你的心。

孩子，

原谅我的私心和专横，曾经那么不通情理的逼你学习。
为了你，为了你的未来，我必须学习、改变和成长，
我今天要用行动来让你知道我是多么爱你。

当早晨7点钟的时候，我写完这首诗，在那里泪流满面。要知道这样的
故事在85%的家庭中都在上演，让我们把孩子教坏了，然后，我们又在抱怨
命运。如果我们真的爱我们的孩子，就应该首先改变自己。

董博士谈家庭教育系统解决方案

夏月：董博士您讲的这一系列家庭教育系统解决方案的一些理念，我就感觉你好像是有很多很多的教育的经历，但是我知道你只有两个小孩，你是怎么想到创造出这样的一套理论和方案，然后又是怎么得出这个结论的呢？

董博士：其实我们之所以形成家庭教育系统化的理论，并且把他内化为可操作方案，之所以能做到这个程度，他整个的理论背景来自三个基本基础，第一就是我的童年，我自己生活的背景，我被爹妈教育的背景，因为我出生在一个特殊的家里，家里六个孩子全上了大学，三个人念了博士，在我们当地草原上这被传为一个神奇的事情，我爸爸只有小学五年的文化，我妈妈只有初二的文化，一家六个孩子全上了大学，三个人念了博士，这在当地可能算是奇迹了。因为亲身经历过我爸爸妈妈教育我的那种事情，根据自己的亲身经历总结提炼，我爸爸妈妈虽然教育我们做的很好，但是他们没能力提炼出来。比如说亲子关系的这个概念就是从我自己跟我爸爸的关系中提炼出来的，我从八岁的时候几乎没跟我爸爸红过脸，后来我才意识到这个关系的重要性，我爸爸妈妈他们在教育我们兄妹六人的时候，他们怎么做的，这些事件我都亲身经历了！这是一个来源，第二个来源就是我在大学二年级开始，开始研究教育，最早看了一本书苏联大教育家叫苏霍姆林斯基所写的一本书叫《给儿子的信》，这是书信体的一本小册子，本来我们吉林大学是为了教育我们大学生的，他讲的是一个父亲写给上大学的儿子的信，让儿子怎么做人，怎么做事。这个小册子我一看，太好了，我看完之后就爱不释手，我们大部分同学都把它扔掉了，因为这全是资料，团委发给我们教育我们思想的。这种书太好了，我就把它全收集起来，邮寄给我弟弟妹妹看，后来我觉得还不够，我又到团委把剩下的一捆子书全拿回来了，从开始看然后开始产生兴趣，在我大学毕业以前，就把苏霍姆林斯基系列著作大概42本全部看完，就产生了浓厚的兴趣，因为我自己的生活经历能对上号，我爸爸就这么做的，我妈

妈就这么做的，这是第二个，理论研究背景，后来又看了大量的教育学著作像卢梭的《爱弥儿》、洛克的《家庭学校》、《卡尔·威特的教育》等。

夏月：**你就把自己培养成一个教育家了。**

董博士：第三个背景就是培养我女儿，我自己做了父亲，怎么培养孩子？因为有教育背景，又有自己的生活经历，就慢慢观察小孩怎么教育，从幼儿园上小学初中高中，她一直比较顺利，轻松地就可以上一流大学了。然后还有一个另外的背景，后来我慢慢开始给别人咨询，因为我有这样的特殊的家庭和背景，你家的孩子培养的挺好，人家来问我，我就给人家出主意，后来就开始小范围地给人家讲，后来就开始大规模地讲，讲的开始多了，后来这个理论开始成型了。我第一次把亲子关系模型这个里程碑式的模型创造出来，怎么想到这个模型呢？我把理论已经想清楚了，但是怎么用清晰地方式表达给家长？我记得是在我的第四期的家长培训营上，我头一天晚上就琢磨怎么把复杂理论清晰化、简单化、直观化，让所有的家长一看就懂，然后简单易行，所以我就在纸上画，第二天讲的时候我就在黑板上画，画完之后我一看，这个东西太系统了，太好了，所以亲子模型诞生了。后来因此找到规律了，学习模型一诞生了，学习模型二诞生了，包括后来的两性关系模型诞生了，最后形成了一个系统化理论，整个理论的来源三大背景，一个我个人童年经历，第二理论研究，第三我的教育实践，所以产生了现在呈现给观众的这套模型。

夏月：**成型的系统方案。那这个解决方案当中您归纳一下，您主要的观点都有哪些呢？**

董博士：因为他是一个大系统，有方方面面，真正独到的地方第一就是强调亲子关系的重要性，在我们国家，我可能是发现亲子关系对孩子教育效果决定影响的一个人，因为传统的心理教学有提到的，但是没有把它放到第一的位置上，我们发现亲子关系对孩子教育效果有决定性影响，这是第一个，第二个精神营养管道概念的创立，发现人是两人，一个是精神人一个是物质人。而物质发育成长的话他必须有精神营养供应，他才能长成正常的人，虽然教育学心理学大部分都说过，但是真正的细节没有真的挑出来总结出来。第三亮点原则，由过去专看缺点，到现在专看优点，其实真正优秀的人是被别人确认优点，优点是亮点，缺点是暗点，把他生命比作一个空间的话，那么个空间里边，最初亮点暗点都是相对的，大体相同的，不断地确认亮点，

亮点越来越多，暗点越来越少，这是真正优秀人培养出来的一个根本性原则。第四点我们人格模式，我们把它明确地提炼出六大精神品格，简单易行，虽然自尊心、自信心、责任心、进取心，这些东西在不同的专业著作有过论述，但是没有明白他们是阶梯式的排列，哪个是做人的根本，培养自尊心是做人的根本，培养自信心是学习的根本，培养责任心是建立人际关系的根本，培养进取心是培养孩子往上走的根本，一辈子成大才的根本，同情心是培养好人的根本。我们把这些东西明确的列出来，相当于我们童年学的古文学的庖丁解牛，我们把这个牛里边的骨架呈现给家长，外面贴肉的话就简单了，亲子关系、六大精神品格就相当于一个人，一个伟大的人他里边的构架，这是一个创造性的工作。第五把一个人学习的心智模式呈现给大家了，一个人为什么发奋学习，有的人为什么不学习？我们把它创造出来了，让家长有可操作的根据了，有理论根据有操作方案，大体是这样的。

后记

我有一个梦想

十年前在长春每一个月我可以开一次课，现在做不到了，我们博瑞智教育课程现在在全国有 67 个代理机构，遍布 29 个省。每个机构每 60 天办一次课，我就要不停地讲。

我有一个梦想：我要在中国讲遍所有的城市。为了我们孩子的未来，为了我们这个国家。我们的家长必须学习，改变和成长。我从 1991 年开始讲家庭教育，到现在已经 19 年了，正式的大规模讲也已经 9 年了。我面对了 500 万以上的家长做过演讲。我百分之二百的坚信，好孩子都是教育出来的。根本不可能有天生的好孩子，如果你读了像我那样的一些书，150 本以上关于人类潜能的书，30 本以上关于大脑的书，30 本以上关于学习的书，你就明白了我现在到底在说什么。没有人是天生的。我希望大家能够把这本书和光盘反复的看几遍。

如果我们的家长自己不去学习，改变和成长。我们的孩子是没有办法彻底改变的。我看到过太多这样的事，家长让他上这边他往那边去，让他上那边他往这边去。通过我一讲，经过一个半小时，这个孩子就没这样的事了。可是家长没有改变。回去后不久老毛病又犯了。有的家长问我怎么办？我说你说怎么办？要是我的孩子就没这样的问题，你自己要不学习，改变我也没有什么办法。可见，家长改变自己的重要性。我们中学生训练营产生的作用几乎是震撼性的。每个孩子参加完了，发疯似的回到学校去。过去打爹骂娘的孩子，抱着妈妈哭，会大声地说："爸爸妈妈我爱你！"

在长春有一个孩子，在这里我就不提他的名字了。那个孩子原来是班级第 78 名，参加完训练营之后一个学期，一下就排在了正数第十三名。在参加了潜能训练的第二次复训以后是班级的第五名。那个父亲在去年，在我们举办的长春第十五期中学生训练营的鸵鸟山庄，在最后结束的会上冲上来，一下就把我抱住了，他一提孩子的姓名，我就知道他是谁了。这样的例子很多很多。

在潜能训练营上我们是要通过 8 小时的时间，要打碎他头脑中错误的观

念。至少 2 个小时讲人类的潜能，了解人大脑的结构，身体的结构，最后告诉他潜能是无限的。然后帮他分析为什么没有学得好，告诉他不是你笨，不是你没有潜能，是因为你没有找到学习方法，还有可能是你的老师笨，没有教会你。例如，牛顿小的时候数学没有学好，但后来他还是成为了数学家，物理学家。中国的数学大师华罗庚，中学的时候，数学要经常补考才能过关的。我们要举 50 个以上的这样的例子来告诉孩子，你过去没做对没关系，你有无限的潜能，你都能把它做对。最后把他们错误的观念写在纸上，把它撕碎，然后再把它喊出来。最后经过这样一整套的系统过程。运用心理学和神经语言程式学的方式，经过 8 小时的时间，最后把他们大脑中错误的观念打碎了。

　　为了响应参加过训练的这些学生的要求，他们的自我观念可能还会出现反复。我运用美国心理学家的方法，我们给学生录了两张光碟，一张是这本书中一部分的内容，分析学习不好的七大原因，再分析正确学习的方法。这个是给学生听的，不是给学生看的。还有一张是美国心理学家们使用的自我确认的光碟，我们孩子每天睡觉之前躺在床上休息，这个时候我们的大脑进入 α 波，每天听一遍，这样听 40 天以上，孩子头脑中错误的观念不知不觉当中改变了。为了他们找到学习方法的问题我要讲 4 个小时。分数物化，语文，外语，政治，每一科都要讲，让他们知道每一学科都有他们独特的方法，掌握了它们的方法才能学会的。

打碎我们头脑中的错误观念。

　　所以，我希望我们广大的家长能够学习，改变和成长。我2004年11月份的时候出过一本《培养真正的人系列之一培育优秀子女的规律》这本书，可能现在听过我课的人已经人手一本了。当时出来后不久，在湖南有一位女士，她是一个公司的董事长，我不认识这个人，她自己说自己是个残疾人，我不知道她残疾到什么程度。她看了我那本书就给我打手机通话，打了一个多小时，当时我正在回北京的火车上，她说："这本书就像写了我的人生，我没有想到这个世界上还有人能把它研究的这么透。"他自己就在出版社进了三百本这本书，送给了她所有的亲朋好友。她说："我真的知道人是怎么培养出来的。"她告诉我她和她的丈夫离婚了，不是丈夫提出来的。她的丈夫一米七八的身高，作为一个残疾女人她提出来离婚。她说："我是肉体残疾，他是精神残疾。看了你的书之后我明白了这一点。他并不打我，也不骂我，但是我无法忍受这个平庸的人。"当然不是看了我的书之后离婚的，而是之前就离婚了。她说："我把这三百本书送给了我所有的亲朋好友，让他们知道怎样教育自己的孩子。"

　　我不敢说我写的这本书是第一，但是我敢说我写的每一本书的内容，都是经过实践检验的，不是乱写的。我经过20年的研究与实践才把这本书写出来。如果我想编一个毛草的书，我领着我的研究生一个月保证出一本书。我公司所有的助理都知道，没有经过实践证明的，没有经过检验的绝不能交给家长。因为他一旦做错了，用在孩子身上是不可设想的。我们要对孩子负责。我看到有些书怎么说，他说孩子必要时是要对他进行强迫，如果不强迫孩子会任意所为。你说一个不懂家教的家长看了以后会怎么想？他会想如果孩子不听话的时候，必要的打骂也是应该的。你想这个孩子将来会怎么样？

　　如果你孩子起起落落，像我的女儿那样，在小学在初中大起大落，后来成为班级里最优秀的学生，到新西兰去了一年，初中三年级的课程一点没学，回来直接上高一。后来，被中国传媒大学提前自主招生，以北方区第一名的成绩录取了，在那里学习法语。今年，又考了北京大学的研究生。

　　当你的孩子一年没有学，并产生自卑感，你会怎样教这个孩子？在他人生中出现各种变故，你会怎样教育他？如果我没有这个经历，我就没有资格写这本书，就没有资格到全国各地去演讲。所以我希望我们的家长，自己应该首先学习，改变和成长。

　　最后，祝愿每个家长都能教育子女成功，家庭和谐幸福。